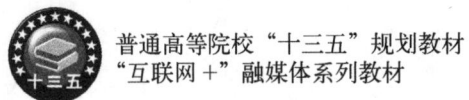 普通高等院校"十三五"规划教材
"互联网+"融媒体系列教材

国际贸易

王媛 张峰伟／主编
宫婧雪／副主编

 立信会计 出版社
LIXIN ACCOUNTING PUBLISHING HOUSE

图书在版编目(CIP)数据

国际贸易 / 王媛，张峰伟主编. —上海：立信会
计出版社，2022.6
ISBN 978 - 7 - 5429 - 7100 - 5

Ⅰ.①国… Ⅱ.①王… ②张… Ⅲ.①国际贸易
Ⅳ.①F74

中国版本图书馆 CIP 数据核字(2022)第 117412 号

策划编辑　　郭　光
责任编辑　　郭　光

国际贸易

出版发行	立信会计出版社		
地　址	上海市中山西路 2230 号	邮政编码	200235
电　话	(021)64411389	传　真	(021)64411325
网　址	www.lixinaph.com	电子邮箱	lixinaph2019@126.com
网上书店	http://lixin.jd.com	http://lxkjcbs.tmall.com	
经　销	各地新华书店		

印　刷	上海华业装璜印刷有限公司
开　本	787 毫米×1092 毫米　　1/16
印　张	16.5
字　数	360 千字
版　次	2022 年 6 月第 1 版
印　次	2022 年 6 月第 1 次
印　数	1—2100
书　号	ISBN 978 - 7 - 5429 - 7100 - 5/F
定　价	49.00 元

如有印订差错，请与本社联系调换

前　言

在坚持"立德树人"为根本目标、"一带一路"倡议顺利推进、"跨境电商"蓬勃发展等时代背景下,中国对从事对外贸易专业人才的数量和质量的要求都在提高,加快培养更多高素质的国际经济与贸易人才,已成为我国高校人才培养的紧迫任务。为满足这一需求,我们在广泛吸收国内外相关教材优点的基础上,结合多年教学实践,编写本书。

国际贸易课程主要讲授国际贸易基本理论和政策,紧密联系实际探讨国际贸易规律,培养学生开放式思维。通过学习本课程,学生可以了解和掌握国际贸易产生的原因、国际贸易的模式、国际贸易的利益来源和分配、国际贸易政策的种类、实施工具和政策效果,对于区域经济一体化、世界贸易组织和经济全球化趋势等热点问题能够学以致用。

本书适合应用型院校国际经济与贸易、金融学、会计学、财务管理、工商管理、市场营销等专业的教学,也可以作为对国际经济与贸易有兴趣的读者的学习参考书。本书主要特点如下:

第一,适用于应用型人才的培养。本书坚持理论为实践服务的原则,理论精练、务实,适用于国际经济与贸易及相关专业应用型人才的培养。本书每章设置了学习目标、知识链接、思政课堂和课堂测试,以提高学生解决实际问题的能力为主线,有助于学生加深对理论知识的理解。

第二,将课程思政教育与知识体系教育有机结合。本书充分挖掘国际贸易背后的思政元素,密切联系当前国内外实际,反映外贸现状,结合时下热点问题,增加内容的知识性、人文性,提升引领性、时代性和开放性。

第三,精心设计撕页式课堂测试,方便教与学。教师可在每章课程结束后,用 10～15 分钟时间组织学生完成并上交课堂测试。测试可以作为平时成绩,也可以起到点名的效果。

本书由王媛、张峰伟担任主编,官婧雪担任副主编,孙相云、孙少叶、李满林等老师参与编写。本书在编写过程中参阅了大量文献资料和相关教材,得到多位专家的指点帮助,在此表示诚挚的谢意。本书在编写和出版过程中得到了立信会计出版社郭光编辑的大力支持,在此一并致谢。

编者衷心希望本书的出版能帮助读者深入、系统地掌握国际贸易的基本理论、基本规律和基本方法,提高读者运用国际贸易理论思考国际贸易现实、判断国际贸易发展趋势的能力。书中如有疏漏之处,敬请广大读者批评指正,以使本书能够得到充实和完善。

编　者

2022 年 6 月

目　录

第一章　导论 ……………………………………………………… 1
第一节　国际贸易的产生和发展 …………………………………… 2
第二节　国际贸易的基本概念 ……………………………………… 7
第三节　国际贸易的分类与特点 …………………………………… 11
第四节　国际贸易对经济的作用 …………………………………… 16
课堂测试 ……………………………………………………………… 19

第二章　国际分工 ………………………………………………… 21
第一节　国际分工的产生与发展 …………………………………… 22
第二节　影响国际分工形成与发展的因素 ………………………… 26
第三节　国际分工理论 ……………………………………………… 28
课堂测试 ……………………………………………………………… 45

第三章　世界市场与世界市场价格 ……………………………… 47
第一节　世界市场的构成与运行 …………………………………… 48
第二节　当代世界市场竞争 ………………………………………… 57
第三节　世界市场价格 ……………………………………………… 59
第四节　贸易条件 …………………………………………………… 64
课堂测试 ……………………………………………………………… 67

第四章　国际贸易政策 …………………………………………… 69
第一节　对外贸易政策概述 ………………………………………… 70
第二节　重商主义 …………………………………………………… 75
第三节　自由贸易政策 ……………………………………………… 77
第四节　保护贸易政策 ……………………………………………… 79
第五节　战略贸易政策 ……………………………………………… 85
课堂测试 ……………………………………………………………… 87

第五章　关税措施 ………………………………………………… 89
第一节　关税的含义、特征与作用 ………………………………… 90

第二节　关税的种类 ································· 92

第三节　关税的征收 ································· 104

第四节　关税水平与保护程度 ······················· 113

课堂测试 ·· 117

第六章　非关税壁垒 ································· 119

第一节　非关税壁垒的含义、特点与作用 ··············· 121

第二节　传统非关税壁垒 ···························· 124

第三节　新型非关税壁垒 ···························· 136

第四节　非关税壁垒的经济效应 ······················ 149

课堂测试 ·· 151

第七章　出口促进与出口管制措施 ···················· 153

第一节　出口促进 ·································· 155

第二节　经济特区措施 ······························ 170

第三节　出口管制 ·································· 179

课堂测试 ·· 183

第八章　区域经济一体化 ···························· 185

第一节　区域经济一体化概述 ························· 186

第二节　主要的区域经济一体化组织 ··················· 200

第三节　区域经济一体化理论 ························· 209

课堂测试 ·· 217

第九章　贸易条约与协定和世界贸易组织 ················ 219

第一节　贸易条约与协定 ···························· 220

第二节　关税与贸易总协定 ·························· 223

第三节　世界贸易组织 ······························ 227

课堂测试 ·· 237

第十章　世界贸易中的中国 ·························· 239

第一节　中国对外贸易发展概况 ······················ 240

第二节　中国对外贸易政策的演变 ····················· 242

第三节　中国与世界贸易组织 ························· 247

第四节　中国与区域经济一体化 ······················ 252

课堂测试 ·· 257

第一章 导 论

知识导航

导论
- 国际贸易的产生和发展
  - 国际贸易的产生
  - 国际贸易的发展
- 国际贸易的基本概念
  - 国际贸易与对外贸易
  - 贸易额与贸易量
  - 出口与进口
  - 贸易差额
  - 国际贸易商品结构与对外贸易商品结构
  - 国际贸易地理方向与对外贸易地理方向
  - 对外贸易依存度
- 国际贸易的分类与特点
  - 国际贸易的分类
  - 国际贸易的特点
- 国际贸易对经济的作用
  - 刺激生产技术和劳动生产率的提高
  - 有利于生产要素的充分利用和有效配置
  - 获得比较利益
  - 有利于市场的扩大，带动经济发展
  - 增加财政收入，提高国民福利水平
  - 加强各国的经济联系，促进经济发展

学习目标

1. 了解国际贸易的产生和发展。
2. 理解国际贸易的基本概念。
3. 熟悉国际贸易的分类。
4. 了解国际贸易的特点。
5. 理解国际贸易对经济的作用。

 思政课堂

2020年中国外贸成绩亮眼,全球唯一实现货物贸易正增长

2020年,我国货物贸易进出口总值32.16万亿元,比2019年增长1.9%,进出口规模和国际市场份额再创历史新高。我国成为全球唯一实现货物贸易正增长的主要经济体。

在全球经济复杂严峻的形势下,中国外贸逆势跑出加速度、打赢翻身仗,这份亮眼成绩单来之不易。外贸稳定增长既有速度,又有质量,体现了中国经济的强大韧性和综合竞争力。

根据WTO和各国已公布的数据,2020年前10个月,我国进出口、出口、进口国际市场份额分别达12.8%、14.2%、11.5%,均创历史新高,货物贸易第一大国地位进一步巩固。

民营企业成为我国第一大外贸主体,外贸结构进一步优化。2020年,我国有进出口实绩企业53.1万家,增长6.2%。其中,民营企业进出口14.98万亿元,增长11.1%,占我国外贸总值的46.6%,比2019年提升了3.9个百分点。外贸主体活力持续增强,第一大外贸主体地位更加巩固,成为稳外贸的重要力量。

2020年3月至2020年年底,全国海关共验放出口主要疫情防控物资价值4 385亿元。其中,口罩出口2 242亿只,相当于为全球除中国以外的每个人提供了近40只口罩。其中包括医用口罩650亿只,占口罩出口量的三成。

面对疫情防控的严峻考验,我国发挥全球抗疫物资最大供应国的作用,积极开展抗疫国际合作,尽己所能向全球200多个国家和地区提供和出口防疫物资,有力支持了全球抗疫斗争。

数据显示,我国出口防护服23.1亿件,包括医用防护服7.73亿件;护目镜2.89亿副;外科手套29.2亿双。这些产品为医护人员等疫情防控人员做好自我防护提供了保障。在医疗器械方面,我国出口呼吸机27.1万台,其中无创呼吸机21.2万台;病员监护仪66.3万台;红外测温仪1.19亿件。此外,出口新冠病毒检测试剂盒10.8亿人份,为新冠病毒检测工作提供了支持。

随着以国内大循环为主体、国内国际双循环相互促进的新发展格局加快形成,高水平对外开放不断推进,新的国际合作和竞争新优势不断形成,我国外贸高质量发展有望取得新的成效。

思考:近年来我国外贸取得了哪些成就? 成就取得的原因有哪些?

资料来源:中华财经网

第一节 | 国际贸易的产生和发展

一、国际贸易的产生

国际贸易是指世界各国各地区之间货物、服务和生产要素交换的活动。国际贸易是各

国各地区之间分工的表现形式,反映了世界各国各地区在经济上的相互依存。

国际贸易是在一定的历史条件下产生和发展起来的,国际贸易的产生必须同时具备两个条件:一是生产力发展到一定水平,有可供国际交换的剩余产品;二是社会分工的扩大和国家的产生。从根本上说,社会生产力的发展和社会分工的扩大,是国际贸易产生和发展的基础。

在原始社会初期,人类处于自然分工状态,生产力水平极度低下,没有剩余产品和私有制,没有阶级和国家,因而也就不存在超越国界的国际贸易。到了封建社会和资本主义社会,社会生产力得到了极大的发展,商品的流通超出国界,才产生了国际贸易。

二、国际贸易的发展

(一)资本主义社会以前的国际贸易

1. 奴隶社会的国际贸易

在奴隶社会,由于社会生产力水平低下,生产的产品主要是自己消费,能进入流通的商品数量很少。另外,当时交通工具简陋,道路条件恶劣,严重阻碍人与物交流。因此,当时对外贸易局限在很小的范围内,其规模和内容都受到很大的限制。虽然在奴隶社会的经济中,对外贸易不占有重要的地位,但是它促进了手工业的发展,奴隶贸易成为奴隶主经常补充奴隶的重要方式。

奴隶社会是奴隶主占有生产资料和奴隶的社会,奴隶社会国际贸易中的主要商品是奴隶和其他专供奴隶主阶级享用的奢侈品,如宝石、香料和各种织物等。

奴隶社会时期从事国际贸易的国家主要有腓尼基、希腊、罗马等,这些国家在地中海东岸和黑海沿岸地区主要从事贩运贸易。中国在夏朝进入奴隶社会,贸易主要集中在黄河流域。

2. 封建社会的国际贸易

在封建社会,国际贸易有了较大发展。但是,与奴隶社会相比,并没有发生根本性的变化,国际贸易仍然受到自然经济的制约,贸易商品还是集中于奢侈品,对国民经济并没有产生重要的影响,但参加贸易的国家扩展到整个地中海沿岸国家。

中国较早地进入了封建社会,早在公元前1世纪的西汉,就开辟了从新疆经中亚通往中东和欧洲的"丝绸之路"。中国的丝绸、茶叶、瓷器从此闻名于世界。明朝郑和7次率领船队下西洋,足迹遍及东南亚各沿海国家,这也是国际贸易史上的重大创举之一。公元7世纪至8世纪,地中海东部的阿拉伯民族发展成为贸易民族,成为欧、亚、非三大洲的贸易中间商。公元11世纪后,地中海沿岸地区再次成为国际贸易的中心。

奴隶社会和封建社会由于生产力水平低下,社会分工不发达,自然经济占据统治地位。因此,国际贸易发展缓慢,国际贸易在奴隶社会和封建社会经济中都不占有重要的地位,贸易的范围和商品种类都有很大的局限性,贸易活动也不经常发生,还不存在真正的世界市场。

(二)资本主义社会的国际贸易

1. 资本主义原始积累时期的国际贸易

16世纪至18世纪中叶是西欧各国资本主义的原始积累时期。生产力的迅速发展为国际贸易的扩大提供了物质基础,而这个时期的4次"地理大发现"使国际贸易开始在全球大规模地展开,并对各国的经济生活产生了深远影响。

"地理大发现"把国际贸易的中心舞台由地中海推向了大西洋。此后,西欧大西洋沿岸国家的繁荣取代了地中海沿岸国家的繁荣。首先是荷兰的崛起;随后,英国迅速取代了葡萄牙、西班牙、意大利等国家的国际经济与贸易的中心地位;最后,英国的实力在17世纪末期远远超过了其他所有"老牌"殖民主义国家,取代了它们的宗主国地位,从而称霸全球。这个时期的国际贸易在全球迅速发展,为资本主义的原始积累提供了劳动力、资本与市场,同时为资本主义生产方式的形成提供了在经济上所必须具备的三个基本条件:

(1)从劳动力方面来看,当时的国际贸易以各种方式夺去了农民的土地,使他们成为出卖劳动力的"自由人"。例如,15世纪前后,英国为了扩大毛织品的出口,展开了大规模的"圈地运动",把耕地改建为牧场,生产羊毛,出现了"羊吃人"的现象。大量失去土地的农民沦为廉价的劳动力。

(2)欧洲资产阶级通过对当时落后的非洲与美洲等地区的国家开展掠夺性的贸易,迅速积累起大量资本。欧洲各国通过各种手段从世界各地获取大量黄金和白银,在欧洲转化为资本。

(3)国际贸易为欧洲工业产品提供了广阔的销售市场和原料产地。

2. 资本主义自由竞争时期的国际贸易

18世纪后期至19世纪中叶是资本主义的自由竞争时期。英国率先完成了工业革命,建立起机器大工业生产体系。随后,欧洲其他国家也相继完成了工业革命,资本主义制度极大地解放了生产力,国际分工得以形成。国际贸易在全球范围内随之迅速扩大,并表现出以下特点:

(1)国际贸易量迅速增加,尤其是19世纪的前70年,国际贸易量增长了约10倍。

(2)国际贸易方式有了较大的进步,出现了凭样品交易、期货交易以及信贷、票据等新的贸易支付方式。

(3)国际贸易商品结构发生了重大变化,商品的种类不断增加,工业产品比重明显上升。

(4)国际贸易的组织活动有了改进,出现了许多国家经营的贸易专业服务机构,如运输公司、保险公司等。

(5)政府的对外贸易政策有了改变。与资本主义自由竞争的特点相适应,靠经济实力称霸世界的英国开始实行自由贸易政策,美国、德国等后起的资本主义国家则采取了保护贸易政策。

3. 资本主义垄断时期的国际贸易

19世纪末至20世纪初资本主义国家进入垄断时期。与垄断资本主义的特点相适应,国际贸易呈现以下特点：

（1）国际贸易量增长速度下降。

（2）垄断组织控制了国际贸易。第一次世界大战前，世界上有100多个国际卡特尔，它们通过相互缔约的协定，控制了世界主要的市场。

（3）出现了发达国家的资本输出。第一次世界大战前，英国与法国是主要的资本输出国。

（4）发达国家竞相采取保护贸易政策。1929—1933年的经济大危机时期，保护贸易之风甚盛，严重阻碍了国际贸易的发展。

（三）当代国际贸易的发展趋势和特点

1. 国际贸易发展速度超过历史水平

在第三次科技革命的作用下，在贸易自由化和投资自由化推动下，国际贸易获得空前发展，世界货物贸易增长速度1950—1973年为7.88%，1973—1980年为5.07%，1980—1900年为6.0%，1990—2000年为6.7%，2000—2005年为10.0%，远远高于1870—1913年的3.4%和1913—1950年的0.9%，第二次世界大战结束到2005年的货物贸易发展速度都超过历史水平。受金融危机的影响，2005—2012年的货物出口量平均增长率回落至8.4%。2009年，世界进出口货物贸易出现了负增长。2012—2018年由于受世界经济发展低迷和贸易保护主义思想抬头的影响，世界出口货物贸易年均增长率为0.83%，2015—2016年，连续两年世界进出口货物贸易都出现了负增长。

2. 以发达国家为中心的贸易格局保持不变，中国成为国际贸易增长的新生力量

美国、欧盟、日本三大经济体既是世界经济的主要力量，也在国际贸易中居于主导地位。目前，发达国家已占据世界货物出口70%以上的份额和服务贸易90%以上的份额。更重要的是，发达国家通过开展区域贸易合作和控制多边贸易体制来主宰国际贸易秩序，并在国际交换中获得了大部分贸易利益。

近年来，中国是国际贸易增长中的"亮点"，表现为中国不仅在全球贸易总量中的份额和排名不断攀升，而且对全球贸易增量的贡献十分显著。2004年，中国对外贸易额达到11 548亿美元，超过日本成为仅次于美国、德国的第三大贸易国，占全球货物贸易总额和增量的比重分别达6.4%和20%。2010年，中国已成为世界第一出口大国；从2013年起，中国位居世界货物贸易进出口总量第一。

3. 国际贸易依存度逐步提高

国际贸易或对外贸易依存度指货物与服务贸易出口或进口额占世界或国内生产总值的比重。

世界银行《世界发展指标》显示：世界货物和服务出口依存度从1990年的19.4%提高到2000年的26.0%、2008年的30.8%和2018年的30.1%。

4. 国际贸易结构走向高级化，服务贸易和技术贸易发展方兴未艾

国际贸易结构的高级化与产业结构的升级互为依托，其变化趋势有以下两个突出特点：一是伴随着各国产业结构的优化升级，全球服务贸易发展迅速。近年来，国际服务贸易的规模已从 1980 年的 3 600 亿美元扩大到目前的 2.1 万亿美元,占全球贸易的 19%。在行业结构上,服务贸易日益向金融、保险、电信、信息、咨询等新兴服务业倾斜,传统的运输业、旅游业所占份额持续下降;在地区分布上,发展中国家服务贸易所占的份额继续扩大,东亚地区的增长尤其显著。二是高技术产品在制成品贸易中的地位大大提高,尤以信息通信技术产品的出口增长最快。同时,由于跨国公司纷纷把以信息技术为代表的高新技术产业向发展中国家转移,近年来发展中国家技术密集型产品出口占全球贸易的比重快速上升。

5. 多边贸易体制对国际贸易的发展发挥了重要作用

第二次世界大战后,为了促进世界经济的恢复与重建,1947 年关税与贸易总协定(以下简称关贸总协定)生效,成为世界多边贸易体制的组织和法律基础。经过八轮多边贸易谈判,关税不断下调,非关税壁垒受到约束,这推动了关贸总协定缔约方的贸易自由化。经济全球化的发展,要求世界多边贸易体制进一步加强。1995 年建立的世界贸易组织(WTO)取代了 1947 年的关贸总协定,其管理的贸易协定与协议,从货物延伸到投资、服务贸易和知识产权。这使世界多边贸易体制进一步巩固和完善,对国际贸易的发展发挥了重要作用,表现在以下几点:第一,世界贸易组织成员的贸易约占世界贸易额的 98%。第二,世界贸易组织负责实施的贸易协定和协议从货物贸易延伸到服务贸易、投资和知识产权。第三,世界贸易组织的争端解决机制在一定程度上避免了许多"贸易战",减少了"贸易战"带来的损失。

6. 贸易投资一体化趋势明显,跨国公司对全球贸易的主导作用日益增强

在经济全球化的推动下,生产要素特别是资本在全球范围内更加自由地流动,跨国公司通过在全球范围内建立生产和营销网络,推动了贸易投资的一体化,并对国际经济贸易格局产生了深刻影响。一是跨国公司已成为全球范围内资源配置的核心力量。目前,世界上的跨国公司已达 6.2 万家,它们不仅掌握着全球 1/3 的生产和 70% 的技术转让,更掌握着全球 2/3 的国际贸易和 90% 的外商直接投资。二是国际贸易竞争从以比较优势为主转变为以跨国公司的数量和在国际范围内整合资源的能力为主,这就意味着一个国家具备国际竞争优势的企业越多,就越能在国际分工中整合别国的资源。三是国际贸易格局由产业间贸易转向产业内贸易和公司内贸易,主要表现为中间产品、零部件贸易在国际贸易中的比重提高。四是跨国公司的产业转移不断加快,加工贸易在整个国际贸易中的比重持续提高,已成为发展中国家对外贸易的增长点。

7. 科技作用日益增强

第一,科学技术发展使国际贸易商品结构向高级、优化方向发展。第二,科技进步使拥有劳动力优势的国家竞争力下降。第三,拥有科技创新成果并转化的企业竞争力强于其他企业。第四,科技的发展给国际贸易运输带来"集装箱"革命,形成全球通信网络,电子商务和数字贸易得以发展。第五,科技提高贸易服务水平与质量,降低交易成本,使企业内部运作过程合理化。

8. 电子商务使国际贸易方式发生变革

计算机网络在商业上的应用,出现了电子商务,国际贸易方式发生变革,有助于政府改

进国际贸易管理方式,主要表现在以下几点:第一,通过政府网站发布国际贸易政策和法规。第二,通过信息网络开展进出口统计和统计资料发布。第三,实现网上申领发放进出口许可证,进行全面的进出口许可证核查,海关凭许可证验收,银行凭许可证结汇,大大减少不必要的中间环节,提高效率,节省费用。第四,进出口商品配额实行网上招标,企业在网上发出投标书竞标,外经贸管理部门在网上对标书进行评选和确认,并把配额迅速发放到企业。第五,进出口商品检验使用的报验、检验出证的计算机管理和系统内数据通信网,快捷、高效,且出错少。第六,实现海关管理和报关的网络化,既提高管理水平,给企业提供方便,也减少了逃税的现象。

电子商务下的国际贸易把全部进出口货物所需要的主要流程,如市场调研、国际营销、仓储、报关等引入计算机网络中,将信息网络、金融网络和物流网络结合起来。通过信息网络把事务活动和贸易活动中发生关系的各方有机地联系起来,使信息流和资金流迅速流动,为世界各地的制造商和贸易商提供全方位、多层次、多角度的互动式的商贸服务,将处于不同的时间和空间的生产者、经营者和消费者以及商业和贸易所需环节通过网络数字技术有机地联结到现有的信息技术系统上,将商品和劳务的交易活动由固定的场所转移到无固定场所的开放的国际互联网上,打破了各个相对独立存在的国家、地区和实体市场之间的地域限制,使国际贸易走向无国界贸易,极大地摆脱了传统贸易活动中的物质、时间和空间对交易双方的限制,使贸易双方可在全球范围比较和选择。

目前,跨境电子商务已成为时代新潮流。全球的跨境电子商务正在重塑国际贸易的格局,包括生产模式、消费模式、流通模式以及全球的产业链、价值链和供应链的各个环节。跨境电子商务正在扮演外贸增长新动力的角色。

第二节 | 国际贸易的基本概念

一、国际贸易与对外贸易

国际贸易(International Trade)是指世界各国之间进行的商品和劳务的买卖与交换活动。它既包括本国与他国之间的贸易活动,又包括其他国家之间的贸易活动。国际贸易由各国的对外贸易所构成,它是世界各国对外贸易的总和。因此,国际贸易通常也被称作世界贸易(World Trade)。

对外贸易(Foreign Trade)是指一个国家与其他国家进行的商品和劳务的买卖与交换活动。因为这是从一个国家的角度来看待的贸易活动,所以称其为对外贸易。由于对外贸易是由进口与出口两个部分构成,所以又称进出口贸易。一些海岛国家,如日本、英国等,也常常用海外贸易来表示对外贸易。

可以看出,国际贸易与对外贸易属于同一类活动,只是从国际角度看时,称为国际贸易,而从一个国家的角度看时,则称为对外贸易。

二、贸易额与贸易量

贸易额又叫贸易值（Value of Trade），它是一个用货币单位表示或反映贸易规模的指标。贸易额有对外贸易额和国际贸易额之分，一国的对外贸易额是一个国家在一定时期（如一年）出口贸易额与进口贸易额的总和，可以用本国货币表示，但是为了便于国际比较，许多国家也常用美元计算。国际贸易额是指全世界各国在一定时期内出口贸易额的总和。由于一国的出口就是他国的进口，所以为了避免重复计算，国际贸易额是一定时期（通常是一年）内世界各国出口额之和。

贸易量（Quantum of Trade）是一个用计量单位表示或反映贸易规模的指标。由于世界各国的货币价值不断波动，因而单纯用货币表示的贸易值不能准确地反映出国际贸易的实际规模。例如，一国实际进出口商品量是上升的，但由于进出口商品价格下跌，该国的进出口贸易值反而下降；或者一国实际进出口商品量增加不多，但由于进出口商品价格大涨，该国的进出口贸易值却呈现出很高的增长率。因此贸易量可以准确地反映实际贸易情况。

商品的计量单位各不相同，难以得出一个总的贸易量，于是人们使用一个替代办法，即以某年的价格为不变价格，计算出各年的进出口商品价格指数，用各年的进出口贸易值除以该年的进出口商品价格指数，就得到以不变价格计算的贸易量，它可以近似地代替贸易量。其计算公式为：

$$贸易量＝贸易额÷价格指数$$

例如，某国出口值 2009 年为 2 800 亿美元，2017 年为 11 736 亿美元。出口价格指数 2009 年为 100，2017 年为 265。如果按出口值直接计算，那么 2017 年与 2009 年相比，贸易增加了约 3.2 倍。如果按照贸易量计算，则 2017 年的贸易量为 4 429（11 736÷2.65）亿美元，同基期 2009 年相比，国际贸易规模实际只增加了 58%。

三、出口与进口

出口（Export）也称输出，是指从本国输出商品和劳务的贸易活动。进口（Import）也称输入，是指从国外输入商品和劳务的贸易活动。各国在进行对外贸易统计时，并不是把所有运出国境的货物都列为出口，也不是把所有运入国境的货物都列为进口。凡不是因为外销和外购而运出和运进国境的物品或服务，都不属于进出口。例如，本国向国外馈赠的物品，就不能算作本国的出口。

在国际贸易值的统计中，国际货币基金组织曾规定，各国的进出口商品价格均应按离岸价格计算。现实中，大多数国家却不是这样做的，而是将出口商品按出口国"离岸价格"（FOB 价）计算，进口商品按进口国"到岸价格"（CIF 价）计算。按照这种方法计算同一批商品时，出口国在出口时的价格要低于进口国在进口时的价格。二者之间的差额为国际贸易中的运费和保险费。

很多国家在同类商品上既有出口又有进口。一国在一定时期内(如一年)将某种商品的出口数量与进口数量相比较,如果出口量大于进口量,叫作净出口(Net Export);反之,则叫作净进口(Net Import)。这类指标反映一国的某类商品在国际贸易中所处的地位是有利还是不利。例如,韩国过去几十年中既进口汽车也出口汽车,20 世纪 80 年代之前进口大于出口,属于汽车的净进口国;80 年代之后,出口超过了进口,成为汽车的净出口国。

四、贸易差额

贸易差额(Balance of Trade)是指一国在一定时期内出口贸易总额与进口贸易总额之间的差额。当出口总额大于进口总额时,称为贸易顺差(Trade Surplus)或称贸易盈余或出超;当进口总额大于出口总额时,称为贸易逆差(Trade Deficit)或称贸易赤字或入超;如出口总额与进口总额相等,则称为贸易平衡。

贸易差额是衡量一国对外贸易乃至国民经济状况的重要指标。由于进出口贸易收支是一国国际收支中最重要的组成部分,所以贸易差额的状况对一国的国际收支有重大影响。一般来说,一国的贸易差额应该保持平衡,不要出现过大的顺差或过大的逆差。如果一国顺差过大,或者持续时间较长,那么必然会遭到贸易伙伴国的贸易报复甚至制裁。不仅如此,顺差的长期存在还会使大量的国内资源通过出口的方式流出,不利于本国资源在国内的优化配置,容易造成资源的浪费或过度使用。一国长期的逆差对国内经济也会起到阻碍作用。因为贸易逆差必然会减少一国的国际储备,所以在某种程度上就会降低一个国家在国际市场上的购买力,从而阻碍了某些关键设备和技术的进口,进而延缓了国内经济的发展。

五、国际贸易商品结构与对外贸易商品结构

国际贸易商品结构(Composition of International Trade)是指一定时期各类商品在整个国际贸易中所占的比重或地位,即各类商品贸易额与整个世界出口贸易额相比,通常以比重表示。

对外贸易商品结构(Composition of Foreign Trade)是指一定时期各类商品在一国对外贸易中所占的比重或地位,即各类商品进出口贸易额与整个进出口贸易总额相比,以份额表示。例如,某国 2013 年的出口额为 1 000 亿美元,其中初级产品为 300 亿美元,制成品为 700 亿美元,则该国的出口商品结构是初级产品占 30%,制成品占 70%。

商品结构是经济发展水平与产业结构在商品生产领域的具体体现。国际贸易商品结构可以反映出整个世界的经济发展水平和产业结构状况等。一国的对外贸易商品结构则可以反映出该国的经济发展水平、自然资源状况、产业结构状况、劳动力就业状况等,是一国制定产业结构调整规划的主要依据之一。

六、国际贸易地理方向与对外贸易地理方向

国际贸易地理方向又称国际贸易地区分布(International Trade by Regions),它用来表

示世界各国或各个国家集团在国际贸易中所占的地位,通常用它们的出口额或进口额占世界出口总额或世界进口总额的比重来表示。由于国际经济形势不断发生变化,各国的经济实力对比经常出现变动,国际贸易地理方向也不断地发生变更。

对外贸易地理方向(Direction of International Trade)又称对外贸易分布或国别构成,是指一定时期内各个国家或地区在一国(地区)对外贸易中所占的地位,通常以它们在该国(地区)进、出口总额所占的比重来表示。对外贸易地理方向表明了一国(地区)进口商品的来源和出口商品的去向,反映出一国(地区)与其他国家之间经济贸易的联系程度。

对一国而言,如果商品的进出口集中在某一个或几个国家,我们就说该国的对外贸易地理方向比较集中;反之,则对外贸易地理方向比较分散。对外贸易地理方向的集中与分散各有利弊。以出口为例,对外贸易地理方向比较集中,有利于出口厂商的信息交流,交易成本比较低。但出口的集中往往会带来国内厂商之间为了争夺客户而相互压价,从而造成出口国内部之间的恶性竞争。无论是出口还是进口,一国对外贸易地理方向过于集中,会使得该国容易受制于人,从而在对外贸易中处于不利的境地。对外贸易地理方向的分散则可以降低一国所面临的政治与经济风险,避免进出口商之间的恶性竞争,其不利之处是交易成本比较高。

七、对外贸易依存度

对外贸易依存度(Degree of Dependence upon Foreign Trade)又称对外贸易系数,是一国对外贸易总额在该国国民生产总值(GNP)或国内生产总值(GDP)中所占的比重。其计算公式为:

$$对外贸易依存度=(进出口总额/GNP \ 或 \ GDP)\times100\%$$

对外贸易依存度可分为出口依存度和进口依存度。出口依存度是指一国在一定时期内的出口额占 GNP(或 GDP)的比重;进口依存度是指一国在一定时期内进口额占 GNP(或GDP)的比重。一般来说,经济发达、国土面积较小的国家,对外贸易依存度较大;反之,经济落后、国土面积较大的国家,其对外贸易依存度较小。

对外贸易依存度既反映对外贸易在一国国民经济发展中的地位或国民经济对于对外贸易的依赖程度,又反映一国经济与其他国家经济联系的密切程度和该国参与国际分工的深度。对外贸易依存度越大,表明一国对世界经济的依赖程度越深。随着经济全球化进程的加快,国际分工在世界各国之间得到了迅速发展,各国之间的相互依赖程度也在不断加深,从而导致各国对外贸易依存度不断提高。

 知识链接

RCEP 签订带来新机遇

2020 年,我国贸易伙伴更加多元,从地区和国别看,东盟、欧盟、美国、日本和韩国依次

为2020年我国前五大贸易伙伴。

其中,中美双边货物贸易总值4.06万亿元,同期增长8.8%,占我国进出口总值的12.6%,对美出口3.13万亿元,增长8.4%,自美进口9 318.7亿元,增长10.1%。中方认真履行中美第一阶段的经贸协议,我国对美出口机电产品1.92万亿元,同期增长了9%,占对美出口总值的61.4%;自美进口农产品1 627.4亿元,增长了66.9%。

值得注意的是,2020年我国外贸领域的一个重大变化是东盟超越欧盟,历史性地成为了中国第一大贸易伙伴,从而形成了中国与东盟互为第一大贸易伙伴的良好格局,而这无疑与《中国-东盟自贸区升级议定书》关系密切。

自1991年中国与东盟建立对话关系以来,尤其是自2003年双方建立战略伙伴关系以来,中国与东盟开展了多方面的务实合作。而随着2020年11月我国正式签署了区域全面经济伙伴关系协定RCEP,更多外贸机遇的窗口也将打开。

2020年,我国对RCEP其他14个成员进出口总值10.2万亿元人民币,同期增长了3.5%,占我国进出口总值的31.7%。其中,东盟10国是我国第一大贸易伙伴,进出口值4.74万亿元,增长7%;日本、韩国是我国第四和第五大贸易伙伴,进出口值分别为2.2万亿元、1.97万亿元,分别增长1.2%和0.7%;对澳大利亚进出口1.17万亿元,下降0.1%;对新西兰进出口1 255.3亿元,下降0.4%。

目前RCEP是全球体量最大的自贸区,涵盖了全球约30%的人口、30%的经济总量和30%的对外贸易,发展前景广阔、潜力巨大,成员各方对此充满期待,我国海关正在加快推进RCEP实施准备工作,建章立制,保障RCEP原产地规则落地。正在研究出台"RCEP进出口货物原产地管理办法"和"经核准出口商管理办法",重新梳理RCEP项下申报享惠进口和出口签证的流程,并建设配套的信息化系统,确保企业申报享惠的便利性。同时,加大培训力度,引导企业用足用好RCEP便利化政策。

资料来源:北京商报

第三节 | 国际贸易的分类与特点

一、国际贸易的分类

国家贸易按照不同的标准可分为以下几类。

(一)按商品流向划分

按商品流向划分,国际贸易可以分为出口贸易、进口贸易、过境贸易、复出口贸易与复进口贸易。

1. 出口贸易

出口贸易(Export Trade)又称输出贸易,是指将本国生产或加工的产品输往国外市场销售。不属外销的产品则不属于出口贸易,如运出国境供驻外使馆人员使用的货物、旅客个人使用带出国境的货物,均不列入出口贸易。

2. 进口贸易

进口贸易(Import Trade)又称输入贸易,是指将外国商品输入本国市场进行销售。不属内销的货物不属于进口贸易,如外国使馆运进供自用的货物、旅客带入供自用的货物,均不列入进口贸易。

3. 过境贸易

过境贸易(Transit Trade)又称通过贸易,某种商品从 A 国经 C 国输往 B 国销售,该商品对 C 国而言即为过境贸易。过境贸易对 C 国来说,既不是进口,也不是出口,只是商品过境而已。例如,我国与东欧国家之间的贸易,通常通过大陆桥运输。由于铁路横跨亚欧大陆,货物由我国运往东欧国家时,必定经过俄罗斯等国。这些经过俄罗斯等国运往东欧国家货物的贸易,对俄罗斯等国而言,便是过境贸易。早期,各国曾对过境贸易征收过境税,限制了过境贸易的发展。由于过境贸易对于过境国家的市场和生产不仅不会带来冲击,反而会产生一定积极作用,带动本国的运输物流等服务业的发展,因而各国逐渐取消了过境税,并采取各种措施来吸引过境贸易。

4. 复出口贸易与复进口贸易

从国外输入的商品,未在本国加工再次输出国外,称为复出口贸易(Re-export Trade)或再输出贸易。输往国外的商品未经加工又输入本国,称为复进口贸易(Re-import Trade)或再输入贸易,例如出口后退货、未售掉的寄售货物的退回等。

(二) 按统计标准划分

按统计标准划分,国际贸易可分为总贸易和专门贸易。各国在进行对外贸易统计时,所采用的统计方法存在差异,一些国家采用总贸易,而一些国家采用专门贸易。

1. 总贸易

总贸易(General Trade)以货物通过国境作为统计标准,凡进入国境的商品一律列为进口,称为总进口(General Import);反之,凡是离开国境的商品一律列为出口,称为总出口(General Export)。总进口额加总出口额就是总贸易额。中国、日本、英国、加拿大、澳大利亚、俄罗斯等国家采用这种划分标准。

2. 专门贸易

专门贸易(Special Trade)以货物通过关境作为统计标准,凡进入关境的一律列为进口,称为专门进口(Special Import);反之,凡离开关境的商品一律列为出口,称为专门出口(Special Export)。专门进口额加专门出口额就是专门贸易额。美国、德国、法国、意大利、瑞士等国家都采用这种划分标准。

总贸易额和专门贸易额是不相等的。一是通过国境而未通过关境的贸易,如进入保税区又输出他国的货物,计入总贸易额而不计入专门贸易额;二是国境和关境往往不一致,有时国境大于关境,如一国在境内设立保税区;有时关境大于国境,如若干国家成立关税同盟。

(三) 按交易内容划分

按交易内容划分,国际贸易可以分为货物贸易和服务贸易。

1. 货物贸易

货物贸易(Goods Trade),又称有形贸易(Visible Trade),是指看得见的实际商品的进出口。国际贸易中的有形商品种类多,为了便于统计,联合国秘书处在 1950 年出版了《联合国国际贸易标准分类》(SITC),并分别在 1960 年和 1974 年进行了修订。1974 年的修订本,把国际货物贸易共分为 10 大类、63 章、233 组、786 个分组和 1 924 个基本项目。这 10 类商品分别为:0 类为食品及主要供食用的活动物;1 类为饮料及烟类;2 类为燃料以外的非食用粗原料;3 类为矿物燃料、润滑油及有关原料;4 类为动植物油及油脂;5 类为未列名化学品及有关产品;6 类为主要按原料分类的制成品;7 类为机械及运输设备;8 类为杂项产品;9 类为没有分类的其他产品。在国际贸易统计中一般把 0～4 类商品称为初级产品,把 5～8 类称为制成品。

2. 服务贸易

服务贸易(Trade in Service)又称无形贸易(Invisible Trade),是指一切不具物质属性的服务进出口活动,如运输、保险、金融、旅游、文化娱乐、法律服务、咨询等的提供与接受。服务贸易多为无形、不可存储的,服务提供与消费同时进行。《服务贸易总协定》(General Agreement on Trade in Services,GATS)指出,国际服务贸易的形式为:"从一参加方境内向任何其他参加方境内提供服务。在一参加方境内向任何其他参加方的服务消费者提供服务。一参加方在其他任何参加方境内通过提供服务的实体的介入而提供服务。一参加方的自然人在其他任何参加方境内提供服务。"世界贸易组织列出服务行业包括以下 12 个部门:商业、通信、建筑、销售、教育、环境、金融、卫生、旅游、娱乐、运输、其他。服务贸易额在各国国际收支表中只得到部分反映,不进入各国海关统计。

(四) 按贸易有无第二国参加划分

按贸易有无第三国参加划分,可以分为直接贸易、间接贸易和转口贸易。

1. 直接贸易

直接贸易(Direct Trade)是指商品生产国与商品消费国不通过第三国进行买卖商品的行为。商品从生产国直接销售到消费国,对生产国来说是直接出口,对消费国来说是直接进口。

2. 间接贸易

间接贸易(Indirect Trade)是指商品生产国与商品消费国没有直接发生贸易关系,而是通过第三国买卖商品的行为。商品通过第三国销售到消费国,对生产国来说是间接出口,对消费国来说是间接进口。例如,美国市场上的很多中国商品就是通过间接贸易的方式从中国流入美国的。

3. 转口贸易

转口贸易(Entrepot Trade)是指某国进口商品后,对该类商品不做加工或只做轻微加工,再把这些商品出口到另一国的贸易行为。商品生产国与商品消费国通过第三国进行间接贸易,对第三国来讲属于转口贸易。例如,新加坡的商人每年都从事大量的转口贸易活动、从中国和东南亚各国购入商品,然后卖到欧美市场去。即使有些商品是直接由生产国运往消费国去的,但生产国与消费国之间并不直接发生交易关系,而是由中转国分别同生产国和消费国发生交易,这种活动仍然属于转口贸易。

转口贸易的发生,主要是有些国家或地区由于地理、历史政治或经济的原因,其所处的位置适合于作为货物的销售中心。这些国家或地区输入大量货物,除了部分供本国或本地区消费外,又再出口到邻近国家和地区。例如,新加坡、中国香港、伦敦、鹿特丹等,都是国际著名的中转地,拥有数量很大的转口贸易。这些国家和地区通过转口贸易除了可以得到可观的转口利润和仓储、运输、装卸、税收等收入外,同时也推动了当地金融、交通、电信等行业的发展。

(五) 按经济发展水平划分

按经济发展水平划分,国际贸易可分为水平贸易和垂直贸易。

1. 水平贸易

水平贸易(Horizontal Trade)是指经济发展水平比较接近的国家之间开展的贸易活动。例如,各个发达国家之间以及各个发展中国家之间所进行的贸易。各发达国家之间的生产力发展水平尽管很接近,但仍存在各种差异,如技术水平各有短长,各国工业部门发展不平衡,资源供应也各不相同。它们通过国际贸易来取长补短,弥补不足。各发展中国家之间存在的水平贸易,则是它们在相互支持、相互弥补民族工业部门的短缺和在与不平等的南北分工状况的斗争中形成的。

2. 垂直贸易

垂直贸易(Vertical Trade)是指经济发展水平不同的国家之间开展的贸易活动。发达国家与发展中国家之间所进行的贸易,大多属于这种类型。发达国家从发展中国家进口农产品和工业原料,并向其出口工业制成品。垂直贸易主要是由生产力水平上的差距造成的。

二、国际贸易的特点

国际贸易的特点是与国内贸易相比较而言的。它们作为社会生产与社会消费之间的一个不可缺少的中间环节,具有很多共同之处。只是国际贸易活动所处的环境与所接触的对象与国内贸易活动不尽相同,使国际贸易又表现出了一些不同之处,主要反映在以下几个方面。

(一) 语言不同

国际贸易是不同国家之间的商品、服务和生产要素的交换活动,各国语言千差万别,贸易洽谈、签订合同和处理单证等,如不采用一种共同的语言,交易就无法进行。因此,为了使交易能顺利进行必须采用一种共同的语言。目前,国际贸易通行的商业语言是英语,由于有些地区英语使用还不普遍,因此,除了通晓英语外,还要掌握其他语言。

（二）宗教、法律、风俗习惯不同

在国际上具有重大影响的宗教有基督教、伊斯兰教、印度教、佛教,其中各个宗教又可细分为各种教派。这些宗教对人们的价值观、态度、风俗习惯和审美观产生重大影响,从而使人们对商品的种类、品质、规格、花色、包装等方面的需求千差万别。世界各国的商业法律不同,因此,国际贸易的买卖合同、运输合同和保险合同等其他合同,如产生纠纷无法解决时,只能根据国际惯例和国际规则进行仲裁和索赔。但是国际惯例和国际规则不是国际条约,在法律上不具有强制力和约束力,国际贸易产生的纠纷与国内贸易相比更难解决。

（三）贸易环境不同

1. 贸易政策与措施不尽相同

为了争夺市场,保护本国工业和市场,各国往往采取"奖出限入"的贸易政策与措施。在WTO规则下,不利于国际贸易发展的政策与措施正在逐步取消,一些政策与措施正在逐步规范。在规范的前提下,仍然允许各国根据本国情况,保留一些过渡性的政策与措施。世界各国贸易政策与措施在趋向一致的同时,仍然具有很大的差异。

2. 货币与度量衡差别很大

在浮动汇率下,对外贸易以何种货币计价? 各国度量衡不一致时如何换算? 凡此种种使得对外贸易比国内贸易更加复杂。

3. 海关检验制度不一致

各国海关对于货物进出口都做出了许多规定。货物出口不但要在输出国家的输出口岸履行报关手续,而且出口货物的种类、品质、规格、包装和商标也要符合输入国家的各种规定。

4. 国际汇兑复杂

国际贸易货款的清偿多以外汇支付,而外汇依各国采取的汇率制度和外汇管理制度而定,这使国际汇兑相当复杂。

5. 贸易环节众多

国际贸易运输,一要考虑运输工具,二要考虑运输合同的条款、运费、承运人与托运人的责任,此外还要办理装卸、提货手续。为了避免国际贸易供物运输中的损失,还要对运输货物进行投保。

（四）面临的风险较大

由于从事国际贸易活动面对的是一种相对陌生且多变的经营环境,因而其面临的风险也较大,主要表现在以下几个方面。

1. 信用风险

由于资信调查上的困难和间接性,交易一方可能会由于另一方的违约而遭受重大损失。

2. 价格风险

国际市场价格变幻莫测,一项买卖合同已经签署,价格仍可能会在合同执行中出现大的变化。如果商品的市场价格比合同价格大幅度下跌,合同的买方就会遭受损失;反之,合同

的卖方则会遭受损失。

3. 汇兑风险

用于国际货款支付的货币经常发生汇率波动,势必会增加经营国际贸易的风险程度。

4. 运输风险

国际贸易商品需要长途运输,往往还要跨洋越海,因各种原因引起风险的概率相当大。虽然多数风险损失会由保险公司给予赔偿,却仍然会因此而影响当事者正常业务的开展。

5. 政治风险

某些国家的政权更迭、民族纠纷、军事政变,以及国际社会对某些国家实行的经济封锁和物资禁运,都会使国际贸易活动受到影响,给贸易当事人造成意想不到的损失。

(五)对外贸业务人员的素质要求较高

从事国际贸易工作的业务人员,除了要学习和掌握商业流通理论、商品知识、市场学和谈判技巧等基本理论与技能,还要学习和掌握与对外贸易有关的一些专门知识:①外语。外贸业务人员至少能够熟练地使用一门外语。②外贸实务知识。外贸业务人员应该通晓从与外商签订合同,到组织货源,再到办理通关手续和跨国运输手续等一系列的进出口业务知识。③国际金融知识。外贸业务人员应掌握如何选择和使用恰当的货币,如何采取措施减轻汇率风险,如何利用银行融通资金以及利用银行渠道进行国际货款的支付。④国际商法。在当今的外贸领域,既存在若干多边签署的国际商务规则和约定俗成的国际贸易惯例,也存在各种国家制定和实施的商事法规。外贸业务人员只有熟悉和了解各种法规,才能保障外贸业务的正常进行。

第四节 | 国际贸易对经济的作用

国际贸易的产生与发展是建立在经济发展的基础之上的。国际贸易出现后,对经济的发展产生了十分积极的促进作用。随着经济的发展和社会的进步,国际贸易在经济成长中的作用日益明显。

一、刺激生产技术和劳动生产率的提高

在国际贸易中,各国都想在国际市场上占有一席之地,这就要求各国生产企业在商品生产中与国外生产同类商品的企业展开竞争。各企业尽可能地运用新技术来提高商品质量、创新商品功能,还要努力改进技术、降低成本。

国际贸易让各贸易国的先进技术得到广泛和深入的交流和推广,推动了生产技术的进步,从而促进劳动生产率的提高。

二、有利于生产要素的充分利用和有效配置

生产要素是进行社会生产的基本条件,包括土地、矿藏、劳动、技术和资本等。这些生产

要素或资源在各国的分布和需求并不均衡,有的国家(地区)大量拥有某种生产要素,但本国(地区)需求不大,对某种拥有量稀少的生产要素却大量需要。其他国家(地区)也有类似情况。这些供求不平衡的现象会阻碍一国经济的深入发展,国际贸易能够使生产要素在各国间互通有无,调剂余缺,实现生产要素的充分利用和有效配置。

三、获得比较利益

由于自然条件和社会经济条件的差异,以及生产要素状况和生产力发展水平的不同,各国都不可能拥有或生产它需要的一切商品。各国在对外贸易中,出口本国生产最具优势即生产成本最低的商品,进口本国生产不具优势即生产成本较高的商品。因此,有了国际贸易渠道,各国就能通过交换获得比较利益。

四、有利于市场的扩大,带动经济发展

出口企业往往是面向世界市场来组织生产的,市场容量大容易获得规模经济效应。一国的企业在为国内消费者提供某类商品的同时,还能在国际市场上销售同类商品,那么不仅能使企业提高盈利水平,而且,国内消费者在购买该类商品时只需支付较低的价格。

国民经济各部门、各行业存在相互关联、相互依存的各种联系,即一个部门在投入和产出方面与其他部门之间的联系,这种联系有两个方面:一是后向联系,即某个部门同向它提供投入的部门之间的联系;二是前向联系,即某个部门同吸收它的产出的部门之间的联系。如果出口产业是联系效应大的主导产业,就能够取得很大的乘数效应,带动其他一系列部门的发展,从而循环往复地连续推动国民收入和就业量的增加,推动经济的持续发展。例如,一国发展对外贸易,会带动包装业、运输业、保险业等服务部门的经济增长。

五、增加财政收入,提高国民福利水平

国际贸易的发展,可为一国政府开辟财政收入的来源。政府可从对过往关境的货物征收关税、对进出口货物征收国内税、为过境货物提供各种服务等方面获得大量财政收入。在美国联邦政府成立初期,关税收入曾占联邦财政收入的90%。至今,关税和涉外税收仍然是一些国家特别是一些发展中国家财政收入的重要来源。国际贸易还可以提高国民福利水平。它可以通过进口国内短缺且又迫切需要的商品,或者进口比国内商品价格更低廉、质量更好、式样更新颖、特色更突出的商品,来使国内消费者获得更多的福利。此外,国际贸易的扩大,特别是劳动密集型产品出口的增长,将为国内提供更多的就业机会,间接提高国民福利水平。

六、加强各国的经济联系,促进经济发展

世界各国广泛开展国际贸易活动,不仅把生产力发展水平较高的发达国家互相联系起来,也把生产力发展水平较低的广大发展中国家卷入国际经济生活之中。国际市场的竞争

活动,也促使世界总体的生产力发展速度进一步加快。这不仅促进了发达国家经济的进一步发展,也促进了不发达国家和地区的经济发展。

国际贸易是对外商品交换的媒介,是联结世界上越来越多的国家和地区进行贸易往来的纽带和桥梁。国际贸易对参与贸易的国家乃至世界经济的发展具有重要作用。

知识链接

"一带一路"倡议的提出实现了合作方的互利共赢,有效推动了合作方经济的高质量发展,为经济全球化深入发展作出了巨大贡献。

在"一带一路"倡议下,通过推进规则标准"软联通",提升了中国和共建国家之间的合作层次。广大发展中国家发展水平差异较大,国内规则体系各不相同,在检验检疫标准、关税水平等"边境上"规则上也存在明显差别。构建互利共赢的经济合作网络,不但需要大量的货物、服务和要素的跨境流动,还需要形成紧密合作的产业分工体系,因此既要在"边境上"规则领域降低壁垒,更要求在产业技术标准、知识产权保护等"边境内"规则方面加强互认。"一带一路"倡议实施以来,中国和合作方在这两方面的合作均取得了显著成绩,如在中国和东盟等经济体的积极推动下,覆盖全球约30%人口和1/3 GDP的世界规模最大的自由贸易协定——RCEP即将于2022年1月1日正式生效。届时,不但中国和东盟等经济体之间的关税等贸易壁垒将进一步减轻,而且各成员将实施相同的原产地规则,在电子商务、知识产权保护等方面也将遵守一致的理念,对于企业构建跨境生产网络、开展数字经济合作的积极作用十分明显。

展望未来,共建"一带一路"将为经济全球化深入发展和中国构建新发展格局作出更大贡献。当前,气候变化、疫情防控等全球性问题正在给人类社会带来诸多新挑战。世界各国特别是广大发展中国家迫切要求创新经贸合作模式,在经济全球化的深入发展中促进自身发展。中国正在加快构建以国内大循环为主体、国内国际双循环相互促进的新发展格局,也要求发挥好国际循环对国内循环升级的促进作用,加强国内国际产业链供应链的畅通衔接。共建"一带一路"作为构建人类命运共同体的伟大实践,将以高标准、可持续、惠民生为目标,持续提升合作质量,稳步提升项目经济效益和社会效益,有效畅通国际循环,积极提升共建国家民生获得感,支持各参与方绿色低碳发展,促进中国和合作方在经济高质量发展中实现互利共赢。

思考:谈一谈中国在世界经济发展中的地位和作用。

资料来源:人民日报海外版

课 堂 测 试

班级_____　　姓名_____　　学号_____　　成绩_____

一、单项选择题(本大题共 10 小题,每题 4 分,共 40 分)

1. 对外贸易额是指一定时期内(　　　)。
   A. 世界各国出口贸易额之和　　　　　B. 世界各国进口贸易额之和
   C. 世界各国进出口贸易额之和　　　　D. 一国出口额与进口额之和

2. 通常所说的国际贸易额单是指(　　　)。
   A. 世界出口总额　　　　　　　　　　B. 世界进口总额
   C. 世界出口总额和进口总额之和　　　D. 世界出口总额和进口总额之差

3. 剔除价格变动的影响,比较确切地反映对外贸易规模的是(　　　)。
   A. 对外贸易量　　　B. 对外贸易额　　　C. 进口额　　　D. 出口额

4. 专门贸易体系是指以(　　　)作为统计界限。
   A. 关境　　　　　　B. 国境　　　　　　C. 货物进出口　　　D. 服务进出口

5. 以国境为划分进出口的标准,凡进入国境的商品一律列为进口,凡离开国境的商品一律
   列为出口,这种划分标准叫作(　　　)。
   A. 直接贸易　　　　B. 间接贸易　　　　C. 总贸易　　　D. 专门贸易

6. 从海关保税仓库或自由贸易区出口的货物应计入(　　　)。
   A. 专门出口　　　　B. 总出口　　　　　C. 净出口　　　D. 间接出口

7. 我国纺织品经过日本转卖到美国,这种交易行为是(　　　)。
   A. 转口贸易　　　　B. 直接贸易　　　　C. 边境贸易　　　D. 总贸易

8. 某年世界货物出口贸易额为 3.1 万亿美元,进口贸易额为 3.2 万亿美元,该年国际货物
   贸易额为(　　　)万亿美元。
   A. 6.3　　　　　　B. 0.1　　　　　　C. 3.1　　　　　D. 3.2

9. 对外贸易依存度反映的是(　　　)。
   A. 一国国民经济对进出口贸易的依赖程度　B. 一国国民经济对出口贸易的依赖程度
   C. 一国国民经济对进口贸易的依赖程度　　D. 一国对外贸易对国民经济的依赖程度

10. 某国的国民生产总值为 2 万亿美元,商品进口额为 1200 亿美元,出口额为 800 亿美元,
    则该国对外贸易依存度为(　　　)。
    A. 10%　　　　　　B. 11%　　　　　　C. 12%　　　　　D. 9%

二、多项选择题(本大题共 5 小题,每题 6 分,共 30 分)

1. 下列各项中,属于对外贸易产生的条件的有(　　)。
   A. 剩余产品和发达的交通工具　　　　B. 社会分工和市场出现
   C. 剩余产品和政治实体　　　　　　　D. 世界市场和世界货币
   E. 银行和保险机构

2. 国际服务贸易按照提供方式可以划分为(　　)。
   A. 跨界供应　　　B. 境外消费　　　C. 商业存在　　　D. 自然人流动
   E. 管理咨询

3. 一国的对外贸易构成可以反映出该国(　　)。
   A. 经济发展水平　　　B. 与其他国家或国家集团之间经济贸易联系
   C. 产业结构状况　　　D. 在国际贸易中所占的地位
   E. 服务发展水平

4. 一国的对外贸易地理方向通常受(　　)的影响。
   A. 经济互补性　　　B. 贸易政策　　　C. 国际分工形式　　　D. 贸易方式
   E. 对外贸易规模

5. 依据有无第三方参与,国际贸易可分为(　　)。
   A. 进口贸易　　　B. 直接贸易　　　C. 间接贸易　　　D. 转口贸易
   E. 出口贸易

三、判断题(本大题共 10 小题,每题 3 分,共 30 分)

1. 国际贸易与对外贸易是一组完全相同的概念。　　　　　　　　　　　　(　　)
2. 对外贸易是指世界各国之间的商品和劳务的买卖活动。　　　　　　　　(　　)
3. 世界贸易额,是指把世界上所有国家或地区的进口额和出口额按同一种货币单位换算后相加得出的数额。　　　　　　　　　　　　　　　　　　　　　　(　　)
4. 通常是把各国一定时期的出口值加起来作为这一时期的国际贸易值。　　(　　)
5. 以货币表示的对外贸易额能够确切地反映一国或世界贸易的实际规模。　(　　)
6. 贸易量指标剔除价格变动的影响,可以比较确切地反映国际贸易的规模,便于把不同时期的国际贸易额进行比较。　　　　　　　　　　　　　　　　　　(　　)
7. 以货物通过关境为标准统计的进出口称为总贸易。　　　　　　　　　　(　　)
8. 根据总贸易体系规定,以国境为标准统计进口额,凡进入国境的商品,不论其是否办理通关手续,一律列入进口,作为总进口的一部分。　　　　　　　　　(　　)
9. 在国际贸易统计中,把《联合国国际贸易标准分类》中的 0～4 类商品称为初级产品,5～8 类商品称为制成品。　　　　　　　　　　　　　　　　　　　　　　(　　)
10. 转口贸易是指商品生产国与商品消费国通过第三国进行的商品买卖行为。(　　)

第二章　国际分工

知识导航

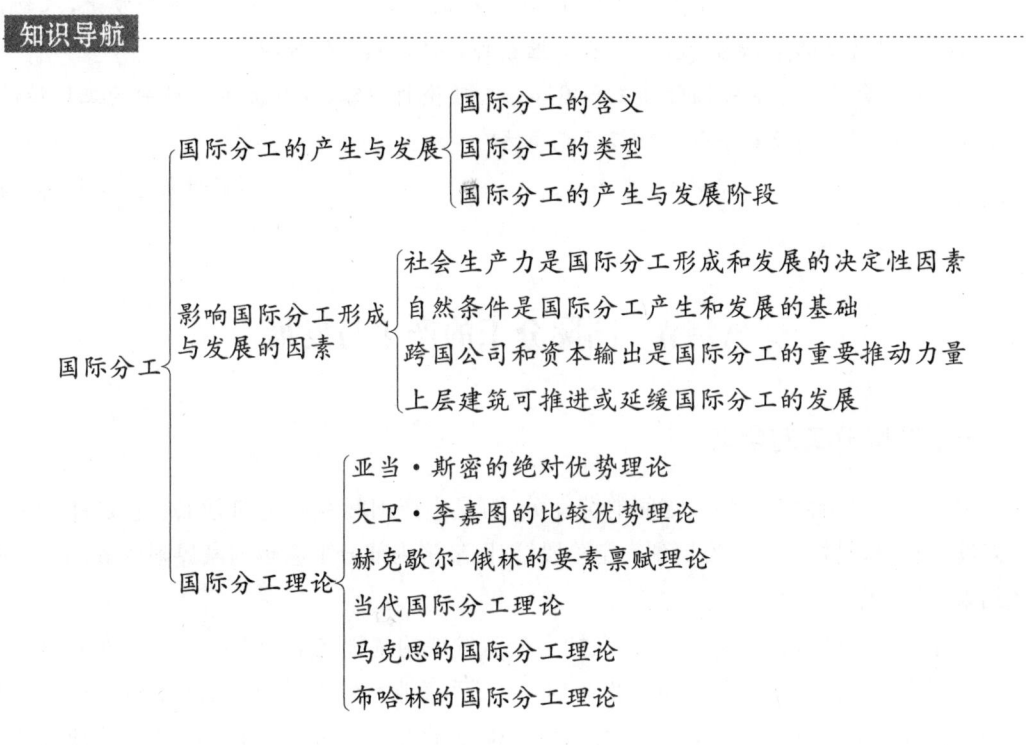

国际分工

国际分工的产生与发展
- 国际分工的含义
- 国际分工的类型
- 国际分工的产生与发展阶段

影响国际分工形成与发展的因素
- 社会生产力是国际分工形成和发展的决定性因素
- 自然条件是国际分工产生和发展的基础
- 跨国公司和资本输出是国际分工的重要推动力量
- 上层建筑可推进或延缓国际分工的发展

国际分工理论
- 亚当·斯密的绝对优势理论
- 大卫·李嘉图的比较优势理论
- 赫克歇尔-俄林的要素禀赋理论
- 当代国际分工理论
- 马克思的国际分工理论
- 布哈林的国际分工理论

学习目标

1. 理解国际分工的含义及类型。
2. 了解国际分工的产生和发展。
3. 理解影响国际分工形成与发展的各种因素。
4. 熟悉国际分工理论的主要内容。

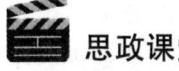 思政课堂

　　我国自古就有尊崇和弘扬工匠精神的传统。《诗经》中的"如切如磋，如琢如磨"，反映的就是古代工匠在雕琢器物时执着专注的工作态度。"庖丁解牛""巧夺天工""匠心独运""技近乎道"……经过千年岁月洗礼，这种精益求精的精神品质早已融入中华民族的文化血液。

　　"工匠精神"一词，最早出自著名企业家、教育家聂圣哲，他培养出来的一流木工匠士，正

是来自这种精神。相信随着国家产业战略和教育战略的调整，人们的求学观念、就业观念以及单位的用人观念都会随之转变，"工匠精神"将成为普遍追求，除了"匠士"，还会有更多的"士"脱颖而出。

聂圣哲曾呼吁："中国制造"是世界给予中国的最好礼物，要珍惜这个练兵的机会，决不能轻易丢失。"中国制造"熟能生巧了，就可以过渡到"中国精造"。"中国精造"稳定了，不怕没有"中国创造"。千万不要让"中国制造"还没有成熟就夭折了，路要一步一步走，人动化（手艺活）是自动化的基础与前提。要有工匠精神，从"匠心"到"匠魂"。

思考：结合第二章有关国际分工和国际分工理论的内容，以及上述材料中的工匠精神，从个人、企业、国家角度谈一谈如何提高竞争力？

资料来源：深圳特区报

第一节 国际分工的产生与发展

一、国际分工的含义

国际分工是指世界上各国之间的劳动分工，是生产国际专业化的分工。它是社会生产力发展的产物，是社会分工发展到一定阶段，国民经济内部分工超越国家界限发展的一种必然结果。

国际分工不同于社会分工，它是在社会分工发展的基础之上产生的。人类发展史上曾出现过三次社会大分工：农业和畜牧业的分工、手工业和农业的分工、商业和手工业的分工。这三次社会大分工促进了生产力的发展，促进了人类文明的进步。但这时的社会分工却受到地域、民族和国家界限的限制，因而只是一种较低层次的分工。随着社会生产力的进一步发展，特别是随着资本主义经济制度的确立与扩张，社会分工开始超越国家的界限，从经济上把整个世界联为一体形成了国际专业化生产与合作，这便是国际分工。

二、国际分工的类型

（一）垂直型国际分工

垂直型国际分工（Vertical International Division of Labor）是指经济发展水平不同的国家之间的纵向分工，主要指发达国家与发展中国家之间制造业与农业、矿业的分工。19世纪形成的国际分工属于垂直型分工。这是第一个阶段的垂直型国际分工，其特点是两种不同类型国家的生产分别属于两种不同的产业。

第二次世界大战后，随着发展中国家的经济发展，这种类型的分工有所削弱，但仍然是发达国家与新兴工业化经济体以外的发展中国家之间的一种主要的分工类型。这一阶段，垂直型国际分工的特点是发展中国家从事劳动密集型产品的生产，发达国家从事技术密集型或资本密集型产品的生产,从而在同一产业的不同部门间形成垂直型国际分工。

(二) 水平型国际分工

水平型国际分工(Horizontal International Division of Labor)是指经济发展水平相近的发达国家之间的横向分工,主要指发达国家之间在工业部门上的分工。第二次世界大战前,水平型国际分工表现为产业间的分工。第二次世界大战后,由于科技进步与产业的迅速发展,这种类型的分工深化到产业内部,形成国家间工业部门内部的分工。其表现形式有以下 3 个方面。

1. 不同型号、规格产品的分工

不同型号、规格产品的分工,是指不同国家对同一种类不同规格和型号的产品的专业化生产。例如,在小轿车的生产上,美国、日本、德国和法国等在轿车的舒适性、节能性、耐用性和美观程度等方面各显特色。

2. 零配件和部件生产的分工

各国科技和工艺水平存在差异,一国对某种零配件或部件的生产具有优势,另一国对另一种零配件或部件的生产具有优势,由此就产生了零配件或部件的专业化生产。第二次世界大战后,这种形式的专业化生产在许多产品的生产中得到了广泛的发展。例如,在喷气式飞机、原子能发电站设备、电子计算机、汽车、拖拉机、收音机、电视机等大批量生产时所需的各种零配件或部件往往在不同国家中进行专业化生产、形成全球价值链。

3. 工艺过程的分工

工艺过程的分工,是指不同国家对生产过程的不同阶段进行专业化生产。例如,在化学工业方面,某国一些工厂专门生产半成品,然后出口这些半成品给设在其他国家的化工厂去生产各种化学制成品。德国拜耳公司就是将它所生产的中间产品提供给世界各地上万家的化工厂,供它们制造各种化学成品,这属于工艺过程的专业化。

水平型国际分工是当今主流的国际分工形式,参与这种分工的国家除了发达国家,还有一些新兴工业化国家。

(三) 混合型国际分工

混合型国际分工(Mixed International Division of Labor)是就一国的情况来看的,指一个国家参加国际分工既采取了垂直型分工方式,又采取了水平型分工方式。世界上多数国家参加国际分工所采取的方式,实际上都是属于混合型的国际分工。例如,发展中国家在向发达国家出口原材料并进口工业制成品时,属于垂直型分工;而在与其他发展中国家或发达国家互相出口工业制成品时,则属于水平型分工。发达国家参与国际分工的情况亦是如此,它们同发达国家交换产品,多属于水平型分工;而与发展中国家交换产品,则多属于垂直型分工。例如,德国既向美国出口汽车,又从美国进口不同型号的汽车,进行水平型国际分工活动;同时,德国也从发展中国家和地区大量进口原材料并出口工业制成品,从事垂直型国际分工活动。

三、国际分工的产生与发展阶段

国际分工的产生和发展经历了四个历史阶段,即国际分工的萌芽阶段、发展阶段、形成

阶段和深化阶段。

（一）国际分工的萌芽阶段（16世纪—18世纪中叶）

国际分工的萌芽阶段，出现了宗主国和殖民地之间最初的分工形式，国际分工萌芽于16世纪。15世纪末至16世纪中的"地理大发现"后，西欧殖民主义者用暴力手段在亚洲、非洲、拉丁美洲进行大肆掠夺。16世纪至17世纪，手工业向工场手工业过渡，资产阶级进入资本原始积累时期，西欧国家推行殖民政策，在殖民地开采矿山、建立种植园，生产和提供本国不能生产的原料和农产品，并扩大本国工业品的生产和出口，出现了宗主国和殖民地之间最初的分工形式。

（二）国际分工的发展阶段（18世纪60年代—19世纪60年代）

国际分工在发展阶段形成了以英国为中心，以自然资源为基础的工业品生产国与初级产品生产国之间的分工。这一时期，英国等国家建立了机器大工业，生产能力和生产规模迅速扩大。源源不断地生产出来的大批制成品使国内市场饱和，需要寻求新的销售市场，生产的膨胀又引起对原料的大量需求，要求开辟新的廉价的原料来源。大机器工业生产物美价廉的商品成为英国征服海外市场的武器，也是破坏其他国家的手工业生产，从而迫使其变为英国的原料产地的武器。最终这些国家按照英国生产和消费的需要来改变自己的产业结构，成为原料产地和工业产品销售市场。

大机器工业改变了运输方式，提供了电报等现代化的通信工具，把原料生产国和工业品生产国联系在一起，使国际分工更容易、更方便。这一时期的国际分工主要是以英国为中心展开的。马克思说："英国是农业世界伟大的中心，是工业的太阳，日益增多的生产谷物和棉花的卫星都围着它运转。"英国的商船队几乎垄断了世界的航运，英镑是当时的世界货币。

随着国际分工的发展，在这个阶段，世界市场上交换的商品也由满足贵族和商人需要的奢侈品转变为小麦、棉花、咖啡、铜、木材等大宗商品。

（三）国际分工的形成阶段（19世纪中叶至第二次世界大战结束）

这个时期发生了第二次产业革命，石油、汽车、电力、电器工业建立，交通运输工具加快更新，苏伊士运河（1869年）和巴拿马运河（1913年）开通，电报、海底电缆出现，都大大促进了资本主义生产的发展，推动了资本主义经济体系的确立。这个时期，垄断代替了自由竞争，资本输出加强，形成了国际分工体系。这一期间完成产业革命的法国、德国、日本、美国等发达国家都进入国际分工中心国家的行列，这些国家制约着国际分工的机制。

发达国家间出现部门分工。例如，挪威专门生产铝，比利时专门生产铁和钢，芬兰专门生产木材和木材加工产品，丹麦专门生产农产品（主要是肉类和乳品），美国成为谷物的生产大国。

随着国际分工中心国家的增多，亚、非、拉美殖民地和后进国家原有的垂直型分工加深，其产品生产进一步单一化，主要生产和出口一两种中心国家生产和生活所需的农产品和矿产品，而所需的工业品和消费品则从中心国家进口。

这一时期，随着国际分工体系的建立，参加国际分工的国家都有许多部门首先是为世界市场而生产的,而每一个国家消费的许多产品都源自世界市场,直接或间接凝结着其他国家劳动者的劳动。

 **知识链接**

　　罗萨·卢森堡曾就德国对其他国家在经济上的依赖,作了以下的描述:"德国的产品大部分是输往其他国家及其他大陆,以供他国居民需要,其数额逐年不断增大。德国铁制品不仅销售到欧洲邻近诸国,而且远达南美与澳大利亚。皮革及木制品由德国输往所有的欧洲国家;玻璃制品、砂糖、手套输往英国;皮革输往法国、英国和奥一匈;麦酒、人工蓝靛、氨基苯及其他柏油制颜料、药品、纤维胶、金属品、煤气烟罩、棉制品和毛织品,以及衣服、铁轨几乎行销全世界所有经商的国家。另一方面,德国国民不管在生产上或日常消费上,每一步都免不掉依赖其他国家的产品。我们吃俄国谷物制成的面包,匈牙利、丹麦及俄国家畜的肉类。我们消费的米,是从东印度及北美运来的,烟草是从荷领东印度群岛及巴西运来的。我们还从西非获得可可豆,从印度获得胡椒,从美国获得猪油,从中国买到茶叶,从意大利、西班牙、美国买到水果,从巴西、中美、荷领东印度群岛买到咖啡……"

　　　　　　　　　　　资料来源:张玮.国际贸易[M].第二版.北京:高等教育出版社,2011.

(四) 国际分工的深化阶段(第二次世界大战后)

　　第二次世界大战后,第三次科技革命的兴起,殖民体系的瓦解,跨国公司的迅速发展,以及经济一体化趋势的加强使国际分工得到了深入发展并出现了新的特点。

　　1. 发达国家之间的分工占主导地位

　　在国际分工的形成和发展的过程中,发达国家一直处于主导地位。第二次世界大战后,国际分工出现多样化趋势,但发达国家由于一直处于生产力发展的最高水平,其国际分工中的主导地位没有改变,表现在如下几个方面:①发达国家处于科技发展的领先地位。②发达国家产业结构的纵深发展使社会分工向广化和深化发展。③以发达国家为母国的跨国公司成为当代国际分工的营造者,跨国公司通过直接投资建立的全球生产体系和销售体系,把世界各国纳入这些体系中。④发达国家是经济全球化的引领者,这源于发达国家是世界经济火车头,是世界科技、贸易、金融、信息中心。⑤以发达国家为主和中心的地区经济贸易集团在众多的地区经济贸易集团中效果最为显著、影响也最大,其内部的分工又影响着国际分工。

　　2. 世界性产业结构升级与调整

　　随着科学技术的进步,生产社会化和专业化大大发展,产业结构出现了高技术化、服务化、融合化和国际化的趋势,促使整个社会分工向纵深发展。一方面,各国国内分工在细化;另一方面,细化的国内分工加速向国外延伸。传统的以自然资源为基础的分工逐步发展为以现代化技术、工艺为基础的分工。

　　3. 经济全球化快速发展

　　20世纪90年代以后,经济全球化发展迅速,主要表现为以下几个方面:①全球性的生产体系和贸易体系已经建立。②金融、货币和投资市场涵盖全球。③世界范围的人力资源流动出现了。世界性移民、人才跨国培养、公开和隐蔽性流动都在加大。④地区和全球性的管理协调机构与机制建立了。前者如各种经济贸易集团的大量出现和完善,后者如国际货币基金组织、世界银行和世界贸易组织三大经济贸易组织的建立与加强。大国首脑定期举行高层会议,商讨国际大事,共商对策。

4. 区域性经济贸易集团内部分工趋势加强

在经济全球化趋势下,区域性经济贸易集团风起云涌,欧盟、北美自由贸易区、东盟和亚太经济合作组织,在区域的贸易和投资一体化中起着重要的作用。一般来说,这些经贸集团存在着不同程度的内向性和排他性。对内逐步降低和取消关税,减少或撤除非关税壁垒措施,促进集团内成员之间商品贸易、服务贸易与投资的自由化,对外继续采取关税与非关税排他性措施,在不同程度上阻碍着经贸集团与非成员之间分工与贸易的发展,导致经济贸易集团内部成员之间分工和贸易发展趋势的加强。

5. 国际分工领域从货物扩展到服务领域并相互融合

随着科技进步,各国服务业迅速发展,服务业几乎渗透社会再生产过程的各个领域,促进了生产国际化和服务国际化交织发展,出现了商品生产的国际分工和服务业的国际分工相互结合、相互渗透的趋势。这个趋势又推进了整个国际分工进一步深化发展。近年来,发达国家的服务供应作为经济活动的主要形式取代了商品的生产,服务业目前占总就业人数的60%～75%,另外,过去20年来迅速发展的服务业所创造的就业岗位大约占新创造就业的2/3。

由于各国经济发展不平衡和服务要素的差异,发达国家知识、技术密集型服务业发展迅速,并以高技术、资本密集型服务参加服务业的国际分工,如商业性服务、通信服务、运输服务、金融保险服务等。发展中国家劳动密集型服务业发展较快,因而以建筑工程承包劳务输出等劳动密集型服务参加服务业国际分工。

6. 跨国公司的内部分工成为国际分工的重要组成部分

跨国公司迅速发展,其中发达国家集中了跨国公司对外直接投资的75%以上,使得发达国家之间的分工和协作不断加强,并促进了它们之间贸易的发展。另外,跨国公司的大发展和跨国公司的内部分工也是这一时期国际分工的一个特点。跨国公司在世界范围内进行专业化生产和协作,它们的内部分工已成为国际分工的一个相当重要的组成部分。

第二节 影响国际分工形成与发展的因素

一、社会生产力是国际分工形成和发展的决定性因素

(1) 国际分工是生产力发展的必然结果。生产力的提高是社会分工的前提条件。一切分工,包括国际分工,都是社会生产力发展的结果。它突出地表现为科学技术的重要作用。迄今为止出现的三次科学技术革命,深刻地改变了许多生产领域。各个生产领域不断地改

善生产技术、工艺过程和生产过程,使社会分工和国际分工随之发生变革,从三次产业革命对国际分工的影响便可见其一斑。

(2)各国的生产力水平决定了其在国际分工中的地位。历史上,英国最早完成产业革命,生产力得到巨大发展,成为"世界工厂",英国在国际分工中便居于主导地位。继英国之后,欧美资本主义国家产业革命相继完成,生产力迅速发展,这些国家便与英国一道成为国际分工的中心与支配力量。二战后,原来的殖民地半殖民地国家在政治上取得独立,努力发展民族经济,生产力得到较快的发展。一些新兴的工业化国家经济发展迅速,过去在国际分工中的不利地位正在逐步改善。

(3)生产力的发展对国际分工的形式、广度和深度有着决定性的作用。随着生产力的发展,各种经济类型的国家都加入到国际分工行列,国际分工已把各国紧密地结合在一起,形成了世界性的分工。随着生产力的发展,各国参加国际分工的形式从垂直型向水平型过渡,出现了多类型、多层次的分工形式。

(4)生产力的发展决定了国际分工的产品内容。随着生产力的发展,国际贸易中的工业制成品、高精尖产品不断增多,中间产品、技术贸易大量出现,服务部门分工也出现在国际分工中。

二、自然条件是国际分工产生和发展的基础

自然条件主要是指多种多样的自然资源,如气候、土地、矿藏等,这是进行一切经济活动的重要物质基础,当然也是国际分工产生和发展的基础。矿产品只能在拥有大量矿藏的国家生产和出口,可可只能在热带国家和地区种植。当代大型港口和物流中心则与该地区的地理条件有着很大的关系。地理位置、气候状况、国土面积等自然条件对国际分工起着非常重要的作用,它为国际分工提供了可能。当然,随着科学技术的进步,替代品大量出现,自然条件在国际分工的地位和作用也在趋向下降。但是有些自然条件是难以用其他要素来替代的,或者可以替代但成本相当高。因此,我们并不能因为科学技术发展了就去否定自然条件的影响因素。

尽管自然条件是国际分工产生和发展的基础,但绝不是决定因素。自然条件只提供进行生产和国际分工的可能性,并不提供现实性,要把可能性变为现实性还需要其他条件的配合。石油固然不能在没有石油的地区开采,但存在丰富石油的地区,只有在科学技术和生产力发展到一定的阶段,才能得到充分的开发和利用。在产业革命以前,特别是19世纪末第二次产业革命以前,沉睡在地球地层下面的矿藏亿万年间未能得到开发和利用,这并不是由自然条件决定的,而是社会经济条件所决定的。可见,在生产力水平和自然条件二者中,前者居于主导地位。

三、跨国公司和资本输出是国际分工的重要推动力量

资本的国际流动是推动国际分工向较深层次发展的一个重要条件。第二次世界大战结

束后,跨国公司的大发展,使资本的国际流动从规模到速度都有了明显的增加。一方面,某些发达国家的厂商,为了降低产品的成本,提高产品的竞争能力,把公司的某些零部件转移到了一些发展中国家去进行生产。这种跨国生产,既可以利用当地廉价的劳动力和丰富的自然资源,又可以绕开关税壁垒,将一部分产品当地生产当地销售。另一方面,很多发展中国家,为了发展民族经济,积极实行对外开放政策,大力引进国外资本。它们借助于外资的力量,特别是借助于外商直接投资的方式,发挥本国和本地区的优势,生产一些有比较利益的产品,努力在国际市场中争得一席之地。

通过跨国公司和资本输出的推动,国际分工在二战后有了较深层次的发展。如今,发展中国家已不再仅仅是国际分工体系中的农矿产品生产者了,而是从发达国家手中接过了大部分的劳动密集型工业品的生产和部分高技术的加工工业品的生产,开始逐步改变以往在国际分工体系中所处的被动地位。跨国公司通过国际资本流动和各分公司之间的内部贸易,正在将世界各国紧紧联结成一个相互不可分离的经济上的统一体。

四、上层建筑可推进或延缓国际分工的发展

上层建筑是指建立在经济基础之上的政治法律制度和社会意识形态,主要包括国家力量、经济政策、国际政治经济秩序、政治制度、文化观念等。

上层建筑既可以促进又能够阻碍国际分工的发展。各国政府经常借用上层建筑的力量推行各种对外政策,以改善本国在国际分工体系中的地位。在历史上,英国等欧洲殖民帝国主义为了形成对自己有利的国际分工,通过动用国家力量,强迫其殖民地按照宗主国的意愿去发展单一农产品,从而形成有利于殖民主义国家的国际分工。第二次世界大战以后,一大批取得独立之后的发展中国家为了尽快摆脱对宗主国的依赖,纷纷制定了扶助民族工业发展的政策,使其工业化水平得到迅速提高。两次世界大战期间,主要资本主义国家为了向外转嫁经济危机,实行了以邻为壑的高关税政策,极大地阻碍了国际分工的发展。第二次世界大战之后,通过关贸总协定的多次关税减让谈判,大幅度地降低了各国的关税,减少了相互之间的贸易壁垒,从而大大促进了世界范围内的国际贸易与国际分工的展开。

第三节 | 国际分工理论

国际分工理论是指研究国际分工产生、发展、利益与作用的论述。就意识形态而言,国际分工有西方经济学派和马克思主义两大派系;就西方经济学派而言,有古典和新古典国际分工理论;就分工与国家发展关系而言,有发达国家经济学派和发展中国家学派,随着历史阶段的更迭,它们都带有时代的特性。下面我们按照派系、历史发展和理论出现的先后次序,简要介绍有重大影响的几种国际分工理论。

一、亚当·斯密的绝对优势理论

亚当·斯密(Adam Smith,1723—1790 年),英国人,是资产阶级经济学古典学派的主要奠基人之一,也是国际分工和国际贸易理论的创始者。他生活在英国从手工制造业开始向机器大工业过渡时期,在其代表作 *An Inquiry into the Nature and Causes of the Wealth of Nations*(中译本为《国富论》)中,提出了绝对优势理论。

(一) 绝对优势理论的主要论点

1. 分工可以提高劳动生产率

亚当·斯密认为,人类有种天然的倾向,就是交换。交换是人类出于利己心并为达到利己的目的而进行的活动。人们为了追求私利,便乐于进行这种交换,而通过市场这只无形的手会给社会带来利益。他认为,人们为了交换自己所需要的产品,就应根据自己的特点进行社会分工,然后出售彼此在优势条件下生产的产品,这样双方都会获利。

亚当·斯密非常重视分工,他认为分工可以提高劳动生产率,因而能增加国家财富。他以手工制扣针的工厂为例,在没有分工的情况下,一个粗工每天至多只能制造 20 枚针,有的甚至连 1 枚针也制造不出来。而在分工之后,平均每人每天可制针 4 800 枚,每个工人的劳动生产率提高了几百倍,从而论证了分工对提高劳动效率、增加物质财富的积极作用。因此,亚当·斯密主张分工,认为在生产要素不变的情况下,分工可以提高劳动生产率。分工促进劳动生产率的提高主要通过以下三个途径来实现:第一,分工可以提高劳动者的熟练程度;第二,分工使每个人专门从事某项生产,从而节省与生产没有直接关系的时间;第三,分工有利于发明创造和改进工具。

2. 分工的原则是绝对优势

亚当·斯密认为,分工既然可以极大地提高劳动生产率,那么每个人都专门从事他最有优势产品的生产,然后彼此进行交换,则每个人都可以从中获利。他指出:"如果一件东西在购买时所费的代价比在家庭内生产时所花费的小,就永远不会想要在家庭内生产,这是每一个精明的家长都知道的格言。裁缝不想制作他自己的鞋子,而是向鞋匠购买。鞋匠不想制作他自己的衣服,而雇裁缝裁制。他们都感到,为了他们自身的利益,应当把他们的全部精力集中使用到比邻人处于某种有利地位的方面,而以劳动生产物的一部分购买他们所需要的任何其他物品。"

在亚当·斯密看来,适用于一国内部的不同职业之间不同工种之间的分工原则,也适于各国之间。他认为,每个国家都有其适宜于生产某些特定产品的绝对有利的生产条件,如每个国家都按照其绝对有利的生产条件(即生产成本绝对低)去进行专业化生产,然后彼此进行交换,则所有参加交换的国家都可以从中获利。因而他主张如果外国产品比自己国内生产的便宜,那么最好是输出本国有利条件下生产的产品去交换外国的产品,而不是自己生产。例如,在气候寒冷的苏格兰,人们可以利用温室生产出极好的葡萄,并酿造出与国外进口一样好的葡萄酒,但建造温室的生产成本会大大高于靠自然条件栽种葡萄的国家,因而要

付 30 倍高的代价。

3. 国际分工的基础是有利的自然优势或后天的获得优势

亚当·斯密这里所说的优势包括自然优势和获得优势。自然优势是指一国先天所具有的气候、土壤、矿产和其他相对固定状态的优势。获得优势是指一国后天所获得的优势,如国家长期重视教育而培养的各类技术人才,发展某种产品生产的特殊技术和设备以及长期积累起来的大量生产资金。

知识链接

绝对优势的衡量

关于"绝对优势"的衡量,有两种方法:

(1) 劳动生产率,即单位要素投入的产出率,用产量与这一产量所要的劳动投入量的比率表示。一国如果在某种产品生产上具有比别国高的生产率,该国在这一产品上拥有绝对优势;反之则处于绝对劣势。

(2) 生产成本,即生产一单位产品的要素投入量,用劳动投入量与其投入所生产的产品数量的比率表示。一国如果在某种产品生产上具有比别国低的生产成本,该国在这一产品上拥有绝对优势;反之则处于绝对劣势。

资料来源:张玮.国际贸易[M].第二版.北京:高等教育出版社,2011.

(二) 绝对优势理论的结论及论证

1. 结论

亚当·斯密的这种学说被称为绝对优势说、绝对成本说或者地域分工说。他认为,一国如果在某种产品的生产上具有比别国更高的劳动生产率,或者更低的生产成本,该国在这种产品上就具有绝对优势。每个国家都集中生产其具有绝对优势的产品,在此基础上进行分工交换,就能够使各国的福利水平都得到提高。

2. 论证

下面用两个国家生产两种产品的简要方法分析一下依据亚当·斯密的绝对优势论组织生产所带来的商品产量和消费水平方面的变化。这里以英国和法国两个国家生产生铁和小麦为例。

(1) 英国和法国在没有进行国际分工的时期,每吨产品两国分别投入的劳动量如表 2-1 所示。

表 2-1　　　　　　　　　英、法分工前每吨产品所需的劳动量　　　　　　　　　单位:天

国家	产品	
	生铁	小麦
英国	50	100
法国	100	50

由表 2-1 可知,分工之前,英国生产每吨生铁需要 50 天,比法国少 50 天,而生产每吨小麦需要 100 天,比法国多 50 天。按亚当·斯密的理论,英国在生产生铁方面具有绝对优势,应该分工生产生铁而放弃小麦的生产;相反,法国在生产小麦方面具有绝对优势,应该分工生产小麦而放弃生铁的生产。

(2)英国和法国进行国际分工后,产品总产量增加。英法两国依据亚当·斯密的绝对成本论进行国际分工,生产出的产品总量增加了,如表 2-2 所示。

表 2-2　　　　　　　　　　　英、法分工后产品量的变化　　　　　　　　　　单位:吨

国家	产品	
	生铁	小麦
英国	(50+100)÷50=3	0
法国	0	(50+100)÷50=3

由表 2-2 可知,分工后,英法两国投入的劳动总量未变,仍然是 300 天,但两种产品的产量却增加了。在分工之前,两国共生产 2 吨生铁和 2 吨小麦,分工后各增加了 1 吨,即 3 吨生铁和 3 吨小麦。这就是分工所带来的利益。

(3)英法进行产品交换,对双方都有利。在分工生产的前提下,英法两国进行产品的等价交换,即英国用 1 吨生铁交换法国的 1 吨小麦。这种交换是公平的,因为分工生产后的 1 吨生铁和 1 吨小麦都是花费 50 天的劳动,价值相等。这种交换对两国都有利,英法两国进行产品交换后,英国得 2 吨生铁和 1 吨小麦,比分工前多得 1 吨生铁。法国得 2 吨小麦和 1 吨生铁,比分工前多得 1 吨小麦。可见,在进行国际分工和国际贸易后,英法两国的产品产量和消费水平都提高了。

以上就是绝对优势理论在现实中的应用。

(三)评价

绝对优势理论的意义在于:第一,它揭示了国际分工和专业化生产能使资源得到更有效的利用,从而提高劳动生产率。第二,它首次论证了贸易双方都能从国际分工与国际贸易中获利的思想,即国际贸易可以是一个"双赢游戏",而不是一个"零和游戏",从而部分地解释了国际贸易产生的原因。但是,绝对优势理论只是部分地解释了国际贸易产生的原因,或者说,它解释的是国际贸易中的一种特例,其理论不具有普遍意义,解释不了许多没有什么优势的落后国家仍在进行国际交换的普遍现象。

二、大卫·李嘉图的比较优势理论

大卫·李嘉图是著名的英国经济学家,是资产阶级古典经济学的完成者,其主要代表作是 1817 年发表的《政治经济学及赋税原理》(*Principles of Political Economy and Taxation*)。李嘉图所处的时代正是英国工业革命迅速发展的时代。当时英国社会的主要

矛盾是工业资产阶级同地主贵族阶级的矛盾,这一矛盾由于工业革命的进展而达到异常尖锐的程度。在经济方面,他们的斗争主要表现在《谷物法》存废的问题上。

1815年,英国政府为了维护土地贵族阶级利益而修订实行了《谷物法》。《谷物法》限制英国对谷物的进口,使国内粮价和地租长期保持在很高的水平上。昂贵的谷物使工人货币工资被迫提高,成本增加,利润减少,削弱了工业品的竞争力。《谷物法》的实施还招致外国以高关税阻止英国工业品对它们的出口,从而大大伤害了英国工业资产阶级的利益。于是,英国工业资产阶级出于发展资本、提高利润率的需要,迫切要求废除《谷物法》,从而与地主贵族阶级围绕《谷物法》的存废展开了激烈的斗争。

为了斗争的需要,工业资产阶级迫切需要找到谷物贸易自由化的理论依据。李嘉图适时而应,他主张英国不仅要从外国进口粮食,而且要大量进口,因为英国在纺织品上所占的优势比在粮食生产上所占的优势还大。故英国应该专门进行纺织品生产,以其出口换取粮食,取得比较利益,提高商品生产数量。为此,李嘉图在《政治经济学及赋税原理》一书中继承和发展了亚当·斯密的绝对优势理论,建立了以自由贸易为前提的比较优势理论(the theory of comparative advantage),为工业资产阶级的斗争提供了有力的理论武器。

(一)比较优势理论的主要论点

根据亚当·斯密的观点,各国应该按绝对优势原理进行分工和交换,即一个国家出口的商品一定是生产上具有绝对优势、生产成本绝对低于他国的商品。大卫·李嘉图发展了亚当·斯密的观点,认为决定国际分工与国际贸易的一般基础不是绝对优势,而是比较优势或比较利益。也就是说,即使一国与另一国相比,在商品生产上都处于绝对劣势,但只要本国集中生产那些绝对劣势较小的商品;而另一国在所有商品生产上都处于绝对优势,但只要本国集中生产那些绝对优势最大的产品,即按照"两优取其重,两劣取其轻"的原则,进行国际分工与国际贸易,不仅会增加社会财富,而且交易双方都可从中获益和实现社会劳动的节约。他举例说,如果两个人都能制造鞋和帽,其中一个人在制鞋时强1/3,在制帽时强1/5,那么这个较强的人专门制鞋,而那个较差的人专门制帽,然后进行交换,则对双方都有利。

(二)比较优势理论的结论及论证

1. 结论

李嘉图把一国内部个人之间的分工与交换关系,扩大到国家与国家之间的关系,认为国家间也应按"两优取其重,两劣取其轻"的比较优势原则进行分工。如果一个国家在两种商品的生产上都处于绝对优势,只要有利的程度不同,则处于优势的国家应专门生产比较优势最大的商品,而处于劣势的国家应专门生产其不利程度最小的商品,通过对外贸易,双方都能获得比分工以前更多的商品,从而实现社会劳动的节约,给贸易双方带来利益。

2. 论证

(1)李嘉图以英国和葡萄牙为例,论证了他的比较成本原理。在英国和葡萄牙没有进行国际分工的时期,每吨产品两国分别投入的劳动量如表2-3所示。

表 2-3 英、葡分工前每吨产品所需劳动量 单位：天

国家	产品	
	葡萄酒	毛呢
葡萄牙	80	90
英国	120	100

葡萄牙生产每吨葡萄酒需要花费劳动时间 80 天,生产每吨毛呢需要花费劳动时间 90 天,而英国则分别需要 120 天和 100 天。按照亚当·斯密的绝对成本理论,在上述情况下,英、葡两国之间是不会发生贸易的,因为英国两种产品的劳动成本都绝对高于葡萄牙。但是,李嘉图通过分析认为,两国仍能进行对双方都有利的国际分工和国际贸易。葡萄牙在两种产品的生产上虽然都比英国有绝对的成本优势,但优势的程度并不相同。两种产品的成本比率分别是:

$$毛呢：90÷100＝0.9 \qquad 葡萄酒：80÷120＝0.67$$

葡萄牙的毛呢成本为英国毛呢成本的 90%,葡萄酒的成本为英国的 67%,其两种产品的绝对成本均比英国的要低。但相对而言,葡萄酒的成本更低,优势更大,所以应该分工生产葡萄酒,用葡萄酒交换英国的毛呢更为有利。英国两种产品的成本都处于绝对劣势,但毛呢的劣势较小一些,所以应分工生产毛呢,以毛呢交换葡萄牙的葡萄酒更为有利。这种“两优取其重,两劣择其轻”的思想,是李嘉图比较成本论的核心。依据这一思想进行国家间的分工和贸易,对各方都有利。

(2) 英、葡两国依据李嘉图的比较成本论进行国际分工,英国分工生产毛呢,葡萄牙分工生产葡萄酒,所生产出的产品总量增加了,如表 2-4 所示。

表 2-4 英、葡分工后产品量的变化 单位：吨

国家	产品	
	葡萄酒	毛呢
葡萄牙	(80＋90)÷80＝2.125	0
英国	0	(100＋120)÷100＝2.2

可见,分工生产后,劳动总量没有增加,产品总量却增加了。葡萄牙把 170 天的劳动全部用于生产葡萄酒,生产出 2.125 吨葡萄酒;英国把 220 天的劳动全部用于生产毛呢,生产出 2.2 吨毛呢。英、葡两国的劳动总量没有增加,仅仅由于进行了国际分工,就比以前多生产出 0.125 吨葡萄酒和 0.2 吨毛呢。

(3) 英、葡两国进行产品交换对双方都有利。在分工的前提下,英、葡两国进行产品的国际贸易。如果用 1 吨毛呢交换 1 吨葡萄酒,其结果是葡萄牙换得 1 吨毛呢后还有 1.125 吨的葡萄酒,相对于没有实行国际分工前得到的比较利益是 0.125 吨的葡萄酒;英国换得 1 吨

葡萄酒后还有 1.2 吨的毛呢,相对于没有实行国际分工前得到的比较利益是 0.2 吨的毛呢。由此可见,按比较成本理论进行国际分工和国际贸易,使各参加国,无论是经济发展水平高的国家还是经济发展水平低的国家,都能从中受益。

(三)评价

大卫·李嘉图的比较优势理论继承了绝对成本说的科学成分,如专业化分工、自由贸易等,更为重要的是用比较成本观念代替了绝对成本的概念,使自由贸易政策有了更加坚实的理论基础。其突出贡献在于指出无论参加贸易的双方国家各自处在什么发展阶段,无论经济技术力量强弱,都能找到自己的比较优势,并通过专业化分工和自由贸易分享到各自的经济利益,从而大大扩展了国际贸易理论的适用范围。此外,大卫·李嘉图的比较优势理论为当时自由贸易政策在英国取得最后胜利起到了重大作用,并反过来促进了英国的生产力发展。

三、赫克歇尔-俄林的要素禀赋理论

赫克歇尔 1919 年发表的《外贸对收入分配的影响》被认为是要素禀赋论的起源,文中他探讨了各国资源要素禀赋与贸易发展模式之间的关系。俄林的代表著作是《地区间贸易和国际贸易》。他的理论采用了赫克歇尔的主要观点,最终形成较完整的要素禀赋论(Factor Endowment Theory),因此这一理论又被称作赫克歇尔-俄林定理,或简称赫-俄定理(H-O 定理)、赫-俄模型、赫-俄理论。

古典学派认为商品的价值是由生产商品所花费的劳动时间决定的,而以俄林为代表的新古典学派运用在互相依赖的生产结构中的多种生产要素的理论代替了古典学派的单一生产要素的理论。古典学派认为国际贸易发生的原因是各个国家在生产各种商品时劳动生产率的差异,而且各国劳动生产率及其差异都是固定不变的。俄林则在他的生产要素禀赋理论中,假定各个国家在生产商品时所使用的生产技术是一样的,即生产函数相同,排除了各国劳动生产率的差异,把各国间要素禀赋的相对差异以及在生产各种商品时利用各种生产要素的强度的差异作为国际分工与贸易的基础。赫克歇尔曾写道:"国际贸易的前提可以概括为进行交换国家之间生产要素的相对稀缺程度和不同产品中所使用生产要素的不同比例。"

(一)赫-俄理论的主要论点

(1)商品价格的国际绝对差是国际贸易产生的直接原因。当两国间的价格差大于商品的各项运输费用时,则从价格较低的国家输出商品到价格较高的国家是有利的。

(2)商品价格的国际绝对差来自成本的国际绝对差。同一种商品的价格在不同国家间的差异主要是成本的差异。

(3)生产要素的价格比例不同决定各国商品价格比例不同。俄林认为,不同国家有不同的成本比例的原因在于各国国内的生产诸要素的价格比例不同。不同的商品是由不同的生产要素组合生产出来的。在每一国内,商品的成本比例反映了它的生产诸要素的价格比

例关系,各国的生产要素价格不同,造成了成本比例的不同。

(4)要素供给比例不同是决定要素价格比例不同的因素。在各国要素需求一定的情况下,各国的要素禀赋不同,导致要素的价格不同。一些供给丰富的生产要素价格便宜,稀缺的生产要素价格昂贵。由此得出,要素价格比例不同是由要素供给比例不同决定的。同样,假设生产要素供给比例是相同的,各国对这些生产要素不同的需求也会产生要素的不同价格比例。

(二)赫-俄理论的结论

一国应该出口该国相对丰裕和便宜的要素密集型产品,进口该国相对稀缺或昂贵的要素密集型产品。例如,劳动力相对丰裕的国家拥有生产劳动密集型产品的比较优势,因此应该出口劳动力密集型产品,而进口资本密集型产品;资本相对丰裕的国家拥有生产资本密集型产品的比较优势,因此应该出口资本密集型产品,而进口劳动密集型产品。

(三)评价

(1)在各国参加国际分工、专业化生产的依据上,赫-俄理论比李嘉图的比较优势论从体系上更为完整、全面。

(2)赫-俄理论正确地指出了生产要素拥有状况在各国对外贸易中的重要地位,指出了在各国对外贸易竞争中,土地、劳动力、资本、技术等要素的结合所发挥的重要作用。

(3)赫-俄理论只能用来解释要素禀赋不同国家间的分工与贸易行为。按照他们的理论国际贸易应发生在要素禀赋不同的工业国家与初级产品生产国之间。国家之间要素禀赋差异越大,贸易机会就越多,贸易利益越明显。但当代国际贸易的一个重要特点是,大量贸易发生在要素禀赋相似、需求格局接近的工业国之间。

四、当代国际分工理论

第二次世界大战后,随着科学技术革命的深入以及国际分工的纵深发展,国际分工学说出现了四大发展趋势:第一,对赫-俄理论进行检验和深化;第二,加强了对产业内部分工理论的研究;第三,加强了跨国公司内分工理论的研究;第四,出现了国家竞争优势理论,对比较优势的分工理论形成了挑战。

(一)对赫-俄理论的实证检验——"里昂惕夫之谜"

在赫-俄理论提出后的一段时间里,它成为解释产业革命以后贸易产生原因的主要理论,人们普遍认为,各国的资源禀赋条件和生产产品的不同要素比例构成国家之间贸易的主要原因。

美国经济学家里昂惕夫在其1953年发表的论文中,首次对赫-俄理论进行了实证检验,依照要素禀赋理论,一个国家拥有较多的资本,就应该生产和输出资本密集型产品,而输入在本国生产中需要较多使用国内比较稀缺的劳动力要素的劳动密集型产品。基于以上的认识,他利用投入—产出分析方法对美国的对外贸易商品结构进行具体分析,来验证赫-俄理论。沿用赫-俄理论的假定,他把生产要素分为资本和劳动力两种类型,对200种贸易商品进行分析,计算出每百万美元的出口商品和进口替代(或竞争)中商品所使用的资本和劳动量,从而得到美国出口商品和进口替代(或竞争)商品的资本-劳动比率,以反映商品的资本和劳动密集程度。其计算结果如表 2-5 所示。

表 2-5　　　　　　　美国出口商品和进口替代商品对国内资本和劳动的需要量

项目	1947 年		1951 年	
	出口	进口替代	出口	进口替代
资本(美元)	2 550 780	3 091 339	2 256 800	2 303 400
劳动(人/年)	182.313	170.004	173.91	167.81
资本劳动比率	13 991	18 184	12 977	1 372

从表 2-5 中可以看出,1947 年进口替代商品生产的资本劳动比率,即人均资本使用量与出口商品生产的人均资本使用量的比率为 1.30(18 184÷13 991),这一数字说明美国出口商品的资本密集程度低于进口替代商品,或者说美国出口商品劳动密集程度高于进口替代商品。这个验证结果正好与里昂惕夫的初始逻辑相反,他认为美国是资本相对丰裕的国家,如果赫-俄理论是正确的,美国进口商品的资本密集程度就应该低于美国出口商品的资本密集程度。而验证结果不是这样,正如里昂惕夫所言:"美国参加国际分工是建立在劳动密集型生产专业化基础上,而不是建立在资本密集型生产专业化基础上。"

里昂惕夫发表其验证结果后,西方经济学界大为震惊,其结论明显有悖于依照赫-俄理论应推演出的结论,因而将这个不解之谜称为"里昂惕夫之谜"或"里昂惕夫反论",并掀起了一个对赫-俄理论重新评价,进一步验证和探讨里昂惕夫的热潮。

(二) 对"里昂惕夫之谜"的解释及有关学说的发展

1. 生产要素密集度逆转说

生产要素密集度逆转说最早是由罗纳德·琼斯(R. Jones)提出的。这种论点认为,把某种商品定为资本密集型的,把另一种商品定为劳动密集型的固定不变的划分方法是不妥当的。实际上,某种商品在甲国属于劳动密集型的,在乙国可能就属于资本密集型的。例如,农产品在广大发展中国家里属于劳动密集型产品,在美国则应该被看作资本密集型产品。因为美国农业生产中,花费在农业机械、农药、化肥、良种及社会化服务上的投资相当大,而花费的人力并不多。从这一论点出发,就不应把美国农产品的出口简单地说成是劳动密集型产品的出口。

2. 熟练劳动说

熟练劳动说又称为劳动效率说,里昂惕夫认为"谜"的产生可能是由美国工人的劳动效率比其他国家的工人高所造成的。美国经济学家 D. B.基辛利用美国 1960 年人口普查资料,将美国企业的从业人员分为熟练劳动力和非熟练劳动力两大类,并且按技术熟练程度由高到低分为八类,第一类为科学家和工程师,他们的人力资本最高;第二类是技术人员,他们的人力资本次之。基辛发现,在美国的出口产品中,第一类劳动力的含量比例很高,而在美国进口的产品中,第一类劳动力的含量比例最小。

里昂惕夫认为,美国工人的劳动效率大约是其他国家工人的三倍。因此,在以劳动效率为单位衡量的条件下,美国就成为劳动相对丰富、资本相对稀缺的国家,而美国劳动效率高的原因是美国企业惯例水平高、工人所受的教育和培训好。里昂惕夫认为,将美国工人数乘以三以后,美国的贸易模式便符合了赫-俄理论。

3. 人力资本说

人力资本说是美国经济学家凯南(P. B. Kenen)等人提出的。他们以人力资本投入的差异来解释美国对外贸易商品结构。凯南等人认为,国际贸易商品生产所需的资本应包括有形资本和无形资本,即人力资本。人力资本主要是指一国用于职业教育、技术培训等方面投入的资本。人力资本投入可以提高劳动技能和专门知识水平,促进劳动生产率的提高。由于美国投入了较多的人力资本,而拥有更多的熟练技术劳动力,美国出口产品含有较多的熟练技术劳动。如果把熟练技术劳动的收入高出简单劳动的部分算作资本并同有形资本相加,美国仍然是出口资本密集型产品。这个结论符合赫-俄理论。

4. 技术差距说

技术差距说由美国经济学家波斯纳(M. U. Posner)提出,后经格鲁伯(W. Gruber)和弗农(R. Vernon)等人进一步论证。波斯纳认为,人力资源是过去对教育和培训进行投资的结果,因而可以将其作为一种资本或独立的生产要素,而技术是过去对研究与开发进行投资的结果,也可以作为一种资本或独立的生产要素。但是,各国技术投资和技术革新的进展不一致,存在着一定的技术差距,这样就使得技术资源相对丰裕的或者在技术发展中处于领先的国家,有可能享有生产和出口技术密集型产品的比较优势。

为了论证这个理论,格鲁伯和弗农等人根据1962年美国19个产业的有关资料做进一步的统计分析,发现其中5个具有高技术水平的产业(运输、电器、工具、化学、机器制造)的科研和开发经费占19个产业全部科研和开发经费总数的89.4%,5个产业中的技术人员占19个产业总数的85.3%,5个产业的销售额占19个产业总销售额的39.1%,5个产业的出口量占19个产业总出口量的72%。这一研究表明,美国在上述5个技术密集型产品的生产和出口方面,确实处于比较优势。因此可以认为,出口科研和技术密集型产品的国家也就是资本要素相对丰裕的国家,而美国就是这样的国家。

技术差距论补充了要素禀赋论,并根据创新活动的连续性使要素禀赋论动态化。

(三)产业内贸易理论

20世纪60年代以后,国家之间的产品交换从产业间发展到产业内部,出现了产业内贸易理论(Intra-industry Trade Theory)。这是由美国经济学家格鲁贝尔(H. G. Grubel)等人提出的。他们在研究共同市场成员之间贸易量的增长时,发现发达国家之间的贸易并不是按赫-俄生产要素禀赋理论进行的,即不是工业制成品和初级产品之间的贸易,而是产业内同类产品的相互交换。格鲁贝尔等人继而对产业内贸易进行研究,提出了产业内同类产品贸易增长原因的理论。

他们认为,当代国际贸易的产品结构,大致可分为产业间产品贸易和产业内产品贸易两类。前者是指不同产业间的贸易,后者是指产业内部同类产品之间的贸易,即一个国家同时出口和进口同类产品,例如美国和日本之间相互输出汽车。

1. 产业内贸易的特点

(1) 产业内贸易与产业间贸易在贸易内容上有所不同。它是产业内同类产品的相互交换,而不是产业间非同类产品的交换。

(2) 产业内贸易的产品流向具有双向性,即同一产业内的产品,可以在两国之间相互进出口。

(3) 产业内贸易的产品具有多样化特点。这些产品中既有资本密集型产品,也有劳动密集型产品,既有高技术产品,也有标准技术产品。

(4) 产业内贸易的商品必须具备两个条件:一是在消费上能够相互替代;二是在生产中需要相近或相似的生产要素投入。

2. 产业内贸易形成的原因

(1) 同类产品的异质性是产业内贸易形成的重要基础。产业内贸易论者摒弃古典与新古典完全竞争的假设,认为大多数制造品不是同质的,从实物形态上,同类产品可以由于商标、牌号、款式、包装、规格等方面的差异而被视为异质产品,即使实物形态相同,也可以因为信贷条件、交货时间、售后服务和广告宣传等方面的差异而被视为异质产品。这种同类的异质性产品可以满足不同消费心理、消费欲望和消费层次的消费需要,产品的异质性使其市场呈现出垄断竞争的特性,同类产品的生产者可以依据自己的优势或对消费者的吸引力,生产具有一定垄断性的产品,从而导致不同国家之间产业内贸易的发生与发展。

(2) 规模收益递增是产业内贸易的重要成因。产业内贸易论者认为,生产要素禀赋相近或相似的国家之间能够进行有效的国际分工,从而获得贸易利益,其主要原因是企业规模经济的存在。一国的企业可通过大规模专业化生产,取得规模经济利益,其成本将会随着产量的增长而递减,使该国企业的生产成本具有比较优势,从而打破各生产企业之间原有的比较优势均衡状态,使自己的产品处于相对的竞争优势,在国际市场上具有更强的竞争力,扩大产品出口,这样,产业内部的分工和贸易也就形成了。

(3) 经济发展水平是产业内贸易的重要制约因素。产业内贸易论者认为,经济发展水平越高,产业部门内异质性产品的生产规模也就越大,产业部门内部分工就越发达,从而形成异质性产品的供给市场。同时,经济发展水平越高,人均收入水平也越高,较高人均收入层上的消费者的需求会变得更加复杂和多样化,呈现出对异质性产品的强烈需求,从而形成异质性产品的需求市场。当两国之间人均收入水平趋于相等时,其需求结构也趋于接近,产业内贸易发展倾向就越强。

(四) 国家竞争优势理论

20 世纪 80 年代至 90 年代,美国哈佛大学商学院教授迈克尔·波特(Michael Purner)在其相继出版的系列著作中提出了国家竞争优势理论。他的三部曲著作为:《竞争战略》

(*Competitive Strategy*，1980)、《竞争优势》(*Competitive Advantage*，1985)和《国家竞争优势》(*The Competitive Advantage Nations*，1990)。波特在他的著作中所提出的国家竞争优势理论归纳了第二次世界大战后国际贸易新理论的各种观点,综合分析了提高一国(包括国内的产业和企业)国际竞争力的各种因素,形成了一种较新的国际贸易理论。

1. 国家竞争优势、创新机制与影响因素

波特认为,一个国家要想在激烈的国际市场竞争中保持住竞争优势,就必须要有生产力发展水平上的优势,而要保持较高的生产力发展水平,该国就要有适宜的创新机制和充分的创新能力。创新机制由微观、中观和宏观三个层面的竞争机制构成。

1) 微观竞争机制

国家竞争优势的基础是企业内部活力,企业缺少活力,不思进取,国家就难以树立整体优势。能使企业获得长期赢利能力的创新,应当是研究、开发、生产、销售和服务各环节上都使产品增值的创新。企业应在整个经营过程的升级上下功夫,在强化管理、研究开发、提高产量和降低成本等方面实行全面改革。

2) 中观竞争机制

企业的创新不仅取决于企业内部要素,还要涉及产业与区域。企业经营过程的升级有赖于企业的前向、后向和侧向关联企业的辅助与支持。企业追求长远发展,需要有一产业空间,利用产业链构建一个最优的区域组合,以达到降低成本、提高快速反应能力等目的。

3) 宏观竞争机制

个别企业、产业的竞争优势并不必然导致国家竞争优势。因此,一国的宏观竞争机制对其是否能取得国家竞争优势有重要的决定性作用。为了对国家竞争优势提供一个比较完整的解释,迈克尔·波特提出了一个"国家竞争优势四基本因素、两辅助因素模型",如图 2-1 所示。

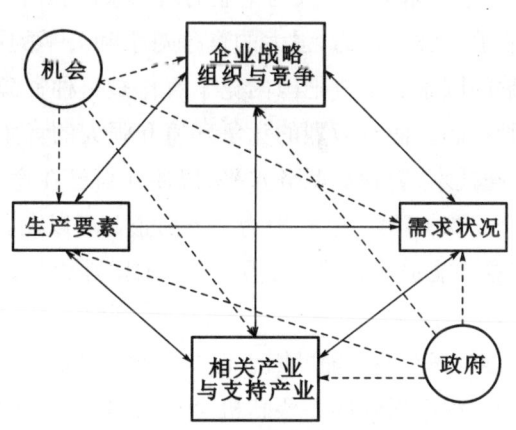

图 2-1　国家竞争优势影响因素

(1) 生产要素。波特认为生产要素可以分为两类:基本要素和高级要素。基本要素是指一国先天拥有或不需太大代价便能得到的要素,如自然资源、地理位置、非熟练或半熟练劳动力等;高级要素是指必须通过长期投资和培育才能创造出来的要素,如现代化基础设施、高精尖技术、高质量人力资本等。波特认为,第二次世界大战后,在科技革命和自由贸易(加快了基本要素的国际流动)的推动下,基本要素对企业竞争力的影响程度逐渐下降,而高级要素的影响因素则在不断地上升。因此,获得高级生产要素是保持国际竞争优势的重要环节。

(2)需求状况。波特在这里分析的需求状况是指国内需求,认为这是影响一国公司和产品竞争优势的另一个重要因素。国内需求对竞争优势的影响表现在三个方面:第一,国内需求是否具有持续的增长性,这对鼓励企业扩大生产规模和采用新技术至关重要;第二,国内需求是否具有超前性,这将引导企业积极从事新产品的研发,以不断升级换代的产品走在国际市场竞争的前列;第三,国内需求市场中是否具有一批老练、挑剔的买主,这类消费者的存在给生产公司和销售公司带来了极大的压力,最能促进公司不断地改进产品质量、性能和服务水平,从而推动竞争优势的全面提高。

(3)相关产业与支持产业。相关产业是指相互关系密切的共同使用着某些技术和营销渠道的产业,以及某些有着共存亡关系的产业。例如,计算机硬件与计算机软件,纺织业与纺织机械业等。支持产业是指某一产业的上游产业,它主要向其下游产业提供原材料、零部件和各种中间产品,例如,钢铁业与船业,发动机业与汽车制造业等。相关产业与支持产业的水平高低对某一行业的竞争优势影响极大,一个国家如果有许多相互联系的有竞争力的产业,该国也很容易产生新的有竞争力的产业。日本电子工业和家电工业的发达,使其不仅在固有的传统优势产品上一直处于领先地位,如电视机、摄像机、照相机等,而且能不断推出各种极具竞争优势的新产品,如各种类型的游戏机和游戏软件。

(4)企业战略组织与竞争。企业的组织形式、管理体制与产权结构影响着企业的竞争优势。波特认为,良好的企业战略组织不仅与企业的内部条件和所处产业的性质有关,而且与企业所处的国内环境有关。波特认为,强大的竞争对手和公平的竞争环境是企业保持长久竞争力的一个不可或缺的因素。不应把国内竞争看作是一种资源的浪费,而应把其看作是一种提高竞争力的激励机制。面对激烈的竞争环境和强大的竞争对手,各企业都不敢有丝毫的懈怠,会努力地提高技术、管理和服务水平,以便使自己在竞争中处于优势地位。国内的竞争环境也有利于企业参加国际竞争,因为一方面企业可以在国内竞争中锻炼、提高自己,另一方面激烈的国内竞争能迫使企业走出国门,寻求国际市场,并在国际市场竞争中保持优势。

除了上述四个基本因素,还有两个辅助因素也在影响着国家的整体竞争优势,即机遇和政府。机遇是指经济发展过程中遇到的一些新机会和新情况,如战争、大的经济动荡、石油危机以及重大技术创新和汇率变化等。这些偶然性因素会影响需求供给、成本、价格等,从而会使各国的竞争优势发生大的变化,有的国家会在机遇中快速上升,有的国家则因竞争优势的失去而逐渐没落。政府的辅助作用也很明显,它主要是通过对四个基本因素施加影响而发挥作用。政府通过宏观调控政策、微观扶持政策、制定规则和培养高素质劳动力等环节来影响供给和需求,帮助产业和企业提高竞争优势。

2. 评价

波特的国家竞争优势理论与传统的国际贸易理论相比,不仅强调了动态分析,而且更加贴近国际贸易现实,从多层面、多因素、多阶段分析了经济生活的现象与本质。波特深刻地认识到了国家取得优势的关键是要确保竞争机制发挥作用,而国家竞争优势获取的主要途径是技术创新与技术进步。政府的作用是为竞争机制、创新机制的生存营造适宜的国内环境。波特的这些观点是有创意的。当然,波特的理论也存在一些明显缺陷,如他过多地强调了市场的作用,而只把政府的作用作为一个辅助因素来看待。

五、马克思的国际分工理论

马克思(1818—1883 年),德国人,是马克思主义的创始人。他在《资本论》等著述中,从历史唯物主义的角度对以英国为中心的国际分工进行了考察与研究,提出从社会生产方式演变中分析国际分工产生和发展的现象,从而揭示出资本主义国际分工的二重性。

(一)资本主义国际分工来源于社会分工的发展

马克思认为,资本主义国际分工是资本主义社会分工发展的深化过程。在资本主义商品经济下,各种不同的经济单位建立起来,单独的经济部门的数量日益增多,执行同一经济职能的经济单位的数量日益减少,专业化过程在加速。这种专业化过程把产品的各种加工过程彼此分离开来,创立了越来越多的工业部门和农业部门。马克思指出:"由于机器和蒸汽的应用,分工的规模已使大工业脱离了本国基地,完全依赖于世界市场、国际交换和国际分工。因此,资本主义国际分工的动力来自资本主义首先进行产业革命的国家社会分工发展的内在要求。"

(二)资本主义国际分工初级阶段的形式与形成因素

15 世纪和 16 世纪早期的地理大发现,打通了东西方通商的渠道,有力地促进了国际贸易和世界市场的扩大,加速了西欧资本原始积累的进程,从而为资本主义早期国际分工的产生提供了条件。

18 世纪中叶,英国发生了产业革命,出现了大机器工业,促进英国国内分工迅猛发展。马克思指出:"机器对分工起着极大的影响,只要一种物品的生产中有可能用机械制造它的某一部分,生产就立即分成两个彼此独立的部门。"这种国内分工的发展要求扩大市场,形成以英国为中心的国际分工。其结果是地球的一部分主要从事农业的生产地区,服务于另一部分主要从事工业的生产地区。例如,东印度被迫为英国生产的棉花、羊毛、靛蓝等,形成了以英国为中心的垂直型的国际分工。随着西欧国家产业革命的相继发生,资本主义迅速发展,这些国家也在英国之后成为国际分工的中心国家。这些国家工业所加工的,已经不是本国的原料,而是来自极其遥远地区的原料;他们的产品不仅供给本国消费,而且同时供给世界各地消费,出现了工业制成品与原材料生产,即工业国与农业国和矿业国之间的垂直型国际分工。

资本主义初级阶段的国际分工是在以下因素的基础上形成的。首先,工业发达国家生产力的巨大发展。以英国为首的西欧国家的产业革命,使它们生产力的发展超过其他国家。这种发达的生产力,使得它们的生产工具先进,生产效率高,商品物美价廉,能够摧毁生产力落后国家的手工业,同时使得本国工人不断"过剩",促使其向落后国家移民。其次,通过殖民统治,强迫殖民地生产工业国(宗主国)需要的原料,销售工业国(宗主国)生产的消费品,进行不平等贸易。最后,发动商业战争,依靠先进的武器、铁舰打败落后国家,签订不平等条约,使它们沦为工业国家的原料来源地和消费品的销售市场。

(三) 资本主义国际分工的二重性

一方面,资本主义国际分工具有进步性。首先,资本主义国际分工促进了资本主义生产力的巨大发展。这是因为,分工可以提高劳动生产率和劳动熟练程度,促进生产专业化。社会分工成为用同量劳动生产更多商品,从而使商品变得便宜和加速资本积累的手段。其次,资本主义国际分工加强了各国的专业化。专业化可以节约世界社会劳动,提高世界生产力的水平。最后,资本主义国际分工普及了资本主义先进的生产方式和现代化文明。马克思指出:"大工业把世界各国人民互相联系起来,把所有地方性的小市场联合成为一个世界市场,到处为文明和进步准备好地盘,使各文明国家里发生的一切必然影响到其余各国。过去那种地方的和民族的自给自足和闭关自守状态,被各个民族的各方面的互相往来和各方面的互相依赖所代替了。"

另一方面,国际分工永远是和一定的国际生产关系联系在一起的。资本主义的国际分工体现着资本主义的生产关系。这种国际分工使"卫星"国家和地区的经济畸形单一,影响了这些国家的发展。马克思指出:"那些还在奴隶劳动或徭役劳动等较低级形式上从事生产的民族,一旦卷入资本主义生产方式所统治的世界市场,而这个市场又使它们的产品的外销成为首要利益,那就会在奴隶制、农奴制等野蛮灾祸之上,再加上一层过度劳动的文明灾祸。"

六、布哈林的国际分工理论

俄国马克思主义者布哈林(1888—1938 年)在 1917 年出版的《世界经济和帝国主义》一书中,对国际分工进行了比较深入的探讨。

(一) 国际分工的含义

国际分工来源社会分工。社会生活的基础是物质财富的生产。在现代社会中,不是生产单纯的产品,而是生产商品,即用以进行交换的产品。各种产品的交换过程表现出生产这些商品的各经济单位间的分工。这种分工与一个统一的企业范围内的分工不同。马克思把它叫作社会分工。很明显,社会分工具有各种不同的形式。例如,有一国之内各企业间的分工,有不同的生产部门间的分工,还有整个经济生活中一些大的部分——工业与农业的分工,以及在总的体系里代表各国民经济的国家间的分工等。布哈林认为:"还存在一种各'国民经济'之间的分工,或者说各国家之间的分工。这种超越'国民经济'疆界的分工,就是国际分工。"

(二) 国际分工形成的前提

国际分工形成的前提:一种是由于各"生产机体"生存的自然环境不同所决定的自然前提,另一种是由于各国文化程度不同、经济结构不同与生产力发展水平不同所决定的社会前提。

1. 自然前提

不同的公社在各自的自然环境中,找到不同的生产资料和不同的生活资料。因此,它们的生产方式、生活方式和产品也就各不相同。这种自然的差别,在公社互相接触时引起了产品的互相交换,从而使这些产品逐渐变成商品。交换没有造成生产领域之间的差别,而是使不同的生产领域发生关系,并把它们变成社会总生产的多少互相依赖的部门。这种生产领域的差别,是生产的自然环境的差别造成的,如咖啡、橡胶、棉花、煤炭、石油和各种金属矿产离不开自然条件。

2. 社会前提

生产条件的自然差别虽然重要,但是,同各国生产力发展不平衡所造成的差别比起来,它的作用相对减弱了。

自然条件对于生产关系、商业和运输,只是具有相对的重要性。它们起消极的或积极的作用,在很大程度上取决于人类的文化水平。虽然我们可以把自然条件(用人类的时间和空间尺度来衡量)视作不变的因素,但人类的文化水平却是变动着的因素。不管一国自然条件的差别对于生产和运输的影响多么重要,文化的差别无疑同样是重要的。只有这两个因素的共同作用才产生经济生活中的各种现象。

例如,如果不具备开采煤炭的技术和经济前提,煤矿藏就会成为"死的资本",如山脉阻碍交通,沼泽使生产遭遇困难等。而在拥有高度发达的技术(修筑隧道、灌溉工程等)的国家中,它们就失去消极作用了。更重要的是,随着生产力的不平衡发展,各种不同的经济类型和各种不同的生产部门出现了,从而使国际分工的范围扩大起来。

(三) 国际分工格局

国际分工表现为城乡的分离。从这个观点看,整个国家变成了"城市",即工业国,而整个农业地区变成了"乡村"。在这里,国际分工同整个社会生产中两个最大部门的分工——工业与农业的分工是一致的,从工业品的产地和农业品的产地就可以清楚地看出这一点。小麦的主要产地是加拿大、美国的农业地区、阿根廷、澳大利亚、西印度、俄国、罗马尼亚、保加利亚、塞尔维亚和匈牙利。裸麦的主要产地是俄国。肉类由澳大利亚、新西兰、美国(农业地区)、加拿大(专门从事大规模的肉类生产)、阿根廷、丹麦、荷兰等国供应。牲畜主要由欧洲的农业国输往工业国,欧洲生产牲畜的中心是匈牙利、荷兰、丹麦、西班牙、葡萄牙、俄国以及巴尔干国家。木材由瑞典、芬兰、挪威、俄国北部供应,小部分由前奥匈帝国的某些地区供应。加拿大的木材输出也开始增长。

　　世界上最发达的工业国是输出制成品的国家。棉织品市场的主要供应者是英国,其次是德国、法国、意大利、比利时以及在西半球的美国。毛织品由英国、法国、德国、奥地利、比利时等国生产,供应世界市场。钢铁制品的主要生产国是英国、德国和美国,这三个国家已达到工业化的最高水平,其次是比利时、法国与奥匈帝国。化学品由德国生产,它在这方面占第一位,其次是英国、美国、法国、比利时和瑞士。

课堂测试

班级_____　　　姓名_____　　　学号_____　　　成绩_____

一、单项选择题(本大题共 10 小题,每题 4 分,共 40 分)

1. 19 世纪形成的英国和殖民地之间的国际分工属于( )分工。
   A. 水平型　　　　　B. 垂直型　　　　　C. 混合型　　　　　D. 不确定

2. 经济发展水平不同国家之间的纵向分工称为( )国际分工。
   A. 垂直型　　　　　B. 水平型　　　　　C. 混合型　　　　　D. 横向型

3. 国际分工的形成与发展受到各种因素的影响,其中决定性因素是( )。
   A. 自然条件　　　　B. 社会生产力　　　C. 上层建筑　　　　D. 生产关系

4. 国际分工产生和发展的基础是( )。
   A. 社会生产力　　　B. 上层建筑　　　　C. 资本流动　　　　D. 自然条件

5. 李嘉图提出国际分工的基础是( )的差异。
   A. 比较成本　　　　B. 绝对成本　　　　C. 要素禀赋　　　　D. 要素组合比例

6. 假定 A 国生产 X 产品和 Y 产品的单位生产成本分别是 100 和 120 单位劳动,B 国的单
   位生产成本分别为 90 和 80 单位劳动,则根据比较优势理论,可以得出的结论是( )。
   A. B 国同时生产 X、Y 产品,A 国不生产　　B. A 国生产 Y 产品,B 国生产 X 产品
   C. A 国生产 X 产品,B 国生产 Y 产品　　　D. A 国同时生产 X、Y 产品,B 国不生产

7. 一国拥有充足的资本要素,所以该国应该专门生产资本密集型产品进行对外交换,这种
   说法来自( )。
   A. 大卫·李嘉图的比较成本理论　　　　　B. 赫-俄理论
   C. 亚当·斯密的绝对成本理论　　　　　　D. 迈克尔·波特的国家竞争优势理论

8. "里昂惕夫之谜"的存在表明( )。
   A. 有些国际贸易现实与要素禀赋理论的结论不相符
   B. 产业内贸易是个别经济学家的妄想
   C. 有些国际贸易现实并不能增进各国福利
   D. 发达国家之间极少发生贸易

9. 俄林认为国际贸易发生的直接原因是( )。
   A. 价格的国际绝对差　　　　　　　　　　B. 成本的国际绝对差
   C. 不同的成本比例　　　　　　　　　　　D. 生产诸要素的不同的价格比例

10. ( )可用于解释发达国家之间的制成品之间的贸易。
    A. 比较成本理论　　　　　　　　　　　　B. 要素禀赋理论
    C. 产业内贸易理论　　　　　　　　　　　D. 古典贸易理论

二、多项选择题(本大题共 5 小题,每题 6 分,共 30 分)

1. 二战后,国际分工出现新变化的原因有( )。
   A. 第三次科技革命和产业革命的兴起　　　B. 各殖民地纷纷开始独立
   C. 跨国公司迅速发展　　　D. 一些社会主义国家成立并参加国际分工
   E. 经济一体化、国际化和全球化趋势

2. 按照参加分工各国的经济发展水平来分,国际分工可分为( )。
   A. 产业内国际分工　　　B. 产业间国际分工
   C. 垂直型国际分工　　　D. 水平型国际分工
   E. 混合型国际分工

3. 产业内贸易表现在( )。
   A. 零部件分工　　　B. 生产工艺过程的分工
   C. 不同型号、规格产品的分工　　　D. 贸易量的急剧增加
   E. 贸易价格上升

4. 影响国际分工形成与发展的因素包括( )。
   A. 社会生产力　　　B. 自然条件　　　C. 资本流动　　　D. 经济政策
   E. 政治制度

5. 下列各项中,对"里昂惕夫之谜"进行了解释的学说有( )。
   A. 劳动熟练说　　　B. 战略性贸易理论
   C. 技术差距说　　　D. 人力资本说
   E. 国家竞争优势理论

三、判断题(本大题共 10 小题,每题 3 分,共 30 分)

1. 国际分工是国家间的劳动分工,它是社会分工超越国界向深度和广度发展的结果。
   (　　)

2. 二战后,发达国家和发展中国家之间的分工处于国际分工的主导地位。(　　)

3. 经济发展水平大体相同的国家之间的分工叫垂直型国际分工。(　　)

4. 如果一个国家生产一种产品的比较成本低于另一个国家的,则表明该国在该产品上拥有绝对优势。(　　)

5. 一国即便在某种商品的生产上具有绝对劣势,它也可以在这种产品的生产上具有相对优势。(　　)

6. 赫-俄理论对贸易模式的解释是,每一个国家都进口密集地使用其相对富裕的生产要素所生产出的商品,出口密集地使用其相对稀缺的生产要素所生产出的商品。(　　)

7. 首先提出国际分工与自由贸易理论的经济学家是亚当·斯密。(　　)

8. 亚当·斯密认为,国际分工和贸易的原因和基础是各国间劳动生产率或生产成本的相对差别。(　　)

9. 比较成本论否定了亚当·斯密的国际分工思想。(　　)

10. 亚当·斯密的绝对优势理论是建立在他对分工能提高劳动生产率的认识基础上。(　　)

第三章　世界市场与世界市场价格

知识导航

世界市场与世界市场价格

- 世界市场的构成与运行
  - 世界市场的概念
  - 世界市场的产生与发展
  - 当代世界市场的构成
  - 世界市场的类型
  - 世界市场的交易方式
- 当代世界市场竞争
  - 当代世界市场竞争的特点
  - 国际竞争力的含义
  - 国际竞争力的相关指标
- 世界市场价格
  - 世界市场价格的含义
  - 国际价值和世界市场价格的联系
  - 影响世界市场价格变动的因素
  - 世界市场价格的种类
  - 世界市场价格的作用
- 贸易条件
  - 贸易条件的含义
  - 贸易条件的种类

学习目标

1. 了解世界市场的产生和发展以及世界市场的构成。
2. 熟悉世界市场上的交易方式和竞争特点。
3. 理解国际竞争力的测算指标。
4. 熟悉贸易条件的计算。

思政课堂

商务部数据显示,2020年跨境电商进出口规模达1.69万亿元,增长31.1%;海外仓数量1 800个,面积1 200万平方米,分别增长80%和50%。2021年以来,海外仓数量规模不断扩大,海外仓数量达到 1 900 个,面积达到 1 350 万平方米。

在实体经济遭受疫情冲击的关口,跨境电商继续逆势增长。2021 年上半年我国跨境电商发生了 29 起融资,同比增长 222%;融资总额 78.1 亿元,同比增长 324%。

我国外贸保持快速增长势头,外贸韧性和活力不断增强,其中跨境电商在外贸新业态持续高速增长,占我国外贸比重不断提升。凭借着巨大的发展潜力,跨境电商在整体贸易结构中的地位日益凸显。

在新冠疫情肆虐和国际经贸形势严峻的双重影响下,跨境电商正在成为稳外贸重要力量。跨境电商作为我国对外贸易的重要增长点,被政府予以高度重视和政策倾斜,成为重点扶持对象。在此情况下,跨境电商在未来将迎来新的发展机遇。

2021 年 10 月 26 日,《"十四五"电子商务发展规划》发布,指出:支持跨境电商高水平发展;深化共建"一带一路"国家电子商务合作,积极发展"丝路电商",推动各国中小企业参与全球贸易,支持数字产业链全球布局,促进全球电子商务供应链一体化发展;推动电子商务企业"走出去"行动。

思考:如何抓住跨境电商发展新机遇,更好地参与国际市场竞争?

资料来源:腾讯网

第一节 世界市场的构成与运行

一、世界市场的概念

市场是商品和劳务交换的地方,是买卖双方开展活动的场所。它是商品经济中社会分工的表现。哪里有分工和商品生产,哪里就有市场,随着社会分工和商品生产的发展,市场逐步发展,先后经历了地方市场、民族市场和世界市场三个时期。世界市场或国际市场是世界各国相互间进行商品服务和科技交换的场所,是由世界范围内通过对外贸易联系起来的各国商品流通领域的总和。它是在各个贸易国家的国内市场基础上形成的,是资本主义生产方式的历史产物。

二、世界市场的产生与发展

世界市场的产生与发展是和资本主义生产方式的产生与发展密切联系在一起的。世界市场是随着地理大发现而萌芽,随着第一次产业革命的胜利而迅速发展,最后又随着第二次产业革命的进展而最终形成的。

(一) 世界市场的萌芽时期
世界市场的萌芽时期包括 16 世纪、17 世纪和 18 世纪的大部分年份。15 世纪末和 16

世纪初期的地理大发现促进了西欧各国的经济发展。马克思和恩格斯指出:"美洲的发现、绕过非洲的航行,给新兴的资产阶级开辟了新天地。东印度和中国的市场、美洲的殖民化、对殖民地的贸易、交换手段和一般商品的增加,使商业、航海业和工业空前高涨。"地理大发现使世界市场进入萌芽阶段。

(二) 世界市场的迅速发展时期

世界市场的迅速发展时期是 18 世纪 60 年代到 19 世纪 70 年代。在这个时期,发生了产业革命,大机器工业建立,资本主义生产方式成为占统治地位的生产方式,世界市场进入迅速发展时期。

大机器工业需要一个不断扩大的市场,它只有在经常扩大生产、不断夺取新市场的条件下才能存在,它的发展取决于市场的规模。资本家为了追求高额利润,经常要跨越已有的市场范围,到国外去寻找新市场,不断夺取广泛的市场,为大工业开拓更广阔的领域。大机器工业不仅需要一个不断扩大的世界销售市场,也需要日益扩大的原料供应来源,以使市场交换的商品种类日益增多。

资本主义大机器工业的发展使工业和人口不断地向城市集中,形成许多大机器工业中心和大的食品销售市场。这些食品不但要从本国各地区运来,而且往往要从世界市场上源源不断地输入。

资本主义大工业的发展和世界人口的移动,扩大了世界劳动市场,也扩大了世界商品销售市场和原料、食品来源。

大工业的发展促进了铁路、轮船、通信事业的发展,为扩大各国国内市场和世界市场、加强国内和国际上经常性的经济联系所需要的交通运输工具提供了物质技术基础。

(三) 世界市场的形成时期

世界市场的形成开始于 19 世纪 80 年代。这个时期,垄断代替了竞争,发生了第二次产业革命。资本主义生产力得到飞跃性的发展,资本输出成为争夺世界市场的一个重要手段。世界市场形成的标志有以下几点。

1. 多边贸易多边支付体系的形成

多边贸易是指两国之间的贸易在进出口相抵后总有余额,用对某些国家的出超支付对另一些国家的入超,在若干国家之间进行多边支付与结算的贸易。

多边贸易多边支付体系为所有贸易参与国提供购买货物的支付手段,同时使国际债权债务的清偿、利息和红利的支付能够顺利完成,有助于资本输出和国际短期资金的流动。英国是当时多边贸易多边支付体系的中心。

2. 国际金本位制度的建立与世界货币的形成

国际金本位制度是世界多边贸易多边支付体系发挥作用的货币制度。这个制度主要有两个作用:①给世界市场上各种货币的价值提供了一个互相比较的尺度,能使各国货币之间的比价(汇价)保持稳定。②给世界各国的商品价格提供了一个互相比较的尺度,从而使各国同一种商品的价格保持一致,把各国的价格结构联系在一起。

3. 资本主义的各种经济规律制约着世界市场的发展

资本主义社会中固有的规律,如基本经济规律、经济发展不平衡规律、价值规律等在世界市场上居于主导地位,制约着世界市场的发展。

4. 健全、固定的销售渠道的形成

大型、固定的商品交易所、国际拍卖市场、国际博览会和展览会的形成,航运、保险、银行和各种专业机构的建立健全,比较固定的航线、港口、码头的建立等,这一切都使各国市场有机地结合在一起。

三、当代世界市场的构成

第二次世界大战以后,随着生产国际化和专业化程度的提高,世界市场范围不断扩大,构成日趋复杂。当代世界市场主要由以下几个部分构成。

(一) 国家和地区

按照经济发展类型,参加世界市场活动的国家和地区可分为三个主要类别:发达国家、发展中国家、经济转型国家。按照主要出口商品的类别,发展中国家又可分为三个类型,即主要石油出口国家、主要制成品出口国家、其他国家和地区。按照主要特征,发展中国家又可分为最不发达国家、内陆国家和沉重负债的国家。世界银行按照人均国民总收入(GNI),将其188个成员分为四类,以2012年人均国民总收入为准,低收入国家(GNI在1 035美元以下)、较低中等收入国家(GNI在1 035~4 085美元)、较高中等收入国家(GNI在4 085~12 616美元)、高收入国家(GNI在12 616美元以上)。

由于发达国家占有国际货物贸易、服务贸易和要素流动的绝大部分比重,它们成为世界市场的主体,在世界市场上起着主导作用。

(二) 订约人

当代世界市场的订约人既有以追求商业利润为目的而进行经济活动的企业,也有为促进私营企业扩大出口而建立并代表企业家集团利益的企业业主联合会,还有经政府授权进行外贸活动的国家机关(政府各部门和各主管部门)和机构。活动目的和性质互不相同的三类订约人在世界市场上组成国家间商品和劳务交换的主体。

(三) 商品

当代世界市场上交换的商品主要包括货物和服务。货物贸易主要包括三大类产品,即初级产品、制成品和其他产品。服务贸易按《服务贸易总协定》规定,由12大类构成,即商业服务、通信、建筑及相关工程、销售、教育、环境、金融、健康、社会旅游及相关服务、文化娱乐、体育运输、其他。

(四) 商品市场

从世界商品市场的特征看,既有以自由竞争为特征的开放性市场,也有买方与卖方有组织上联系、受垄断组织控制的封闭性市场,还有以商业一次性合同为基础的市场,同时,有以国际专业协作化及长期的大规模联系为基础的市场,有以区域经济一体化为模式、以经济集团为基础的市场。

从世界商品市场的组织形式看,既有固定组织形式的国际商品市场,也有无固定组织形式的国际商品市场。有固定组织形式的国际商品市场一般均在固定场所按事先规定的原则和规章进行商品交易,主要包括商品交易所、国际商品拍卖、工商业博览会和展销会等。无固定组织形式的国际商品市场是通过单纯的商品购销或与其他因素结合的商品购销形式,如包销、代理、寄售、加工贸易、补偿贸易、租赁贸易、招投标和电子商务等来进行国际商品交易。

(五)商品销售渠道

销售渠道是指商品从生产者到消费者手中所经过的路线。世界市场上的销售渠道通常由三部分构成:第一部分为出口国的销售渠道,包括生产企业或贸易企业;第二部分是出口国和进口国之间的销售渠道,包括贸易双方的中间商;第三部分是进口国国内的销售渠道,包括经销商、批发商和零售商。

(六)运输网络构成

世界市场上的运输网络是由铁路运输网、公路运输网、水上运输网、管道运输网、航空运输网等组成的。

(七)信息网络构成

信息网络是世界市场的中枢,它是由国际电话、电报、电传、电视、广播、报刊通信卫星系统、计算机互联网络组成的。

四、世界市场的类型

世界市场是复杂多样的,依据不同的标准可以划分为不同的类型。

(1)世界市场按商品形态划分,可分为有形商品市场和无形商品市场。有形商品市场是指买卖那些看得见、摸得着的物质商品的市场,如生产资料市场和生活资料市场。无形商品市场也称劳务市场,是指买卖那些不具有物质形态商品的市场,如金融市场、保险市场、工程承包市场、技术市场、旅游市场等。

(2)世界市场按商品构成划分,可分为工业制成品市场和初级产品市场。在这两大类市场下面又可以细分为若干小类,如工业制成品市场可分为汽车市场、家电市场、服装市场等,初级产品市场可分为粮食市场、棉花市场、石油市场等。

(3)世界市场按交易进行的形式划分,可分为有固定组织形式的世界商品市场和没有固定组织形式的世界商品市场。有固定组织形式的世界商品市场,是指在固定场所,按照事先规定好的原则、规章和程序进行商品交易活动的市场,如商品交易所、国际拍卖、国际博览会和展览会等。没有固定组织形式的世界商品市场,是指买卖双方经面谈和函电就主要交易条件达成协议或签订合同的商品购销形式,这是世界市场上最基本的和最通行的国际商品交换方式。

(4) 世界市场按照不同类型的国家划分,可分为发达资本主义国家市场、发展中国家市场和社会主义国家市场。

(5) 世界市场按照区域性经济集团划分,可分为欧洲联盟市场、东南亚国家联盟市场、北美自由贸易区市场、西非经济共同体市场、南方共同市场等。

五、世界市场的交易方式

世界市场上的交易方式多种多样,按照世界市场上的商品流通渠道,即商品由各国生产领域进入他国消费领域所采取的购销形式的不同,可分为有固定组织形式的市场和没有固定组织形式的市场。

(一) 有固定组织形式的市场

有固定组织形式的市场是指在特定地点按照一定组织规章进行交易的场所,主要有商品交易所、国际商品拍卖、工商业博览会和展览会。

1. 商品交易所

商品交易所是指根据货样进行大宗批发交易的场所。交易所中通常没有商品,买卖时无须出示和验看商品,而是根据规定的标准和货样进行交易。成交是在交易所制定的标准合同的基础上进行的。

商品交易所一般具有以下特点:

(1) 必须在规定的时间和地点进行交易。

(2) 必须通过交易所内特定的交易人员进行交易。

(3) 通常是根据商品的品级标准或样品进行交易。成交后,无须交割实物,卖方只是将代表商品所有权的凭证转让给买方。

商品交易所可以进行大宗商品的实物与期货交易。在商品交易所买卖的商品大多是初级产品,主要有有色金属、谷物、纺织原料、食品和油料等。各种商品交易所贸易的主要中心:有色金属是伦敦、纽约、新加坡;天然橡胶是新加坡、纽约、伦敦、吉隆坡;可可豆是纽约、伦敦、巴黎、阿姆斯特丹。

2. 国际商品拍卖

国际商品拍卖是指经过专门组织的、在一定地点定期举行的现货交易。在这种市场上,通过公开竞购的方式,在事先规定的时间和专门指定的地点销售商品。主要适合品质不易标准化、易腐不耐储存以及试销商品,如原毛、毛皮、鬃毛、茶叶、烟草、香料、花卉、蔬菜、水果、观赏鱼类、牲畜、热带木材等。

在实际交易中,拍卖具有以下特点:①在拍卖中,买卖双方并不直接商洽,而是通过专营拍卖业务的拍卖行来进行的。②拍卖是一种单批、实物的现货交易,具有当场公开竞购、一次确定成交的性质。

3. 工商业博览会和展览会

工商业博览会和展览会是定期地聚集在同一地点、在一年中的一定时期和规定期限内举行的有众多国家、厂商参加的展销结合的市场。

从商品范围来看,博览会和展览会大致可分为以下几种:①综合性国际博览会。②样品国际博览会。③主要工业部门产品国际博览会。④一般工业部门产品展销会和集市。⑤专业性国际博览会。⑥国别展览、展销会。⑦独家公司展览、展销会。

通过举办大型会议、展览活动,源源不断的商流、物流、人流、资金流、信息流能直接推动商贸、旅游业的发展,不断创造商机,吸引投资,进而拉动其他产业的发展。迅速崛起的会展经济已成为国民经济发展的助推器和新亮点。20 世纪 80 年代以来,中国会展经济以年均20％的速度递增,但与发达国家相比,中国还处在初级阶段。世界已形成诸如巴黎、伦敦、芝加哥、新加坡等著名的展览城,中国会展经济还需进一步加快发展。

知识链接

2021 年,中国国际服务贸易交易会(简称"服贸会")于 9 月 4 日—9 日在北京举办,主题为"全球服务,互惠共享"。服贸会向国际社会展示我国疫情防控和经济社会发展取得的显著成效。作为中国服务贸易领域唯一的国际性、国家级、综合型展会,服贸会折射中国开放新趋势。

近年来,我国积极主动扩大服务业市场开放、开展服务贸易创新发展试点,不断促进服务贸易规模扩大、竞争力提升;不断压减外商投资负面清单,持续优化营商环境,为各国服务提供商进入中国市场创造便利。

从国内市场来说,服务业吸纳就业空间大、能力强,疫情冲击之下,举办服贸会稳定外贸预期、找到新的合作伙伴、达成新的合作意向,有利于助推国内服务业更好更快发展。

资料来源:中国网财经

(二) 没有固定组织形式的市场

没有固定组织形式的市场是指不通过固定场所进行的各种交易,这种市场大致可分为两大类:一类是单纯的商品购销形式;另一类则是与其他因素结合的商品购销形式,如包销、代理、寄售、加工贸易、补偿贸易、租赁贸易、招投标和电子商务等。

1. 单纯的商品购销形式

相当部分的有形商品交易和绝大部分服务交易都属于单纯的商品买卖交易,它是买卖双方通过单独洽谈达成交易的。这种交易方式的通常做法是买卖双方自由选择交易对象,对商品的品质、规格、数量、价格、支付条件、商检、装运、保险、索赔、仲裁等方面一一进行谈判来予以确定,最后在意见一致的基础上签订交易合同。单纯的商品买卖交易方式是世界上最基本、最普遍的国际商品、服务交换方式。

2. 包销

包销又称独家经销，在国际贸易中是指出口人(供货商)通过包销协议把某种或某类货物在某一地区和期限内的独家经营权给予国外商人(进口商或包销商)的做法，包销方式使买卖双方在包销协议下建立起稳定的商品或服务的购销关系。

在包销交易方式下，供货人和包销人之间是一种售定性质的关系，即供货人是卖方，包销人是买方，货物由包销人购买、销售、自负盈亏。它与逐笔销售方式的区别在于包销人在规定区域和时限内的独家经营权。

在包销交易方式下，供货人可以利用包销人的资金和销售能力，在特定区域开发出一个稳定的商品销售市场，而对包销人来说，这种方式避免了多头竞争，在对商品未来销售前景有一个比较准确预测的前提下，可以保证利润的获得。

包销协议是包销交易方式的关键，它通过在包销货物范围、包销地区、包销数量或金额、包销专营权、作价方法、包销期限等方面进行规定来确立供货人和包销人在以包销交易方式进行贸易的过程中的权利和义务。

3. 代理

代理的种类繁多，作为国际贸易交易方式的代理是指销售代理。

在代理交易方式下，出口商(委托人)与国外的代理商达成协议。由出口商作为委托人，授权代理人推销其产品、代理委托人签署买卖合同。代理人在出口商授权范围内行事，不承担销售风险和费用、不需要垫付资金，通常依照帮助达成交易的数额提取佣金，而无论交易盈亏与否。

在代理方式下，委托人可以利用代理人对当地市场的熟悉和已建立起来的销售渠道销售自己的产品。而代理人可以通过选择品质好、价格合理、市场定位准确的商品，确定合适的佣金比率来确保一个好的收益。

4. 寄售

在国际贸易中，寄售是一种跨国委托代售的做法，是指寄售人先将货物运往国外的寄售地，委托当地的代销人按照寄售协议规定的条件，替寄售人进行销售，货物销售后，由代销人与寄售人结算货款，并依照协议规定收取相应的报酬。

在寄售方式下，寄售人与代销人之间是代销关系，而非买卖关系；货物的所有权一直属于寄售人，货物的风险仍属于寄售人，除非是由代销人的过失所造成的损失，货物售出后，代销人根据协议规定扣除相关费用和佣金后，把货款汇给寄售人。

在寄售方式下，寄售人可以利用代销人的市场资源拓展自己的海外市场。代销人和寄售人的权利义务都规定在寄售协议中，寄售协议涉及的主要内容包括寄售商品的价格(一般有三种做法，规定最低限价、随行就市、销售前征得寄售人的同意)、佣金、货款的收付等。

5. 招标与投标

在世界市场上,一些国际机构、政府机构、国营企业在进行大规模物资采购时通常采取招标形式,招投标更多地用于国际工程承包。

招标是指招标人发布招标公告,说明计划采购的商品或服务的名称、规格和数量,或是计划兴建项目的标准与要求,邀请投标人按照一定程序在规定时间、地点进行投标,最后选择对招标人最有利的条件达成交易的行为。

投标是指供应商或工程承包公司根据招标条件在规定的时间向投标人递价的行为。从定义上可以看出,招标与投标是同一交易的两个方面,因而通常统称为招投标。招标与一般贸易做法不同的是,在招标中,双方当事人没有磋商过程,不存在讨价还价,而是由投标人同时报价,成交与否取决于投标人价格的竞争力。

招投标的基本程序为:招标前准备——发布招标公告——投标——开标——评标——定标——签署交易或承包合同。

6. 加工贸易

加工贸易是指企业从境外保税进口全部或部分原材料、零部件、元器件、包装材料等,经加工和装配后,将半成品或成品复出口的交易形式。加工贸易有两种基本形式:

(1)来料(件)加工。来料加工是指由外国企业免费提供全部或部分原材料、辅料、零部件、包装材料等。由加工方依照外国企业的要求进行加工和装配,成品交由外方销售,加工方只收取工缴费的交易形式。

(2)进料加工。进料加工是指加工方自行进口原材料、辅料、零部件、包装材料等,经加工成半成品、成品后再度出口的做法。

在中国的多数加工贸易属于贴牌生产。2020年,中国加工贸易产品出口占货物总出口的23.8%。

7. 补偿贸易

补偿贸易是商品贸易、技术贸易与信贷的三位一体。补偿贸易是国内企业在国外企业提供信贷的基础上取得项目建设和产品生产所需要的机器设备、原材料、生产技术及其他商品和服务等,在项目建成投产后,主要用引进技术和设备生产出的产品或双方商定的其他产品去偿还贷款本息的一种贸易方式。

补偿贸易最主要的特点是贸易与信贷结合,出口与进口结合,企业在信贷的基础上进口,又缘于进口举债而出口。

8. 电子商务

电子商务是指在全球各地广泛的商业贸易活动中,在国际互联网开放的网络环境下,基于浏览器、服务器应用方式,买卖双方在不谋面的情况下进行各种商贸活动,实现消费者的网上购物、商户之间的网上交易和在线电子支付以及各种商务活动、交易活动、金融活动和相关的综合服务活动的一种新型的商业运营模式。电子商务作为一种新型的交易方式,将生产企业、流通企业以及消费者和政府带入了一个网络经济、数字化生存的新天地。

在信息化、网络化浪潮的推动下,世界范围内的产业结构调整与升级换代正在加速进行。电子商务代表着未来贸易的发展方向,市场潜力巨大,发展前景广阔。

 知识链接

推动电子商务服务构建新发展格局

当前,电子商务正深刻改变着人们的购物和生活方式。"十三五"时期,全国网上零售额年均增长近 25％,实物商品网上零售额占社会消费品零售总额比重升至 24.9％。"十四五"时期,商务部对电子商务发展如何谋篇布局? 全国人大代表、商务部电子商务和信息化司长骞芳莉在接受国际商报记者专访时进行了详细解码。

回顾过去 5 年,电子商务领域的工作亮点可圈可点:《电子商务法》正式实施;跨境电商综试区总数达 105 个,中国与五大洲 22 个国家建立双边电子商务合作机制,设立电子商务章节的自贸协定达到 11 个;全国农村网络零售额达 1.79 万亿元,电子商务进农村对 832 个国家级贫困县全覆盖;积极打造消费升级平台,促进品质、品牌消费……

骞芳莉表示,"十三五"时期,中国电子商务发展规模效益大幅提升,融合创新态势不断深化,扶贫助农成效显著,国际合作成果丰硕,营商环境持续改善,电子商务有效助力中国经济社会高质量发展,成为实体经济重要组成部分。2020 年抗击新冠肺炎疫情期间,电子商务在市场保供、促进消费、稳定就业等方面更是发挥了不可替代的作用,成为经济增长的关键动力之一。

骞芳莉透露,为做好"十四五"期间电子商务发展的顶层设计,商务部目前正会同中央网信办、国家发展改革委编制《电子商务"十四五"发展规划》,出台和完善支持政策,进一步推动电子商务高质量发展。

骞芳莉进一步表示,"十四五"期间,电子商务发展的主基调是服务构建新发展格局,牢牢把握中国电子商务的先发优势,以创建高质量电子商务产业体系为先导,进一步激发电子商务创新创业活力,更好释放电子商务推动乡村振兴、发展智能制造、构建数字化生活的动力,充分运用电子商务推动高水平对外开放的能力,让电子商务在国民经济社会发展中发挥更大作用,开创全球电子商务深度协作新局面。

近年来,伴随电子商务快速发展,市场竞争失序等问题愈发突出。对此,骞芳莉表示,应坚持"鼓励创新、包容审慎"的原则,要具体问题具体分析,不能"一刀切"。商务部将坚持发展与规范并举,坚持在发展中解决问题,扬长避短、趋利避害,积极推动多元共治,健全电子商务法律制度,完善电子商务诚信体系建设,加强企业自治和平台治理,会同相关部门共同维护公平竞争的市场秩序。

资料来源:中国商务新闻网

第二节 | 当代世界市场竞争

竞争是指追逐利润的竞赛。在世界市场上,各国贸易商为了追逐利润展开了激烈的竞争,出现了各种竞争方式与策略。

一、当代世界市场竞争的特点

(一)市场竞争成为国际竞争的重要内容

在当代国际环境下,国家之间存在政治竞争、军事竞争、经济竞争、制度竞争和文化竞争。其中经济竞争是各国竞争的主要内容。在经济竞争中,市场开拓、维护与占有的竞争处于非常重要的地位。

(二)市场竞争格局出现多元化

在世界经济、政治发展不平衡规律作用下,市场竞争格局呈现多元化。它包括六个方面的竞争:一是发达国家之间的竞争;二是发达国家与发展中国家之间的竞争;三是守城大国与新兴经济体之间的竞争;四是社会主义国家与发达国家和发展中国家之间的竞争;五是区域性经贸集团之间的竞争;六是跨国公司、大公司、中小企业之间的竞争。

(三)市场竞争日益广阔与深化

(1)从局部竞争走向整体竞争。参加竞争的商品从货物贸易向服务贸易和知识产权贸易发展。

(2)竞争方式从粗放式竞争走向集约式竞争。贸易中的非价格竞争已取代传统的价格竞争,占据主导地位。

(3)国际贸易方式方法日趋多样。在传统贸易方式,如经销、代理和寄售、招投标的基础上,出现了加工贸易、对等贸易、技术贸易、租赁贸易和电子商务。

(4)从封闭式的市场竞争走向开放式的市场竞争。在市场竞争中,各国从被动地保护转向主动对外开放,推行贸易和投资自由化,加入世界贸易组织等国际组织。

(5)构成商品竞争力的要素从自然资源要素走向管理与新兴的科学技术。新技术、新工艺在生产过程中的推广与采用,成为市场上商品竞争能力的重要基础。

(6)商品贸易与投资活动密切结合,资本流动成为进行市场渗透的重要工具。

(7)市场竞争中理论与实际密切结合,出现了很多新的竞争理论,如出现了产品生命周期理论、企业竞争战略理论,营销策略理论和国家竞争优势理论。

(8)各国积极组建和参加经贸集团,由国家之间的竞争转向经贸集团之间的竞争,地区经贸集团的数目从1972年的50多个跃升到21世纪初的150多个。截至2014年1月31日,在世界贸易组织登记的区域经贸组织已达583个。

(9)情报被视为竞争力的重要基础。一方面,通过合法和非法手段收集和窃取情报;另一方面,制造和散布假情报,迷惑竞争对手。

(四) 在国家干预和保护下竞争

在当代世界市场竞争中,各主权国家政府为了维护本国的经济利益,不断运用国家权力通过各种方式对竞争进行干预和保护,以促进本国经济的发展,最大限度地减少竞争对本国经济发展所起的负面作用,如通过经济政策、科技政策、产业政策和措施改善本国企业参与世界市场竞争的环境和条件,优化出口产业结构,提高出口产品的竞争力。

二、国际竞争力的含义

国际竞争力可被界定为:"一国生产符合国际市场标准的货物和服务,同时又能保持和提高人民的实际收入的能力。""一个具有竞争力的公司能够明确要生产什么,为谁生产,并且能够为实现其生产和营销目的有效和高效率地管理资源的获取和分配,从而实现讨价还价的能力。"

三、国际竞争力的相关指标

1. 贸易专业化系数

(1) 贸易专业化系数(Trade Specialization Coefficient,TSC)的基本公式为:

$$贸易专业化系数 = \frac{出口(X) - 进口(M)}{出口(X) + 进口(M)}$$

当 TSC=1 时,为完全出口专业化;当 TSC=−1 时,为完全进口专业化。

(2) 一国某产品的国际竞争力的公式为:

$$一国某产品的国际竞争力 = \frac{一国 A 产品对世界出口额 - 该国 A 产品从世界进口额}{一国 A 产品对世界出口额 + 该国 A 产品从世界进口额}$$

当计算结果大于 0 时,表明该产品具有竞争力;反之,如果小于 0,则表明该产品竞争力弱。

2. 出口业绩相对指数

出口业绩相对指数(Index of Relative Export Performance,IREP)的计算公式为:

$$IREP_{ij} = \frac{X_{ij} / \sum_{j} X_{ij}}{\sum_{i} X_{ij} / \sum_{i} \sum_{j} X_{ij}}$$

式中,$IREP_{ij}$ 为 j 国 i 产品的出口业绩相对指数;X_{ij} 为 j 国 i 产品出口额;$\sum_{j} X_{ij}$ 为 i 产品世界总出口额;$\sum_{i} X_{ij}$ 为 j 国出口总额;$\sum_{i} \sum_{j} X_{ij}$ 为世界出口总额;分母为 j 国总出口额在世界出口总额中所占的比例;分子为 j 国 i 产品出口额在 i 产品世界总出口额中所占的比例。

3. 固定市场份额模型指标

固定市场份额模型指标(The Constant Market Share Model，CMS)是指在一定时期内,本国某产品的出口增长率与为保持该产品原有的市场占有份额应有的出口增长率之差。若其数值为整数,则表明本国该产品在这一时期内的出口竞争力相对于其他出口国有所提高;反之,则表明该国竞争力下降。由于很难测定保持原有市场份额应达到的出口增长率,因此,这一指标的实际运用有一定难度。

4. 显示比较优势指标

显示比较优势指标(Revealed Comparative Advantage，RCA)的计算公式为:

$$RCA_{ij} = \frac{X_{ij} / \sum_{i} X_{ij}}{\sum_{j} X_{ij} / \sum_{i} \sum_{j} X_{ij}}$$

式中,RCA_{ij} 为 j 国 i 产品的显示比较优势指数;X_{ij} 为 j 国 i 产品出口额;$\sum_{i} X_{ij}$ 为 j 国所有产品出口总额;$\sum_{j} X_{ij}$ 为世界 i 产品出口总额;$\sum_{i} \sum_{j} X_{ij}$ 为世界出口总额。

一般认为,若 $RCA_{ij} > 2.5$,则表明 j 国的 i 产品(或产业)具有极强的竞争力;若 $1.25 < RCA_{ij} \leqslant 2.5$,则表明 j 国 i 产品具有较强的竞争力;若 $0.8 < RCA_{ij} \leqslant 1.25$,则表明 i 产品具有中等程度的竞争力;若 $RCA_{ij} \leqslant 0.8$,则表明 j 国 i 产品的竞争力较弱。

第三节 | 世界市场价格

一、世界市场价格的含义

世界市场价格又称国际市场价格,是指在一定条件下在世界市场上形成的市场价格,即某种商品在世界市场上实际买卖所依据的价格。世界市场价格是衡量社会必要劳动消耗的标准,是国际价值及国际使用价值的货币表现。世界市场价格的形成是以世界货币的形成为前提的。没有世界货币的存在,各国的国内市场价格就不可能均衡为世界市场价格。在世界市场产生、形成和发展的大部分时间里,世界货币就是黄金。在当代世界货币就是国际货币(纸币),其中包括美元、日元、欧元、瑞士法郎等可自由兑换的货币。

二、国际价值和世界市场价格的联系

(一) 世界市场是商品国际价值形成的基础和条件

商品的国际价值是在国别价值的基础上形成的。价值是指凝结在商品中的抽象劳动。任何一个国家所生产的商品,其价值内容都是由抽象的社会劳动决定的。商品的国别价值是由该国生产该商品的社会必要劳动时间决定的。

促使国别价值向国际价值转化、国际价值得以形成的最重要的条件就是以国际分工为基础的世界市场的形成和发展。只有在世界市场形成后，社会劳动才具有普遍的国际性质，才成为世界的社会劳动。商品的国别价值和国际价值在质上具有同一性，在量上则存在差别性。同一性表现为两者均是一般人类劳动的凝结。差别性则体现在两个方面：一是两者的决定因素不同。国别价值取决于该国生产该商品的社会必要劳动时间，国际价值则取决于国际劳动力的平均单位。二是两者的表现形式各异。商品的国别价值是以该国货币表示的，而在世界市场上，商品普遍地展示了它们的价值，它们的国际价值是直接以世界货币（黄金）表示的。

（二）国际价值是世界市场价格变动的基础和中心

1. 国际生产价格是国际价值的转化形式

商品的国际生产价格是商品国际价值的货币表现，商品的国际价值是商品国际生产价格变动的基础和中心。但在资本主义市场上，商品不是按照国际价值而是按照国际生产价格来交换的。这是因为，随着资本主义的发展、资本主义国内市场的形成，利润转化为平均利润，商品价值转化为生产价格。在以各国市场组成的世界市场上，随着商品国别价值向国际价值的转变，世界市场上的商品交换不是以国际价值，而是以各国平均生产价格的国际生产价格进行交换的。商品的国际生产价格成为国际商品价格变动的基础和中心。国际生产价格是由国际成本价格和国际平均利润构成的，它是国际价值的转化形式。

2. 世界市场价格围绕着国际生产价格上下波动

在世界市场上，商品按照国际生产价格出售，不是对价值规律的否定，而只是价值规律起作用的形式发生了变化。价值规律是商品生产和交换的基本规律，它的基本内容和客观要求是：商品的价值量取决于生产该商品的社会必要劳动时间，商品的交换按照商品的价值来进行。商品的国际生产价格的变动，归根结底取决于商品国际价值的变动，而且两者的变动方向是一致的。如果生产商品所耗费的社会必要劳动时间减少，商品的国际价值降低，商品的国际生产价格也会随之降低。

三、影响世界市场价格变动的因素

（一）供求关系及其变动

商品价值（商品生产价格）是商品价格变动的中心。价值规律要求商品交换依据商品的价值来进行，但这并不意味着在每一次商品交换时，世界市场价格都是和国际价值（国际生产价格）相一致的。这是因为，在世界市场上，竞争和生产无政府状态规律在起作用，商品的供给和需求经常是不平衡的，因而使商品国际市场价格经常高于或低于国际价值。当商品供大于求时，世界市场价格会低于国际价值（国际生产价格），当商品供不应求时，世界市场价格就可能高于国际价值（国际生产价格）。另外，价格本身的变化又会反过来影响供给和需求的变化，使它们逐渐趋于平衡，从而使世界市场价格接近国际价值（国际生产价格），即当某种商品供不应求时,引起世界市场价格上涨,许多国家的商品生产者为较高的利润所吸引,就会增加这一商品的生产,于是这种商品的供给就会逐渐增加,从而阻止世界市场价格的进一步上涨,且可能使世界市场价格开始转为下跌。当商品供过于求时,引起世界市场价格下跌,许多国家的商品生产者就会因无利可图而减少这一商品的生产,于是这一商品的供给会逐渐减少,从而阻止世界市场价格的进一步下降并转为回升。可见,商品的世界市场价格是围绕国际价值(国际生产价格)上下波动的,而商品的国际价值是由世界市场上的供求关系决定的。

(二)垄断因素

垄断组织为了夺取最大限度的利润,采取各种办法控制世界市场价格。为了经济安全和保证国民生活的需要,一些国家对涉及国计民生的行业进行垄断,由政府主管部门直接确定价格。一些生产石油的国家,为了保证本身的权益,利用他们的储藏优势和难以替代的特点,组织石油输出国组织通过限制产量来控制石油价格。

(三)经济发展周期

马克思指出,资本主义的生产要经过一定的周期性的循环,如沉寂状态、逐渐活跃、繁荣、生产过剩、崩溃、停滞、沉寂状态等,商品的市场价格和市场利润率都随着这些阶段而变化。资本主义经济危机是有周期性的。在危机期间,生产猛然下降,大批商品找不到销路,存货积压,一般来说,价格会下跌。危机过去之后,生产逐渐上升,对各种产品的需求增加,价格又开始上涨。

(四)各国政府采取的政策措施

第二次世界大战后,各国政府采取了许多政策措施来支持本国经济贸易发展,如支持价格政策、出口补贴政策、进出口管制政策、外汇政策、税收政策、战略物资收购及抛售政策等,对世界市场商品的价格有很大的影响。

(五)商品销售中的各种因素

商品销售中的各种因素包括:包装的好坏、定价技巧、付款条件的难易、运输交货是否适时、销售季节的赶前与错后、是否名牌、使用货币的币种、成交数量的多少、地理位置的远近、广告宣传的效果、服务质量的高低、电子商务的运用、国际物流的管理等。它们对世界市场的价格都有影响。

(六)其他因素

其他因素包括季节变化、自然灾害、政治和经济上的突发事件等,如海湾战争期间,科威特的石油生产完全被摧毁,其他产油国的石油生产也受到了不同程度的影响。这不仅使世界市场上石油的供给处于紧张的状况,而且使石油及其相关产品的价格产生了极大的波动。

四、世界市场价格的种类

商品世界市场价格按其形成条件、变化特征可分为两大类,一类为世界"自由市场价格",另一类为世界"封闭市场"价格。

（一）世界"自由市场"价格

世界"自由市场"价格是指在国家间不受垄断或国家垄断力量干扰的条件下，由独立经营的买者和卖者之间进行交易的价格，国际供求关系是这种价格形成的客观基础。"自由市场"是由较多的买主和卖主集中在固定的地点，按一定的规则，在规定的时间进行的交易。尽管这种市场也会受到国际垄断和国家干预的影响，但是，由于商品价格在这里是通过买卖双方公开竞争而形成的，所以，常常较客观地反映了商品供求关系的变化。

联合国贸易与发展会议发表的统计中，把美国谷物交易所的小麦价格、玉米（阿根廷）的英国到岸价格，大米（泰国）的曼谷离岸价格，咖啡的纽约港交货价格等36种初级产品的价格列为世界"自由市场"价格。

（二）世界"封闭市场"价格

"封闭市场"价格是买卖双方在一定的约束关系下形成的价格。商品在国家间的供求关系，一般对其不会产生实质性的影响。世界"封闭市场"价格一般包括以下几种。

1. 调拨价格

调拨价格又称转移价格，是指跨国公司以全球战略为中心，为了最大限度地减轻税负，逃避东道国的外汇管制等目的，在公司内部的母公司与子公司、子公司与子公司之间进行国际贸易时所规定的交换价格。

2. 垄断价格

垄断价格是指国际垄断组织利用其经济力量和市场控制力量决定的价格。在世界市场上，国际垄断价格有两种：一种是卖方垄断价格；另一种是买方垄断价格。前者是高于商品的国际价格的价格；后者是低于商品的国际价格的价格。在两种垄断价格下，均可取得垄断超额利润。此外，在世界市场上，由于各国政府通过各种途径对价格进行干预，所以出现了国家垄断价格或管理价格。

3. 区域性经济贸易集团内的价格

第二次世界大战后，成立了许多区域性的经济贸易集团。在这些经济贸易集团内部，形成了区域性经济贸易集团内的价格。例如，欧洲经济共同体的共同农业政策中的共同价格，即对许多农产品实行统一价格来支持农场主的收入，并通过规定最低的进口价格来保证农产品价格稳定。

4. 国际商品协定下的协定价格

商品协定通常采用最低价格和最高价格等办法来稳定商品价格。当有关商品价格降到最低价格以下时，就减少出口，或用缓冲基金收购商品；当市场价格超过最高价格时，则扩大出口或抛售缓冲存货。

五、世界市场价格的作用

世界市场价格体现了价值规律在世界市场发生的作用，主要表现在以下几个方面。

（一）调节国际分工

在历史上,欧美国家利用廉价的工业品摧垮欠发达国家的民族工业,形成了有利于自己的国际分工。在资本主义初期,他们建立了采用机器技术和蒸汽发动机的大工业,国家劳动生产率大大提高,其工业品的价值大大低于欠发达国家手工制造的手工业品价值,欠发达国家的手工业者与农民破产,被迫从事工业国所需要的农业生产、矿业生产,仅生产一两种或少数几种原料、食品或矿产品,形成"单一经济"。

第二次世界大战以后,随着生产和资本国际化过程的加强,发达国家与发展中国家的国际分工形式发生了变化。发达国家利用熟练的劳动者和高度的科学技术发展那些高精尖、用料少、污染轻的资本和知识密集型产业,而把一般用料多、污染重的产业放到发展中国家,这就刺激了新型国际分工的形成。

（二）刺激贸易各国改进生产技术和降低生产成本

商品的国际价值,不是取决于生产商品的国别社会必要劳动时间,而是取决于国际社会必要劳动时间。因此,那些劳动生产率较高、国别社会必要劳动时间较少,即商品的国别价值较低的国家,按照由国际社会必要劳动时间决定的国际价值出售产品便可以获得较多的利益;反之,那些劳动生产率较低,国别劳动耗费较多,从而商品的国别价值较高的国家,按照国际价值出售产品,便只能获得较少的收入。另外,那些国别价值较低的国家,还可以以低于国际价值的价格出售商品,不仅可以获利,而且还可以打击竞争对手。因此,参加贸易的各国为了获得较多的利益,并在竞争中取得主动地位,便采用各种办法提高劳动生产率,降低商品的生产成本。

（三）加深了贸易参加国之间经济的不平衡发展

在世界市场上,由于价值规律的作用,商品交换对不同国家的经济发展产生不同的影响,从而导致各国发展不平衡。欠发达国家生产商品所耗费的国别社会必要劳动时间较多,国别价值较高,因而在世界市场的竞争中处于不利地位,国民经济发展缓慢。而发达国家生产商品所耗费的国别社会必要劳动时间较少,国别价值较低,因而不仅在竞争中处于有利地位,而且获得的贸易利益也更多,有利于其经济的增长。同时,在发达国家之间也存在商品国别价值的大小差异,从而使他们在世界市场价格竞争中表现出各自不同的优劣势,因此发达国家之间的经济发展也是不平衡的。

（四）各国制定对外贸易政策的重要依据

发达国家在制定对外贸易政策时,除政治因素外,还要考虑其出口商品价格的竞争能力。经济发达、生产力水平高、商品竞争能力强的国家都主张或执行自由贸易政策,一旦其商品竞争能力减弱时就转而采取贸易保护政策。经济比较落后,生产力不发达、商品竞争能力弱的国家基本上都采取或执行贸易保护政策,在其出口商品竞争能力提高后,它们又放弃贸易保护政策,鼓吹自由贸易政策。价值规律的作用成为发达国家制定和改变贸易政策的重要基础。以英国为例,在其发生产业革命成为"世界工厂"以后就抛弃保护主义(重商主义),鼓吹和执行自由贸易政策。在 20 世纪初,由于资本主义政治经济发展不平衡,其出口商品能力减弱时,就被迫放弃自由贸易政策,实行超保护贸易政策。第二次世界大战以前,美国实行贸易保护政策;第二次世界大战之后,由于它的经济竞争能力加强,就制定并推行自由贸易政策。

第四节 | 贸 易 条 件

一、贸易条件的含义

贸易条件又称贸易比价或交换比价,是指一定时期内一国出口商品价格指数与进口商品价格指数之间的对比关系。

各国常以贸易条件衡量贸易的利弊。一定时期内,若一国一定量商品出口所能换得的进口商品数量增加,即出口商品价格相对上升,该国的贸易条件便得到改善,贸易利益也随之增加;反之,贸易条件恶化,贸易利益也减少。在基期确定后,如比较期的贸易条件指数大于 100,则该时期的贸易条件与基期相比有利;反之,如比较期的贸易条件指数小于 100,则比较期的贸易条件不利。所以贸易条件是个相对的概念。在一定程度上,贸易条件能反映出该国的价格优势和竞争能力变化趋势。

二、贸易条件的种类

在国际贸易中,贸易条件有以下几种。

(一) 净贸易条件

净贸易条件是出口价格指数与进口价格指数之比。其计算公式为:

$$N = \frac{P_X}{P_M} \times 100$$

式中:N —— 净贸易条件;

P_X —— 出口价格指数;

P_M —— 进口价格指数。

例如,假定某国净贸易条件以 2010 年为基期,指数是 100,2020 年出口价格指数下降5%,为 95;进口价格指数上升 10%,为 110。那么这个国家 2020 年的净贸易条件为:

$$N = \frac{95}{110} \times 100 = 86.36$$

这表明该国从 2010 年到 2020 年间,净贸易条件从 2010 年的 100 下降到 2020 年的86.36,2010 年与 2020 年相比,贸易条件恶化了 13.64。

（二）收入贸易条件

收入贸易条件是在净贸易条件的基础上，把贸易量加进来。其计算公式为：

$$I = \frac{P_X}{P_M} \times Q_X$$

式中：I——收入贸易条件；

Q_X——出口数量指数。

还以上例说明，在进出口价格指数相同的条件下，该国的出口数量指数从 2010 年的 100 提高到 2020 年的 120。在这种情况下，该国 2020 年收入贸易条件为：

$$I = \frac{95}{110} \times 120 = 103.64$$

这说明尽管该国净贸易条件恶化了，但由于出口量的上升，本身的进口能力 2010 年比 2020 年增加了 3.64，也就是收入贸易条件好转了。

（三）单因素贸易条件

单因素贸易条件是在净贸易条件基础上，考虑出口劳动生产率提高或降低后贸易条件的变化。其计算公式为：

$$S = \frac{P_X}{P_M} \times Z_X$$

式中：S——单因素贸易条件；

Z_X——出口商品劳动生产率指数。

假定进出口商品价格指数与上例相同，而该国出口商品的劳动生产率由 2010 年的 100 提高到 2020 年的 130，则该国的单因素贸易条件为：

$$S = \frac{95}{110} \times 130 = 112.27$$

这说明，在 2010 年到 2020 年期间，尽管净贸易条件恶化，但此期间出口商品劳动生产率提高，不仅弥补了净贸易条件的恶化，而且使单项因素贸易条件好转。这说明了出口商品劳动生产率提高在贸易条件改善中的主要作用。

（四）双因素贸易条件

双因素贸易条件不仅考虑到出口商品劳动生产率的变化，而且考虑到进口商品的劳动生产率的变化。其计算公式为：

$$D = \frac{P_X}{P_M} \times \frac{Z_X}{Z_M} \times 100$$

式中：D——双因素贸易条件；

Z_M——进口商品劳动生产率指数。

假定上例中进出口价格指数不变,出口商品劳动生产率指数不变,而进口商品劳动生产率的指数从 2010 年的 100 提高到 2020 年的 105,则双因素贸易条件为:

$$D = \frac{95}{110} \times \frac{130}{105} \times 100 = 106.93$$

这说明,如果出口商品劳动生产率指数在同期内高于进口商品劳动生产率指数,则贸易条件仍会改善。

课 堂 测 试

班级＿＿＿＿＿　　姓名＿＿＿＿＿　　学号＿＿＿＿＿　　成绩＿＿＿＿＿

一、单项选择题(本大题共 10 小题,每题 4 分,共 40 分)

1. 下列各项中,能够比较客观地反映商品供求关系变化的是(　　)。
   A. "自由市场"价格　　　　　　B. 调拨价格
   C. 区域性经济贸易集团内的价格　　D. 国际商品协定下的协定价格

2. 跨国公司内部的转移价格属于(　　)。
   A. 调拨价格　　　　　　　　　B. 垄断价格
   C. 区域性经济贸易集团内的价格　　D. 国际商品协定下的协定价格

3. 国际价值是由(　　)决定的。
   A. 国别价值　　　　　　　　　B. 中等劳动强度
   C. 社会必要劳动时间　　　　　　D. 世界社会必要劳动时间

4. 商品国际市场价格围绕国际生产价格上下波动,它是由国际市场上的(　　)决定的。
   A. 国际价值　　B. 垄断价格　　C. 供求关系　　D. 国别价值

5. 各国常以(　　)作为衡量贸易实绩的衡量器。
   A. 贸易总额　　B. 贸易地理方向　　C. 贸易条件　　D. 贸易量

6. 一定时期内,若一国一定量商品出口所能换得的进口商品数量增加,该国的贸易条件(　　)。
   A. 恶化　　　　B. 不利　　　　C. 改善　　　　D. 增加

7. 双因素贸易条件不仅考虑到出口商品劳动生产率的变化,而且考虑到进口商品的(　　)的变化。
   A. 劳动生产率　　B. 贸易量　　C. 贸易额　　D. 收入高低

8. 收入贸易条件是指(　　)。
   A. 出口价格指数与进口价格指数之比
   B. 出口价格指数比进口价格指数乘出口数量指数
   C. 出口价格指数比进口价格指数乘出口商品劳动生产率指数
   D. 出口价格指数比进口价格指数乘出口商品劳动生产率指数比进口商品劳动生产率指数

9. 假定某国净贸易条件以 2008 年为基期是 100。2018 年时出口价格指数下降 10%,为 90;进口价格指数上升 10%,为 110。那么这个国家 2018 年的净贸易条件为(　　)。
   A. 122.2　　B. 111.1　　C. 90　　D. 81.8

10. 假定某国净贸易条件以 2008 年为基期是 100。2018 年时出口价格指数为 95,进口价格指数为 110。该国的出口商品的劳动生产率从 2008 年的 100 提高到 2018 年的 130。则该国的单项因素贸易条件为（　　　）。

A. 86.36　　　　　　B. 103.64　　　　　　C. 106.93　　　　　　D. 112.27

二、多项选择题(本大题共 5 小题,每题 6 分,共 30 分)

1. 下列各项中,属于世界"封闭市场"价格的有(　　　)。

   A. 跨国公司内部的转移价格　　　　　B. 美国谷物交易所的小麦价格

   C. 国际商品协定下的协定价格　　　　D. 欧共体的共同农产品价格

   E.(泰国)曼谷大米的离岸价格

2. 下列各项中,属于影响供求关系的主要因素的有(　　　)。

   A. 垄断　　　　　　　　　　　　　　B. 经济周期

   C. 各国政府采取的政策措施　　　　　D. 商品的质量与包装

   E. 商品销售中的各种因素

3. 下列各项中,属于贸易条件的有(　　　)。

   A. 收入贸易条件　　　　　　　　　　B. 核算贸易条件

   C. 单项因素贸易条件　　　　　　　　D. 双因素贸易条件

   E. 净贸易条件

4. 假定某国净贸易条件以 2008 年为基期是 100,2018 年时出口价格指数下降 10%,进口价格指数上升 10%,那么 2018 年与 2008 年相比,这个国家的净贸易条件有(　　　)。

   A. 122.2　　　　　B. 81.8　　　　　C. 改善了 22.2　　　　D. 恶化了 18.2

   E. 没有改变

5. 贸易条件改善是指(　　　)。

   A. 出口价格指数不变,进口价格指数上升　　B. 进口价格指数不变,出口价格指数上升

   C. 出口价格指数下降,进口价格指数上升　　D. 进口价格指数下降,出口价格指数上升

   E. 进出口价格指数同时上升

三、判断题(本大题共 10 小题,每题 3 分,共 30 分)

1. 国际贸易商品价格是国际商品价值的货币表现,是国际商品交换的依据。　　　(　　)

2. 当出口价格指数不变,进口价格指数上升,贸易条件改善。　　　　　　　　　(　　)

3. 经济周期会影响供求关系。　　　　　　　　　　　　　　　　　　　　　　(　　)

4. 国际供求关系是世界"封闭市场"价格形成的客观基础。　　　　　　　　　　(　　)

5. 世界"封闭市场"价格是买卖双方在一定约束关系下形成的价格。因此,商品在国家间的供求关系,一般对它不会产生实质性的影响。　　　　　　　　　　　　　　　(　　)

6. 垄断价格仅指国际垄断组织利用其经济力量和市场控制力量决定的高于商品国际价值的价格。　　　　　　　　　　　　　　　　　　　　　　　　　　　　　　　(　　)

7. 欧洲经济共同体的共同农业政策中的共同价格属于垄断价格。　　　　　　　　(　　)

8. 国际贸易商品价格形成的基础是商品所包含的国际价值。　　　　　　　　　　(　　)

9. 贸易条件作为一种衡量贸易利益的指标,表示贸易利益的绝对值。　　　　　　(　　)

10. 国际贸易商品价格是各国制定对外贸易政策的重要依据。　　　　　　　　　　(　　)

第四章　国际贸易政策

知识导航

国际贸易政策

- 对外贸易政策概述
  - 对外贸易政策的含义
  - 对外贸易政策制定的目的
  - 对外贸易政策的基本类型
  - 影响对外贸易政策制定的因素
  - 对外贸易政策的演变
- 重商主义
  - 重商主义产生的背景
  - 重商主义理论的主要论点
  - 重商主义政策与措施
  - 重商主义理论与政策评价
- 自由贸易政策
  - 资本主义自由竞争时期的自由贸易政策
  - 第二次世界大战后至20世纪70年代中期的贸易自由化
- 保护贸易政策
  - 资本主义自由竞争时期的保护贸易
  - 资本主义垄断时期的超保护贸易
  - 20世纪70年代中期以后的新贸易保护主义
- 战略贸易政策
  - 战略贸易政策的基本内容
  - 战略贸易政策的理论依据
  - 对战略贸易理论和政策的评价

学习目标

1. 理解对外贸易政策制定的目的。
2. 熟悉对外贸易政策的类型。
3. 了解影响对外贸易政策制定的因素。
4. 理解各国贸易政策制定的理论依据。
5. 熟悉各个历史时期对外贸易政策的主要特点。

思政课堂

2018年以来,中美贸易摩擦持续升温,规模、影响持续升级,最终演化成为两国之间的贸易战。美国政府对我国高科技产业出台一系列限制政策,包括:一是加征关税,先后分三批,四个阶段对总额2 500亿美元中国对美出口商品加征25%,涉及半导体、中间电子组件、路由器、印刷电路板等产品。2019年9月,对中国对美出口商品中剩余3 000亿美元的第一部分(总计1 200亿美元)征收15%关税,第二批1 800亿美元商品征税推迟至2019年12月15日实施。二是限制国内企业的市场准入,美国总统特朗普签署《2019年国防授权法案》,以国家安全为由,禁止政府机构及其承包商采购、使用华为、中兴、海能达通信、海康威视与大华技术公司等中国企业的产品与服务,并要求其盟国禁止中国公司5G网络设备。三是限制中国企业对美投资。2018年8月,美国政府通过《2018年外国投资风险评估现代化法案》(FIRRMA),FIRRMA授权美国海外投资委员会(CFIUS)对掌握"关键设施""关键技术"或收集及掌握美国公民之敏感个人数据的企业所进行的"其他投资"进行审查,禁止其收购具有工业重要技术的美国科技公司。四是严格出口管制,2018年8月,美国政府通过《2018年出口管制改革法案》,11月对拟定的规则制定的预先通知(ANPRM)公开征求意见,实现了出口管制的永久性立法,将出口管制拓展至"新兴和基础技术"。2018年以来,先后将中兴公司、福建晋华、华为、中科曙光、中广核、海康威视等企业列入出口管制的实体清单,限制上述企业购买、使用美国产品及技术,主要涉及信息技术、核能开发等行业领域。五是其他措施,包括限制中美人才交流,阻止中国科技人员访美,同时收紧中国工程和科技类学生的签证,阻碍中国公民到美国科研机构和大学从事敏感领域的研究,以及废止"网络中立"法规,通过网络技术手段,劣化我国IP地址访问美国科学技术、学术期刊等高科技信息网站,将中国列为汇率操作国等。

思考:如何看待中美贸易争端问题?中国应如何应对?

资料来源:网易新闻

第一节 | 对外贸易政策概述

一、对外贸易政策的含义

对外贸易政策是指一国政府在其社会经济发展战略的总目标下,运用经济、法律和行政手段,对对外贸易活动进行管理和调节的行为。对外,它服务于一国对外经济和政治的总政策;对内,它为经济发展服务。对外贸易政策随着该国国内外经济、政治和社会变化而演变。

二、对外贸易政策制定的目的

对外贸易政策作为一国经济政策的重要组成部分,与一国的其他经济政策(如产业政策、财政政策、货币政策、汇率政策)紧密相关,对外贸易政策的制定必然具有某种具体的政策目的。

(1) 保护国内市场。一国往往通过对进口产品征收高关税或设置进口配额来限制外国产品的输入,使本国产品和产业免受外国产品的竞争。

(2) 扩大本国产品的出口市场。各国采取各种鼓励出口的措施,如为本国出口产品的生产企业提供出口补贴、对出口产品实行出口退税、举办并组织本国企业参加各种产品展销会和博览会,以促进本国产品出口,努力扩大本国产品的国外市场。

(3) 优化本国产业结构。各国通过对各产业产品的进出口实行有差别的对外贸易政策,可以促进本国产业结构的优化。

(4) 积累本国经济发展资金。各国通过对外贸易实现贸易顺差以及对进出口产品征收各种税费,可以增加一国财政收入,为一国经济发展积累建设资金。

(5) 维护国家安全。各国通过贸易政策的制定,限制本国战略性物资的出口,禁止危害本国经济、社会、文化、环境的产品进口,以维护一国国家安全。

(6) 为本国对外政治经济关系服务。各国通过各种贸易政策的制定,能够维护、改善、加强一国与他国之间的政治经济关系,为一国发展争取良好的外部环境。

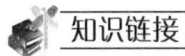 知识链接

我国加快发展外贸新业态新模式

近年来,我国已初步构建了适应外贸新业态新模式发展的政策框架。2020年,我国跨境电商进出口额达到1.69万亿元,增长31.1%,跨境电商规模5年增长近10倍。市场采购贸易规模6年增长5倍,2020年突破7000亿元的规模。据不完全统计,全国外贸综合服务企业已超1500家,服务客户数量超20万家。海外仓数量超1900个。

商务部将与各相关部门和单位密切配合,加强形势研判,出台针对性的政策,帮助企业纾困解难。

落实完善支持政策。保持外贸外资政策连续性,推动相关政策落地。加强政策宣传解读,引导企业用足用好政策。

促进外贸创新发展。深入实施优进优出、贸易产业融合、贸易畅通3个计划,提升出口质量,推动品牌建设,增加优质产品进口,建设国家进口贸易促进创新示范区。

推动高水平对外开放。进一步缩减全国和自贸试验区版外资准入负面清单。推动服务业扩大开放综合示范试点,总结形成新一批试点经验做法。赋予自贸试验区更大改革自主权,稳步推进海南自由贸易港建设。

稳定外贸外资产业链供应链。落实《鼓励外商投资产业目录》,引导外资更多投向高端制造业等领域。加强产业链招商,对重点企业、重点外资项目开展个性化服务,稳住产业链骨干。

推动全球化贸易投资自由化、便利化。坚定维护多边贸易体制,实施自贸区提升战略,

推动区域全面经济伙伴关系协定(RCEP)如期生效实施。积极加入全面与进步跨太平洋伙伴关系协定(CPTPP),加快推动中日韩等自贸谈判。

思考:贸易政策制定的目的是什么?

资料来源:人民网

三、对外贸易政策的基本类型

自对外贸易产生与发展以来,形成两种类型的对外贸易政策,即自由贸易政策和保护贸易政策。

1. 自由贸易政策

自由贸易政策是指国家取消对进出口商品的限制和障碍,取消对本国进出口商品的各种特权和优待,使商品自由进出口,在国内外市场上自由竞争。自由贸易政策的实质是"不干预政策"。

2. 保护贸易政策

保护贸易政策是指国家广泛利用各种法规与措施,限制外国商品的进口,同时,鼓励本国商品的出口,以保护本国市场免受外国商品的竞争。保护贸易政策以增进本国民族利益为目的,其实质是"奖出限入"。

需要指出的是,自由贸易政策和保护贸易政策都不是绝对的。一国实行自由贸易政策,并不意味着完全的自由。西方发达国家在标榜自由贸易的时候,总是或明或暗地对某些产业进行保护。自由贸易口号往往成为一种进攻的武器,即要求别国能够实行自由贸易。一般来说,只有贸易双方都同意开放市场,自由贸易政策才会付诸实施。保护贸易政策也不是绝对的保护,不是完全地保护本国的所有市场和产业。

四、影响对外贸易政策制定的因素

一个国家在一定时期内是采取自由贸易政策还是推行保护贸易政策,是下列因素的综合作用的结果。

(一)经济发展水平与产品竞争力

一般来说,如果一个国家的经济发展水平较高,技术较为先进,资金较为充裕,产品竞争力较强,就会倾向于推行自由贸易政策,以期在国际市场的自由贸易中获得更大的经济利益。反之,如果一个国家的经济发展水平较低,资金和技术等生产要素处于劣势,其产品在国际市场上缺乏竞争力,就会倾向于实行保护贸易政策,以避免在国际市场上遭受更大的损失。一般来说,处于工业经济发展初期阶段的国家,倾向于采取保护贸易政策,而处于工业经济发达阶段的国家,则倾向于采取自由贸易政策。

(二)经济结构与产业结构

传统产业占主导地位、现代化产业尚未得到成长的国家,为保护传统产业免遭国外同类行业先进力量的冲击,促进幼稚产业的发展,往往会推行保护贸易政策。相反,经济结构和产业结构已高度现代化的国家,则一般主张通过推行自由贸易政策来获得更多的外部市场,从而获得更多的经济利益。

(三) 经济发展战略

一般来说,采取外向型经济发展战略的国家,就会制定较开放和自由式的外贸政策,因为对外贸易对一个国家的经济发展越是重要,这个国家就越会主张在世界范围内实行竞争和合作。相反,采取内向型经济发展战略的国家,则对世界范围内的贸易竞争和合作缺乏紧迫感。不仅如此,为了保护本国产业的成长,这些国家往往还会采取较为强硬的保护贸易政策。

(四) 国内经济状况

当一国国内经济发展滞缓,尤其是出现经济萧条,进而失业增加、国际收支失衡、外贸逆差扩大、产品国际竞争力下降时,该国会倾向于阻碍和排挤外来商品的输入,实行保护贸易政策。反之,当一国国内经济发展势头良好、兴旺繁荣、产品国际竞争力上升时,其对外贸易政策中的自由贸易成分就会增加。

(五) 各种利益集团力量的对比

不同的贸易政策对本国不同的利益集团会产生不同的利益影响,如自由贸易政策有利于出口集团、进出口贸易商和消费者,但不利于进口竞争集团。因为在实行自由贸易政策的条件下,进口竞争集团生产的商品面临着进口商品的有效竞争。所以,一般来说,那些同进口商品发生竞争关系的行业及其外国组织是推行贸易保护主义的中坚力量,而以出口商品生产部门为中心的参与许多国际经济活动的各种经济力量,则是自由贸易的推崇者,这两股势力的力量对比,有时也会影响到政府的政策取向。

(六) 政府领导人的经济理论与贸易思想

通常,各国对外贸易政策的制定与修改是由国家立法机构进行的,但是政府机构尤其是政府领导人往往拥有某些特殊的合法权力,如美国国会通常授予美国总统在一定范围内制定某些对外贸易法令、进行对外贸易谈判、签订贸易协定、增减关税和确定进口商品数量限额等权力。因此,政府领导人的经济理论与贸易思想也是影响一国贸易政策取向的重要因素之一。

(七) 本国与他国的政治经济关系

一般情况下,一国往往向那些政治外交关系友好、经济上不对自身构成威胁的国家开放国内市场,扩大商品和技术的出口,而对那些在政治上敌对的国家,则倾向于采取保护贸易政策。

五、对外贸易政策的演变

资本主义生产方式准备时期,为促进资本的原始积累,西欧各国广泛推崇重商主义,实施强制性的贸易保护政策,通过限制货币(贵重金属)出口和扩大贸易顺差的办法扩大货币或财富的积累,以英国实行得最为彻底。

资本主义自由竞争时期,资本主义生产方式占据统治地位,世界经济进入商品资本国际化阶段。但由于欧美各国经济发展水平不同,出现两种类型的贸易政策。在资本主义较发达的国家,如英国,推行自由贸易政策;在资本主义比较落后的国家,如美国、德国,则执行以保护幼稚工业为目标的保护贸易政策。

19世纪末到第二次世界大战前,由于垄断的出现与加强,资本输出占据统治地位。1929—1933年的大危机,使市场矛盾日益激化,主要资本主义国家开始推行带有垄断性质的超保护贸易政策。

第二次世界大战后,先是由于美国对外扩张的需要,继而因为生产和资本国际化,国际分工在广度和深度方面迅猛发展,出现了世界范围的贸易自由化倾向。

20世纪70年代中期后,由于两次经济危机的爆发,经济发展减缓,出现结构性失业,使市场问题趋于尖锐,以美国为首的发达国家转向采取新的贸易保护政策。

20世纪80年代,基于国家介入的战略性贸易政策脱颖而出,对自由贸易主义的现实意义提出质疑。战略性贸易政策理论家们强调政府在对外贸易政策上要根据市场结构的不同采取不同的贸易政策,只要市场是不完全竞争的,政府就要干预对外贸易,使本国获取最大限度的经济利益或利润。

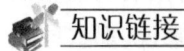 知识链接

海南自由贸易港政策制度框架初步建立

海南是我国最大的经济特区,具有实施全面深化改革和试验最高水平开放政策的独特优势。2018年4月13日,党中央决定支持海南全岛建设自由贸易试验区,支持海南逐步探索、稳步推进中国特色自由贸易港建设,分步骤、分阶段建立自由贸易港政策和制度体系。

在贸易投资方面,建立了以"零关税"为基本特征的货物贸易制度,出台了外商投资准入负面清单、放宽市场准入特别措施。

在金融支持政策方面,推动建立与海南自由贸易港相适应的金融政策和制度框架,提升人民币可兑换水平,推动跨境货物贸易、服务贸易以及新型国际贸易结算便利化。

在税收优惠政策方面,制定实施鼓励类企业所得税和高端紧缺人才所得税两个"15%"优惠政策,境外直接投资所得免征企业所得税。

在运输服务政策方面,设立便捷、高效的船舶登记程序,开放客运和货运第七航权,推动博鳌机场升级为国际口岸。

此外,还拓展了外国人免签入境事由范围及渠道,开展国际人才服务管理改革试点;出台标准地、先租后让等政策,更加灵活有效地保障用地需求。

2020年6月1日,中共中央、国务院印发了《海南自由贸易港建设总体方案》,明确,到2025年,初步建立以贸易自由便利和投资自由便利为重点的自由贸易港政策制度体系。营

商环境总体达到国内一流水平,市场主体大幅增长,产业竞争力显著提升,风险防控有力有效,适应自由贸易港建设的法律法规逐步完善,经济发展质量和效益明显改善。

资料来源:央视新闻

第二节 | 重 商 主 义

一、重商主义产生的背景

重商主义产生于 15—17 世纪资本主义生产方式的萌芽时期,该理论对国际贸易最早进行了系统研究,是资产阶级国际贸易理论的早期阶段。

在资本主义生产方式的萌芽时期,由于商品交换和货币经济的发展,货币成为全社会各阶层所追求的东西,成为财富的代表形态。当时,商业资本与高利贷资本在流通领域占据统治地位,商业成为人们意念中利润和财富的源泉。在这一社会背景下,以流通领域为研究对象,认为利润来自流通领域,而与生产过程无关的重商主义便产生了。

重商主义把货币和财富混为一谈,认为一个国家拥有的黄金和白银越多,其财富的拥有量就越大,因而也就越富有。重商主义认为商业是利润和财富的源泉,而除开掘金银矿藏之外,也只有对外贸易才能不断增加一国的货币量,从而增加国家的财富。因此该理论强调国内的商品生产应服从于对外贸易的需要,国家应通过鼓励工场手工业的发展促进商品的出口,以增加黄金和白银的流入。

二、重商主义理论的主要论点

重商主义理论的发展经历了两个阶段:早期为重金主义(或称货币差额论),晚期为贸易差额论。

从 15 世纪到 16 世纪中叶为早期重商主义,其代表人物是英国人威廉·斯塔福(W. Stafford),其主要观点是:货币(金银)是唯一的财富形式,任何商品输入都会使货币流出,减少本国货币拥有量,从而减少本国的财富,因而一国在对外贸易中就应尽可能地多输出商品、少输入商品,最好是不输入商品,只有这样,一国才能迅速地增加货币,即实现财富的积累。此外,为保留货币,该理论主张禁止货币出口。

但是,货币是国际商品流通的手段,各国都限制金银的外流,其结果是阻碍了贸易,金银的流入量减少。重商主义在实践中认识到货币只有在流通中才能增值,于是重商主义的发展开始超越其早期阶段进入晚期,货币差额论发展成为贸易差额论,成为名副其实的重商主义。

晚期重商主义理论的主要代表人物是英国的托马斯·孟(T. Mun),其著述的《英国得自对外贸易的财富》一书是重商主义的代表作,也是重商主义的"福音书"。托马斯·孟认为增加英国财富的手段就是发展对外贸易,但必须遵循一条原则,即卖给外国人的商品总值应大于购买他们的商品总值。但不要求对每一个国家的贸易都有顺差,而是从每年总的进出口贸易中取得顺差,增加货币的流入量。他反对早期重金主义禁止金银输出的思想,他把货币与商品联系起来,指出"货币产生贸易、贸易增多货币"。只有输出货物,才能输入更多的货币。为了保证有利的贸易顺差,他主张扩大出口,减少外国制品的进口,反对英国人消费英国能够生产的外国产品及能够在国外销售的本国产品。他还主张发展加工业和转口贸易。托马斯·孟认为既然英国的财富积累取决于对外贸易,英国一切生产和消费都应当服从于发展对外贸易的需要。

重商主义对贸易的研究主要集中在如何进行贸易,具体地讲,就是如何通过限制进口、鼓励出口来增加一国货币的流入,从而增加一国的财富总量。因为他们认为,国内贸易是由一部分人支付货币给另一部分人,一部分人获利,一部分人利益受到损害,但结果只是社会财富在不同群体之间的转移,属于社会再分配范畴,整个社会财富没有变化。但国际贸易却不一样,它通过商品的跨境流动,引起货币的跨境流动,从而改变一国的货币拥有数量,改变一国拥有的财富总量。重商主义是从商人的视角研究国际贸易问题,认为国际贸易是一种"零和博弈",一方获益,另一方必定受损,其错误思想的根源在于重商主义者只把货币作为财富的形式,而不是获取的手段,一国真正的财富应该是国民能够消费的国内外产品的总和,这些产品的增减不是来自流通领域,而是来自生产领域。

三、重商主义政策与措施

重商主义贸易政策是西欧封建社会后期中央集权国家增加货币财富,促进资本积累的政策。这种政策代表商业资产阶级的利益,其目的是增加国外金银的流入,并将其保留在国内以增加本国的财富,促进国内的资本形成与积累。

早期重商主义时期,一些国家为达到上述目的,采取以下两方面措施:

(1) 禁止货币出口,由国家垄断所有的货币交易。

(2) 要求外国人来本国进行贸易时,必须将其销售货物的全部款项用于购买本国的货物。

英国政府对进出口贸易的控制更为严格。凡是英国出口商只能到国外指定的地点进行交易,并规定每次出售英国商品所得到的货币,必须包括一部分外国货币或金银,以便运回本国。对于到英国做生意的外国商人则规定了两条法律:一是把所携带的外国货币换成英国货币;二是在英国销售货物所得货币必须全部用于购买英国货物,或在英国花费掉。

晚期重商主义时期国家执行的是奖励出口、限制进口的贸易政策与措施,其主要内容如下:

(1) 限制进口的区别政策。对生产用的原料鼓励进口,对非竞争性产品允许进口,对竞争性产品限制进口,禁止奢侈品的进口。对于竞争力强的进口商品,征收很高的保护关税,以抵消它们的竞争力。

(2) 促进出口的措施。对本国商品的出口,除降低或免除出口关税,还给予各种补贴;

当国内生产的商品出口后,把在国内已征收的国内税退还给出口厂商。

(3) 对原料限出允进。禁止重要原料的出口,但许可自由进口原料,加工后再出口。

(4) 独占殖民地贸易与航运。设立独占经营的殖民地贸易公司(如英国、法国、荷兰等国成立的东印度公司),在殖民地经营强占性的贸易与海运,使殖民地成为本国制成品的市场和本国原料的供给地。1651年英国通过了航海法案。该法案规定,一切输往英国的货物必须用英国船只载运或原出口国船只装运;对亚洲、非洲及北美的贸易必须由英国或殖民地的船只载运。

(5) 保护农业。例如,英国在1660—1689年,通过《谷物法》来限制粮食的进口。

(6) 政府通过职工法,鼓励外国技工的移入。

(7) 以行会法规奖励国内工场手工业的发展。

(8) 奖励人口繁殖,以扩大劳工来源。

四、重商主义理论与政策评价

重商主义理论与政策在历史上曾起过进步作用,它们促进了资本的原始积累,推动了资本主义生产方式的建立和发展。重商主义包括许多有价值的概念,如贸易顺差、逆差等,为后人研究国际贸易问题打下基础。更重要的是,重商主义开启了对国际贸易问题的系统研究。重商主义把货币当作财富象征,把商业尤其是对外贸易视为财富的源泉,只是简单地描述社会的表面现象,对社会经济现象的探索只局限于流通领域,而未深入生产领域,因而其经济理论是幼稚的、不科学的。正如马克思曾经指出:"现代经济的真正科学,是在理论考察由流通过程过渡到生产过程时开始的。"

第三节 自由贸易政策

不同国家在不同的历史发展阶段会根据国际政治、经济、国际关系以及本国在国际分工体系中的地位采取不同的贸易政策。在国际贸易发展过程中,自由贸易政策盛行的时期主要有两个阶段:第一个阶段是19世纪中叶至第一次世界大战前的资本主义自由竞争时期;第二个阶段是20世纪50年代至70年代初出现全球范围的贸易自由化时期。

一、资本主义自由竞争时期的自由贸易政策

英国自18世纪中叶开始进行产业革命,"世界工厂"的地位逐步建立并巩固,竞争力大大提高,不再惧怕与外国产品进行竞争。成长起来的英国工业资产阶级要求在世界市场上进行无限制的自由竞争和实行自由贸易政策。为了追求高额利润,他们要求其他国家供给英国粮食、原料和市场,而由英国加工后,再向他们提供工业制成品,实行垂直型的国际分工。因此,英国新兴工业资产阶级迫切要求废除重商主义时代所制定的一些高度保护的外贸政策和措施。

（一）政策主张

在资本主义自由竞争时期,英国的自由贸易政策主要表现为以下几个方面:

（1）废除了《谷物法》。1663年开始实施的《谷物法》是维护英国地主贵族阶级利益的法令。该法令规定:必须在国内谷物价格上涨到某一限额时才允许进口谷物,而且这个限额还不断地提高,《谷物法》限制了英国对谷物的进口,使国内的粮食价格和地租长期保持在很高的水平上,对英国工业资产阶级非常不利,受到英国工业资产阶级的强烈反对。废除《谷物法》的议案于1846年通过,并于1849年生效。

（2）废除了《航海法》。《航海法》是英国限制外国航运业竞争和垄断殖民地航运业的法律。该法规定:凡是亚洲、非洲、美洲产品必须由英国船舶装运进口。《航海法》于1854年被全部废除。

（3）废除了贸易垄断特权。1831年和1834年,英国先后取消了东印度公司对印度和中国贸易的垄断特权,将对印度和中国的贸易向所有英国人开放。

（4）逐渐降低了关税税率,减少了纳税产品数目。英国从1825年开始简化税法、设立新税率以及调整应税产品目录。英国的进口纳税产品数从1841年的1 163种减少到1853年的166种、1862年的44种和1882年的20种,并且关税税率大幅降低。

英国推行自由贸易政策长达60年之久,而自由贸易政策的推行对英国的经济和贸易发展起到了巨大的促进作用,使英国的经济总量跃居世界首位。例如,截至1870年,英国的工业总产值占世界工业总产值的32%,对外贸易额占世界贸易总额的25%,拥有商船的吨位数为世界第一,伦敦成为当时的国际金融和保险中心,在英国的推动下,自19世纪中叶开始,欧美一些主要资本主义国家逐渐降低了本国的关税税率,实行了自由贸易政策。

（二）理论依据

亚当·斯密和大卫·李嘉图的国际分工、自由贸易理论为英国推行自由贸易政策提供了理论上的依据。

亚当·斯密的绝对成本论和大卫·李嘉图的比较成本论指出:在自由贸易条件下,各国按照自然条件,比较利益,专心生产对其最有利和有利较大或不利较小的产品,实行国际分工和交换,有利于提高专业技能,使资源和生产要素得到最优配置,提高劳动生产率,节约社会劳动,增加国民财富。另外,自由贸易还有利于反对垄断、加强竞争,提高经济效益和利润率,促进资本积累。这些理论完全符合当时英国工业资产阶级的愿望,成为反对重商主义贸易政策和保护贸易政策、推行自由贸易政策的有力武器。

二、第二次世界大战后至20世纪70年代中期的贸易自由化

第二次世界大战后,随着资本主义世界经济的恢复和发展,从20世纪50年代到70年代初期,发达国家对外贸易政策具有自由化的倾向。

（一）贸易自由化的主要表现

贸易自由化是指主要资本主义国家在世界范围内采取降低关税和放松其他进口限制以

逐步实现国际商品自由流通的政策倾向。

1. 大幅度削减关税

(1) 在关税与贸易总协定(简称关贸总协定)成员范围内大幅度地降低关税。自 1947 年以来,在关贸总协定的主持下,举行了八轮多边贸易谈判,各缔约国的进口最惠国税率已从 50％左右下降到 5％以下。

(2) 在区域性经济贸易集团内部取消关税,如欧盟的《洛美协定》等。

(3) 普遍优惠制的实施。发达国家对来自发展中国家的制成品和半制成品的进口给予普遍的、非歧视的和非互惠的关税优惠。

2. 降低或撤销非关税壁垒

发达国家在不同程度上放宽进口数量限制。逐步放宽或取消外汇管制,实行货币自由兑换,促进贸易自由化的发展。

(二) 贸易自由化的主要特点

(1) 美国成为贸易自由化的积极倡导者和推行者。

(2) 第二次世界大战后的全球贸易自由化是在资本主义经济迅速发展的基础上展开的,与生产的国际化、资本的国际化和国际分工的发展有关,与跨国公司的大量出现有关,反映了世界性的生产力发展的内在要求。

(3) 第二次世界大战后的全球贸易自由化主要是通过关贸总协定在世界范围内进行的。此外,区域性关税同盟、自由贸易区、共同市场等也促进了贸易自由化。

(4) 第二次世界大战后全球贸易自由化的发展很不平衡,具体表现为发达国家之间的贸易自由化程度远高于它们对发展中国家和社会主义国家的贸易自由化程度;区域性经济集团内部的贸易自由化程度超过集团对外的贸易自由化程度;工业制成品的贸易自由化程度远高于农产品的贸易自由化程度。在工业制成品中,机器设备的贸易自由化程度超过工业消费品的贸易自由化程度,特别是那些属于"敏感性"的劳动密集型产品,如纺织品、服装、鞋类、皮革制品和罐头食品等受到较多的进口限制。因此,这种贸易自由化倾向的发展并不平衡,甚至是不稳定的,当本国经济利益受到威胁时,贸易保护倾向必然重新抬头。

第四节 ｜保护贸易政策

一、资本主义自由竞争时期的保护贸易

18 世纪中叶至 19 世纪末,资本主义进入自由竞争时期,在资本主义的经济基础上建立了符合工业资产阶级利益的对外贸易政策。但由于各国工业发展水平不同,采取的贸易政策也不尽相同。正当以英国为首的欧洲工业发达国家完成工业革命,开始逐步推行自由贸易政策,向外进行扩张时,美国刚刚取得独立和统一,德国也在 1871 年结束了其封建割据的局面,开始了工业化进程。为赶上和超过工业发达国家,美国和德国于 19 世纪先后实行了

严厉的保护贸易政策,使本国工业在英国等欧洲工业发达国家的强大压力下得以生存,并获得发展。

(一)政策主张

1. 保护的阶段性

贸易保护是为达到国家最终发展目标而采取的过渡性措施。各资本主义国家在积极发展和扶持本国工业的初期,逐步提高进口关税税率。经过一段时间的发展后,随着国内工业部门的建立和竞争能力的提高,开始逐步降低某些商品进口关税,直至整体关税水平降低。

2. 保护有选择性

保护的有选择性即在同一时期,对不同工业部门采取不同程度的保护措施,实行区别对待,通过实施差别税率,鼓励和限制商品的进口。

3. 贸易保护政策的执行与整个国民经济和工业发展目标相结合

与贸易保护政策相配套,各资本主义国家采取一系列鼓励投资、鼓励发展新兴产业的金融政策和税收政策。

4. 贸易保护的主要措施

贸易保护的主要措施包括:以高关税和禁止进口限制国内幼稚产业部门产品的出口,以低关税或免税鼓励复杂机器设备、原料等国内无法生产但急需的商品进口,通过高关税和禁止出口的办法限制重要生产物资出口,向私营工业发放政府信用贷款、津贴、奖金等为其发展提供必要的资金。

(二)理论依据

保护贸易政策的理论,就其影响而言,李斯特的保护幼稚工业论最具代表性。这一理论最早由 18 世纪美国经济学家汉密尔顿(Alexander Hamilton)提出,后来由德国经济学家李斯特(Friedrich List)发展和完善,综合成为一个完整的理论体系。

汉密尔顿认为,亚当·斯密的自由贸易理论只适用于英国等经济发达的国家,而不适用于经济比较落后的美国,处于不同发展阶段上的国家开展自由贸易和自由竞争只会使落后国家的经济更加落后。因此,他主张使用高关税壁垒措施来保护国内市场,以便使美国的幼稚工业得以顺利发展和壮大起来。汉密尔顿的这种思想和他在美国成功推行的保护主义政策给予了德国经济学家李斯特以极大的启示和影响。李斯特在此基础上,结合德国的国情,建立了一套以生产力理论为基础,以保护关税制度为核心,为后进国家服务的保护幼稚工业理论。

生产力理论是李斯特保护幼稚工业论的理论基础。李斯特从德国工业资产阶级的利益出发,关心提高生产力,特别是关心德国的工业生产力的提高。在他看来,财富本身固然重要,但发展生产力更为重要。他指出:"财富的生产力比财富本身不晓得要重要多少倍,它不但可以使已有的和已经增加的财富获得保障,而且可以使已经消失的财富获得补偿。个人如此,拿整个国家来说更是如此。"在李斯特看来,与其实行自由贸易而获得财富,还不如通过保护本国工业,以获得财富的生产力。从国外进口廉价的商品,短期内看来是合算一些,但这样做的结果是本国工业得不到发展,以致长期处于落后和依附的地位。如果采取关税保护,开始时本国产品成本要高些,但当本国工业发展起来以后,生产力会提高,生产商品价格就会下降,甚至有可能降到低于外国产业发展起来以后的水平。在他看来,生产力会是创造财富的源泉,财富是生产力的结果。他认为一个国家开展对外贸易,也应着眼于提高生产力,而不能着眼于财富存量的多少。

经济发展阶段论是李斯特保护幼稚工业论的理论依据。古典自由贸易理论认为,在自由贸易下,各国可以按地域条件分工,即按绝对成本或比较成本形成和谐的国际分工。李斯特认为,这种学说抹杀了各国的经济发展与历史特点。他认为"从经济方面来看,国家都必须经过如下各发展阶段:原始未开化时期、畜牧时期、农业时期、农工业时期、农工商业时期",并认为各国经济发展所处阶段不同,采取的对外贸易政策也应不同。处于农业阶段的国家应实行自由贸易政策,以利于农产品的自由输出和所需工业品的自由输入,以促进本国农业的发展,同时可培育工业化的基础。处于农工业阶段的国家,因为本国工业已有所发展,但并没有发展到能够与外国产品相竞争的程度,因而应该实行保护关税制度,以使本国工业免受外国产品的冲击。而处于农工商业阶段的国家,由于国内工业、农业产品都比较发达,具有国际竞争能力,故此应实行自由贸易政策,以充分享受自由贸易利益。李斯特认为,英国处在农工商业阶段,法国处在农工业向农工商业的过渡时期,德国与美国处在农工业阶段,因此,各国应采取不同的贸易政策。

李斯特主张保护贸易政策应通过国家干预经济来实行。李斯特把国家比喻为国民生活中慈父般的有力引导者,认为国家应该在培育民族工业上有所作为。在必要时候应限制一部分的国民经济活动,以此来促进国民经济的发展。他以风力和人力在森林成长中的不同作用来比喻国家在经济发展中的重要作用。他说:"经验告诉我们,风力会把种子从这个地方带到那个地方,因此荒芜原野会变成稠密森林;但是要培养森林因此就静等风力作用,让它在若干世纪的过程中来完成这样的转变,世界上岂有这样愚蠢的办法吗?如果一个植林者选择树秧,主动栽培,在几十年内达到了同样的目的,这倒不算是一个可取的办法吗?历史告诉我们,有许多国家就是由于采取了那个植林者的办法,胜利实现了它们的目的。"

李斯特主张的保护贸易,并不是指无条件地保护。他提出,农业不需要保护;一国工业虽然幼稚,但是在没有强有力的竞争时,也不需要保护;只有刚刚开始发展且有强有力的外国竞争者的幼稚工业才需要保护。保护的时间以 30 年为最长期限。保护的主要手段是禁止输入与征收高关税,同时以免税或征收轻微进口税的方式鼓励复杂机器的进口。

(三)对保护幼稚工业理论的评价

李斯特的保护幼稚工业理论在德国工业发展中起到了积极的促进作用,使德国在较短时间内赶上了英、法等发展较早的资本主义国家。该理论为工业落后国家赶上并超过工业发达国家提供了政策手段,李斯特关于发展国民生产力的思想对今天的发展中国家仍具有重大现实意义。同时,应注意到保护幼稚工业理论也存在一些缺陷,主要表现在以下几方面：①对生产力的理解比较含糊，对影响生产力发展因素的分析也很混乱。②保护对象的选择缺乏客观具体的标准。

二、资本主义垄断时期的超保护贸易

超保护贸易政策是指国家以补贴、倾销等方式扩大出口，以关税和非关税措施限制进口，垄断国内市场，争夺世界市场，追求贸易顺差，是带有进攻和垄断性质的贸易保护政策。

超保护贸易政策在第一次世界大战与第二次世界大战之间盛行。这个阶段，资本主义经济出现了以下特点：垄断削弱了自由竞争；经济危机出现并加重，1929—1933年资本主义世界发生了空前严重的经济危机。

在大危机的冲击下，英国抛弃了自由贸易政策，许多资本主义国家都提高了关税，通过外汇限制和数量限制等办法限制进口；同时，国家积极干预贸易，鼓励出口，推行贸易保护主义政策。

(一) 政策主张

资本主义垄断时期的超保护贸易政策与资本主义自由竞争前期的保护贸易政策的主要区别在于以下几点。

(1) 保护的对象扩大了。超保护贸易政策不仅保护了幼稚工业，而且更多地保护了国内已经高度发展的或出现衰落的垄断工业。

(2) 保护的目的变了。超保护贸易政策不再是为了培植国内工业自由竞争的能力，而是为了巩固和加强对国内外市场的垄断。

(3) 由保护转为进攻。超保护贸易政策不再是防御性地限制进口，而是在垄断国内市场的基础上对国外市场进行进攻性的扩张。

(4) 保护的利益阶级变了。超保护贸易政策保护的利益阶级由一般的工业资产阶级转向大垄断资产阶级。

(5) 保护的措施多样化。超保护贸易政策不仅采取关税措施，还采取各种非关税壁垒和其他"奖出限入"措施。

(二) 理论依据

为了缓解经济衰退，经济学家提出了各种支持超保护贸易政策的理论根据，其中有重大影响的是凯恩斯推崇的重商主义学说。

凯恩斯是英国资产阶级经济学家，凯恩斯主义的创始人。他的代表作是《就业、利息和货币通论》，于1936年出版。

1929—1933年大危机以前，凯恩斯是一个自由贸易论者。当时，他否认保护贸易政策会有利于国内的经济繁荣与就业。在大危机以后，凯恩斯转而推崇重商主义。他认为，重商主义保护贸易政策确实能够保证经济繁荣，扩大就业，缓和危机。其推崇者在其投资乘数理论基础上衍生出对外贸易乘数理论，成为超保护贸易政策的理论基础。

(1) 投资乘数原理。凯恩斯认为有效需求是由消费、投资、政府开支和净出口（出口与进口的差额)构成的。投资作为有效需求的一个构成部分对国民收入、就业水平的影响过程可以表述为：投资增加——有效需求增加——国民收入与就业水平提高。

对于投资增加或减少对国民收入和就业水平的影响程度，凯恩斯提出了著名的投资乘数概念，它揭示出一国投资量的变动(增加或减少)与国民收入的变动之间客观存在一种依存关系，凯恩斯称这种关系为投资乘数或投资倍数。他认为由投资而引发的国民收入变动往往几倍于投资量的变动，其倍数的大小则取决于该国的"边际消费倾向"。

(2)对外贸易乘数原理。凯恩斯的追随者将凯恩斯的投资乘数引入到对外贸易分析，创立了对外贸易乘数原理。他们认为一国的出口与国内投资一样，有增加国民收入的作用，一国进口与国内储蓄一样，有减少国民收入的作用。一国出口增加先是使出口部门收入增加，消费增加，而后导致其他相关部门投资增加、生产扩大，就业增加，收入增加，消费增加……如此反复，最终国民收入的增加往往几倍于出口的增加。进口对国民收入的作用是反向的，它先是使进口替代部门投资减少，生产萎缩，收入减少，消费减少，而后影响到相关产业部门，如此下去，国民收入的减少往往是进口增加的几倍。因而可得出结论，一国出口与进口的波动将会对国民收入的变动产生倍数影响，国民收入的变动量将几倍于出口与进口的变动量。

设投资乘数或对外贸易乘数为 K，其计算公式为：

$$K = 1 \div (1 - 边际消费倾向)$$

当边际消费倾向为 0 时，乘数为 1；边际消费倾向为 1 时，乘数为∞，当边际消费倾向为 1/2 时，乘数为 2。

设 ΔY 代表国民收入的增加额，ΔI 代表投资增加额，ΔX 代表出口增加额，ΔM 代表进口增加额，K 代表乘数，对外贸易顺差对国民收入的影响公式为：

$$\Delta Y = [\Delta I + (\Delta X - \Delta M)] \cdot K$$

当 ΔI 与 K 一定时，则贸易顺差越大，ΔY 越大；反之，如果贸易差额是逆差，则 ΔY 会缩小，因此一国越是扩大出口，限制进口，贸易顺差越大，对本国经济发展的积极作用就越大。由此，凯恩斯和其追随者的对外贸易乘数论为超保护贸易政策提供了理论基础。

(三) 对超保护贸易理论的评价

超保护贸易理论把国际贸易作为整个经济运行的一个重要因素，主张通过对外贸易促进国内经济发展的良性循环，扩大就业。对外贸易乘数理论揭示了贸易量与一国宏观经济主要变量之间的相互关系。在一定程度上指出了对外贸易与国民经济发展之间的某些内在规律性。但凯恩斯的超保护贸易理论也存在一些不足：一是该理论是在资本主义大危机的特定环境下产生的，强调刺激需求问题，忽略了供给问题的重要性；二是一味追求贸易顺差会引起别国的报复，不利于本国经济长远发展。

三、20世纪70年代中期以后的新贸易保护主义

进入20世纪70年代中期以后,在欧共体和日本等地区和国家经济崛起的同时,新兴工业国家和地区的世界市场份额不断上升,而两次石油危机又使发达国家从经济的高速增长转向滞胀时期,失业问题深深困扰着各国,贸易保护主义的压力强烈地上升。由于关税受到关税与贸易总协定的约束,非关税壁垒的数目和重要性迅速增长,成为比关税更重要的国际贸易障碍。不同于以关税为主的传统的贸易保护主义,这种以各种形式的非关税壁垒为主的贸易保护主义被称为新贸易保护主义。

(一)新贸易保护主义的主要特点

1. 受保护的商品不断增加

被保护的商品从农产品等传统产品转向高级工业品和服务。

2. 贸易保护措施多样化

(1)按照有效保护率设置关税。

(2)加强了征收反补贴税和反倾销税的活动。1980—1985年发达国家的反倾销案多达283起,涉及44个国家。为了限制钢铁的进口,美国加强了反倾销和反贴补措施。

(3)非关税壁垒不断增多。非关税壁垒措施已从20世纪70年代末的800多种增加到80年代中期的1 000多种。

(4)背离1947年关贸总协定的宗旨,在有秩序地销售安排的口号下,绕过该协定的基本原则,实行灰色区域措施。

3. 保护的范围不断扩大

1980—1983年,在整个制成品中受限制商品的比重,美国从6%提高到13%,欧洲联盟从11%提高到15%。在整个发达国家制成品的消费中,受限制商品从1980年的20%提高到1983年的30%。

(二)理论基础

新贸易保护主义有着广泛的理论基础,其理论依据主要来自凯恩斯主义与新福利经济学,也汲取了其他现代国际贸易理论中的保护主义论据。新贸易保护主义的理论特点是在分析时采用个量与总量、静态与动态相结合的分析方法,并且往往通过设立模型来进行数理分析,这与传统贸易保护理论的纯理论分析有所不同。就其结论来看,该理论批评了高关税政策,主张实行最适宜的关税税率,并且不以关税壁垒作为唯一手段,建议根据具体情况采取不同的贸易保护措施。

(三)对新贸易保护主义理论的评价

20世纪70年代至90年代,非关税壁垒代替关税壁垒,成为各资本主义国家贸易保护的主要手段,这与新贸易保护主义主张强化贸易限制是密切相关的。但是,归根结底它是为发达国家摆脱"滞胀"困境、转嫁经济危机服务的,它使发展中国家的贸易条件进一步恶化、使南北矛盾更加突出,为世界各国实施贸易保护提供了合理的借口。

第五节 战略贸易政策

一、战略贸易政策的基本内容

战略性贸易政策是指一国政府在不完全竞争和规模经济的条件下,利用生产补贴、出口补贴以及保护国内市场的各种措施来扶植本国战略性产业的成长,增强其在国际市场上的竞争力,占领他国市场、获取规模报酬和垄断利润的贸易政策理论。

战略性贸易政策是基于经济学在20世纪的两个重要发展:一是不完全竞争的市场理论;二是生产中的规模经济理论。与传统的贸易理论相比,不完全竞争的市场理论和生产中的规模经济理论有一些新观点:第一,工业产品的世界市场不是完全竞争的,产品的差异性使得各国企业都有可能在某些工业产品上具有一定的垄断或垄断性竞争力量,从而占领部分市场、取得利润。第二,许多工业产品的生产具有规模经济,也就是生产越多,产品的单位成本越低。与这两个新观点相对应,便出现了具有战略意义的贸易政策。该政策试图解决怎样分享外国企业的垄断性利润,以提高国民福利。第三,通过帮助本国企业取得一定的市场份额,从而达到一定的生产规模,能够使企业成本下降,在国际竞争中获胜。

二、战略贸易政策的理论依据

1. 利润转移论

利润转移论认为一国政府可以通过制定经济政策来剥夺外国厂商的出口利润并转移到本国厂商身上,以促进国内产业迅速发展并提高国际竞争力,打开国际市场。利润转移的主要措施有以下两种。

(1) 以出口补贴促进出口。以出口补贴促进出口的措施是指在不完全竞争的市场结构下,政府通过给予研发补贴或出口补贴来进行干预,提高本国企业在国际市场上的竞争力,在国际上获得垄断利润。一般来说,在寡头垄断市场结构下,产品研发阶段的成本较高,而另一国外竞争者也面临同样的情况。因此,如果本国政府能在产品研发阶段率先给予补贴或在产品出口时进行补贴,则国内厂商相对于外国厂商来说具有成本优势,可以采取进攻性战略行为,迫使对方在竞争中作出让步。

(2) 以进口保护促进出口。以进口保护促进出口的措施是在寡头垄断市场和存在规模经济的条件下,对国内市场进行保护以促进本国的出口,进口保护措施可以为本国企业提供超过其国外竞争对手的规模经济优势。在不完全竞争和规模经济存在的条件下,一个受到保护的企业可以充分利用国内封闭起来的市场扩大生产,获取规模经济效益。这种规模经济优势可以转化为更低的边际成本,其结果是增强了本国商品在国内外市场的竞争力,最终达到促进出口的目的。

2. 外部经济论

外部经济即外部规模经济,是指单个厂商从同一行业单个厂商的扩大中获得的生产效率的提高和成本的节约。也就是说,某一产业的经济活动能对其他产业产生有利影响。一般来说,新兴的高技术产业往往具有积极的外部经济效应,其创造的知识、技术和新产品对社会的科技进步与经济增长有着积极的推动作用。

这些产业在创建的过程中通常要花费巨额的研发支出,并承担投资失败的巨大风险,而它们的一部分知识贡献及其产生的利润却无偿地外溢到别的企业。别的企业却不用承担任何成本。如果创新企业得不到政府某种形式的补贴或扶持,它们就会丧失投资于高技术产业的原动力和积极性,从而对整个国家的未来发展造成不利局面。在这种条件下,只要外部经济效应比较重要和明显,政府的相应补贴与财政扶持从逻辑上来说就变得有必要了。通过政府的财政支持,这些产业能借助国内国际市场获得更大的外部经济,进而在外部经济的自我强化作用下获得更强的国际竞争优势。

三、对战略贸易理论和政策的评价

战略贸易理论建立在 20 世纪 80 年代发展起来的不完全竞争理论和规模经济理论的基础之上,是它们在国际贸易政策领域的具体体现。战略贸易理论背离自由贸易传统,通过论证在不完全竞争和规模经济存在的条件下,政府的直接干预可以转移他国利润以提高本国的福利水平,从而为国家进一步干预对外贸易活动提供了依据。

战略贸易政策在实践中确实可以起到扶持相应产业发展的作用。战略贸易政策以他国利益的牺牲为代价,因而势必会导致其他国家的报复,从而引发贸易保护主义的抬头,抵消了战略产业扶持发展的效果。

课 堂 测 试

班级_____ 姓名_____ 学号_____ 成绩_____

一、单项选择题(本大题共 10 小题,每题 4 分,共 40 分)

1. 下列各项中,属于保护贸易政策的基本特征的是(　　)。
   A. 保护农业　　　　B. 保护金银　　　　C. 奖出限入　　　　D. 调节税

2. 晚期重商主义也称贸易差额论,其主要政策主张是(　　)
   A. 禁止货币出口　　　　　　　　　B. 禁止贵重金属外流
   C. 奖出限入,保证贸易出超　　　　D. 由国家垄断全部货币贸易

3. 资本主义自由竞争时期,英国采取的贸易政策是(　　)。
   A. 自由贸易政策　　　　　　　　　B. 重商主义政策
   C. 超保护贸易政策　　　　　　　　D. 新贸易保护政策

4. 资本主义自由竞争时期,美国和德国采取的贸易政策是(　　)。
   A. 重商主义政策　　　　　　　　　B. 保护贸易政策
   C. 超保护贸易政策　　　　　　　　D. 新贸易保护政策

5. 新贸易保护主义出现在(　　)。
   A. 资本主义生产方式准备时期　　　B. 资本主义自由竞争时期
   C. 19 世纪末到第二次世界大战前　　D. 20 世纪 70 年代以后

6. 提出保护幼稚产业理论的经济学家是(　　)。
   A. 托马斯·孟　　B. 凯恩斯　　　　C. 李斯特　　　　D. 李嘉图

7. 李斯特认为,应实行保护贸易政策的经济发展阶段是(　　)。
   A. 畜牧时期　　　　　　　　　　　B. 农业时期
   C. 农工业时期　　　　　　　　　　D. 农工商业时期

8. 保护幼稚产业理论主张保护(　　)。
   A. 农业　　　　　　　　　　　　　B. 工业
   C. 幼稚工业　　　　　　　　　　　D. 面临强有力的国外竞争的幼稚工业

9. 李斯特主张保护幼稚工业的最长期限为(　　)年。
   A. 15　　　　　　B. 20　　　　　　C. 30　　　　　　D. 50

10. 凯恩斯主义的贸易理论是(　　)。
    A. 自由贸易理论　　　　　　　　　B. 超保护贸易理论
    C. 保护幼稚工业理论　　　　　　　D. 外部经济理论

二、多项选择题(本大题共 5 小题,每题 6 分,共 30 分)

1. 对外贸易政策的基本类型包括(　　)。

A. 自由贸易政策   B. 保护贸易政策

C. 总贸易政策   D. 商品和服务贸易政策

E. 国别对外贸易政策

2. 各国制订对外贸易政策的主要目的有(　　)。

A. 保护本国的市场   B. 减少外国对本国产品的进口需求

C. 促进本国产业结构的改善   D. 积累资本或资金

E. 维护和发展同其他国家和地区的政治、经济关系

3. 各国在指定贸易政策的过程中,需考虑的因素包括(　　)。

A. 国内经济状况   B. 本国产品在国际市场上的竞争能力

C. 与他国的政治关系   D. 领导人信奉的经济思想与贸易理论

E. 经济结构与产业结构

4. 垄断时期的超保护贸易政策与自由竞争时期的保护贸易政策的主要区别有(　　)。

A. 保护的对象扩大了   B. 保护的目的变了

C. 保护的措施多样化   D. 由保护转为进攻

E. 保护的利益群体由一般工业资产阶级到大垄断资产阶级

5. 战后贸易自由化发展不平衡表现在(　　)。

A. 发达国家之间贸易自由化超过它对发展中国家和社会主义国家的贸易自由化

B. 区域性经济贸易集团内部的贸易自由化超过集团对外的贸易自由化

C. 农产品的贸易自由化超过工业制成品的贸易自由化

D. 机器设备的贸易自由化超过工业消费品的贸易自由化

E. 工业制成品的贸易自由化超过农产品的贸易自由化

三、判断题(本大题共 10 小题,每题 3 分,共 30 分)

1. 一个国家选择实行何种对外贸易政策,主要取决于该国的经济发展水平和在国际经济中所处的地位,以及其经济实力和产品的竞争能力。　　(　　)

2. 一般来说,经济比较发达、国际竞争力较强的国家,比较倾向于自由贸易政策,主张在世界范围内进行自由竞争与合作。经济状况较差的国家倾向于贸易保护政策。(　　)

3. 早期重商主义被称为重金主义,主张禁止货币出口。　　(　　)

4. 重商主义者认为国际贸易是一种"零和博弈"。　　(　　)

5. 在资本主义自由竞争时期,自由贸易在英国的彻底胜利,也影响到其他欧洲国家,各国普遍实行了自由贸易政策。　　(　　)

6. 超保护贸易政策不仅保护幼稚工业,而且保护国内已经高度发展的或出现衰落的垄断工业。　　(　　)

7. 超保护贸易政策的特点之一是,不再是防御性地限制进口,而是在垄断国内市场的基础上对国外市场进行进攻性的扩张。　　(　　)

8. 20 世纪 50 年代至 70 年代,发达资本主义国家的对外贸易政策中出现了贸易自由化倾向,各国普遍实行了自由贸易政策。　　(　　)

9. 新贸易保护主义促进了发展中国家对外贸易的发展。　　(　　)

10. 战略性贸易政策针对的是不完全竞争的市场结构。　　(　　)

第五章 关 税 措 施

知识导航

关税措施
├─ 关税的含义、特征与作用
│   ├─ 关税的含义
│   ├─ 关税的特征
│   └─ 关税的作用
├─ 关税的种类
│   ├─ 按征税产品的流向划分
│   ├─ 按征税的目的划分
│   └─ 按差别待遇和特定实施情况划分
├─ 关税的征收
│   ├─ 关税的征收方法
│   └─ 海关税则与国际贸易商品分类
└─ 关税水平与保护程度
    ├─ 关税水平
    ├─ 名义保护率
    └─ 有效保护率

学习目标

1. 了解关税的含义、特征与作用。

2. 理解进口附加税的主要类型与相关规定。

3. 熟悉关税的征收方法、海关税则及关税水平的计算。

 **思政课堂**

中国进口关税总水平仅为 7.4%

2021 年 10 月 28 日,在国新办新闻发布会上,商务部相关负责人就世贸组织(WTO)第八次对华贸易政策审议情况做了介绍。商务部副部长兼国际贸易谈判副代表王受文表示,这次审议虽然是例行审议,但是内容非常丰富,也取得了很重要的成果,是一次成功的审议。

王受文介绍,这次审议有 65 个世贸组织成员代表在会上进行了发言。相关发言对中国做了积极评价,主要体现在以下几个方面:

一是肯定中方积极参与世贸组织工作,认真履行加入承诺,积极参与渔业补贴谈判,积极引领投资便利化谈判,建设性参与电子商务谈判。

二是高度评价中国在国际抗疫合作中发挥的重要作用,赞赏中方支持世贸组织早日就新冠肺炎疫苗知识产权豁免做出决定。

三是感谢中国给予最不发达国家产品进口免关税待遇,帮助其他发展中成员和最不发达国家融入多边贸易体制。

四是充分肯定中方主动降低关税,压减外资准入负面清单,不断扩大市场准入,积极推动贸易投资自由化、便利化,为各成员提供广阔市场。

五是积极评价"一带一路"倡议在促进相关国家贸易经济合作方面具有巨大潜力,为合作伙伴带来更多的发展机遇。

"今年是中国加入世贸组织 20 周年。在加入世贸组织的时候,中国有一份加入议定书和一个加入工作组报告,这两份文件规定了中国加入世贸组织之后需要履行的义务,确定了中国需要履行 WTO 义务的一个时间表。"王受文说,对照这个时间表,中方已经完全履行了世贸组织规定的义务。

例如,在对接世贸组织规则方面,中央政府清理的法规和部门规章就有 2 000 多件,地方政府清理的地方性政策、法规有 19 万多件。在开放市场方面,现在中国进口关税总水平只有 7.4%,低于发展中成员的平均水平,接近发达成员水平。在知识产权领域内,中国在很多地方设立了知识产权法院,在有些省份还设立了专门的知识产权法庭,在行政保护、司法保护方面都加大了力度。

王受文表示,世贸组织有 164 个成员,其贸易额占全球贸易额的 98% 以上,没有任何一个协定能够达到这样的水平。坚持多边贸易体制的发展、维护多边贸易体制的有效性、权威性,是符合中国的利益的。"中国对 WTO 的改革非常重视,也愿意以一个非常积极、建设性的方式参与 WTO 改革,提高 WTO 的有效性和权威性,为世界经济的增长特别是全球贸易投资的自由化、便利化作出贡献。"

思考:什么是关税,关税有哪些特征和作用? 中国为促进经济增长和全球贸易投资自由化、便利化做了哪些努力?

资料来源:人民网——人民日报海外版

对外贸易政策是各国政府从本国某种利益的角度出发,对本国对外贸易活动采取的政策措施,一国可以采取干预对外贸易活动的政策,也可以采取不干预对外贸易活动的政策。当一国采取干预对外贸易活动的政策时,该国的贸易政策措施主要可以分为两大类:关税措施和非关税措施。这些政策措施的实施不仅会对本国产生影响,而且还会对贸易伙伴乃至整个世界产生影响。本章着重讨论关税措施及其经济效应。

第一节 | 关税的含义、特征与作用

一、关税的含义

关税(Tariff)是一国政府依据本国的海关法和海关税则,通过由政府设置的海关,对通

过其关境的进出口产品所征收的一种税负。

海关是设立在一国关境上的,依据本国(或地区)的法律、行政法规行使进出口监督管理职权的国家行政管理机构。它的主要职责是对进出口产品、旅客行李和邮递物品、进出境运输工具实施监督管理;征收关税和其他税费,除征收关税外,还在进出口环节代征国内税费,如增值税、消费税和石油税等,有些国家的海关还征收反倾销税、反补贴税和进口产品罚金等;查缉走私;编制对外产品贸易统计、保税管理、沿海巡逻警戒、管理航行以及保护版权和专利权等。海关在执行职务的过程中,可以行使检察权、查阅权、查验权、复制权、扣留权、处罚权以及强制执行权等一系列权利。

关税征收的领域就是关境。一般来说,国境和关境是一致的,产品进出国境也就是进出关境。但是,两者也有不一致的情况,当有些国家在国境内设有自由港、自由贸易区、保税区或出口加工区时,关境小于国境;当几个国家组成关税同盟,成员之间互相取消关税,对外实行统一关税时,就成员而言,其关境大于国境。

二、关税的特征

(一) 关税具有强制性、无偿性和预定性

关税作为国家的一种税收,具有与其他税收形式相同的强制性、无偿性和预定性。强制性是指关税的征收不是自愿献纳,而是凭借国家法律强制征收的。凡是要纳税的产品都要按照国家法律规定无条件地履行自己的义务,否则将受到法律的制裁。无偿性是指征收的关税都是国家向纳税人征收的税款,全部作为国家财政收入,不必把税款直接返还纳税人。预定性是指国家对税目、种类、税率以及征收方法等内容做出明确具体的规定,在一定时期内相对稳定,征、缴双方必须同时严格遵守执行,不得随意变化和减免。

(二) 关税是一种间接税

关税主要是对进出口产品征收,其税负可以作为成本的一部分加在货价上,转嫁给买方或消费者。因此,对外国即将进入本国的产品征收高关税,就会削弱外国产品的竞争力,从而保护本国同类产品的生产与出售。

(三) 关税的税收主体和客体是进出口商和进出口产品

关税的税收主体是本国的进出口商,当产品进出国境或关境时,进出口商根据海关法的规定向当地海关缴纳关税,他们是关税的纳税人;关税的税收客体是进出口产品,根据海关法的相关规定,对各种进出口产品制定不同的税目和税率,征收不同的关税。

(四) 关税具有涉外性

关税是专门为进出口产品设立的税种,关税是否征收、征收多少、怎样征收等问题不仅涉及本国利益,还会影响到贸易相关方的国家利益。因此,各国都通过制定可行的税率来体现本国的对外贸易政策,关税也就成为国际经济合作与斗争的工具,具有明显的涉外性质。

三、关税的作用

(一) 关税是各国对外贸易政策的重要措施

对进出口产品征收关税,从表面上看似乎只是一个与对外贸易相关的税收问题,其实一国采取什么样的关税政策直接关系到国与国之间的主权和经济利益。合理的关税设置也有利于国家间比较优势的发挥,促成合理的国际分工。税率的高低影响着国家或地区间的贸易创造、贸易转移、市场统一以及资源的配置。历史发展到今天,关税已成为各国政府维护本国政治、经济权益,乃至进行国际经济斗争的一个重要武器。

(二) 关税是保护和促进本国工农业生产发展的重要手段

一个国家采取什么样的关税政策,是实行自由贸易政策,还是采用保护关税政策,是由该国的经济发展水平、产业结构状况、国际贸易收支状况以及参与国际经济竞争的能力等多种因素决定的。许多经济学家认为,自由贸易政策不适合发展中国家;相反,这些国家为了顺利地发展民族经济、实现工业化,必须实行保护关税政策。

(三) 关税可以调节国民经济和对外贸易

关税是国家的重要经济杠杆,通过税率的高低和关税的减免,可以影响进出口规模,调节国民经济活动;可以调节进出口产品和进出口产品生产企业的利润水平,有意识地引导各类产品的生产,维护本国市场供应;可以调节进出口产品的数量和结构,促进国内市场产品的供需平衡,保护国内市场的物价稳定。

(四) 筹集国家财政收入

从世界大多数国家尤其是发达国家的税制结构分析,关税收入在整个财政收入中的比重不大,并呈下降趋势。但是,一些发展中国家,特别是那些国内工业不发达、工商税源有限、国民经济主要依赖某种或某几种初级资源产品出口,以及国内许多消费品主要依赖进口的国家,征收进出口关税仍是它们取得财政收入的重要渠道之一。

第二节 | 关税的种类

各国关税的种类繁多,可以按照不同的标准进行分类。

一、按征税产品的流向划分

按征税产品的流向,关税可以分为进口税(Import Duty)、出口税(Export Duty)和过境税(Transit Duty)。

(一) 进口税

进口税是指一国在进口产品时,由海关根据海关税则对本国进口商征收的关税。在一般情况下,我们提到的关税往往是指口税。进口税在外国货物直接进入关境或国境时征收,或者外国货物由自由港、自由贸易区或海关保税仓库等提出运往进口国的国内市场销售,在办理海关手续时根据海关税则征收,又称一般进口税。

从以往的贸易实践来看,当代发达资本主义国家大多经历过通过征收高额进口税来提高进口产品的价格,削弱这些进口产品的竞争力,从而保护本国产业发展的阶段。因此,高额的进口税是发达资本主义国家垄断资本垄断国内市场的重要措施。我们通常所讲的关税壁垒就是指高额进口税。发达资本主义国家不仅利用进口税作为限制进口的手段,而且把它作为在贸易谈判时逼迫对方国家让步的手段。

在第二次世界大战后,许多发展中国家加强了保护关税的作用,把保护关税作为保护本国经济发展和反对发达资本主义国家进行产品倾销和转嫁经济危机的重要手段。

进口国并不是对所有的进口产品都征收高关税。一般来说,大多数国家的关税结构是对工业制成品的进口征收较高关税,对半制成品的进口税率次之,而对原料的进口税率最低甚至免税。

(二) 出口税

出口税是指一国海关在本国产品出口时,为保证本国市场供应或其他特殊目的而征收的一种关税。一般来说,国家为鼓励本国产品的出口很少征收出口税,但有时出于干预市场的目的或为增加财政收入等,会选择对一些出口产品征收关税。以增加财政收入为目的的出口税,它的税率一般不高。例如,拉丁美洲一些国家的出口税税率一般为1％～5％。

对出口的原料征收出口税的目的是保障国内生产需要和增加国外产品的生产成本,以加强本国产品的竞争力。例如,瑞典、挪威对木材出口进行征税,以保护其纸浆及造纸工业。为保障国内市场的供应,还可对某些本国生产不足而需求量较大的生活必需品征收出口税,以抑制价格上涨。

(三) 过境税

过境税是指一国对通过其关境和领土的外国产品所征收的关税。由于过境产品对过境国家的生产不产生影响,所以关贸总协定第五条规定:"缔约国对通过其领土的过境运输不应受到不必要的耽误或限制,并应对它免征关税、过境税或有关过境的其他费用。但运输费用以及相当于因国境而支出的行政费用或提供服务成本的费用,不在此限。"目前,绝大部分国家已不再征收过境税,只征收少量的行政管理费用和有关服务费用,如印花费、统计费等。

二、按征税的目的划分

按征税的目的,关税可以分为财政关税(Revenue Tariff)和保护关税(Protective Tariff)。

(一) 财政关税

财政关税是指以增加国家财政收入为主要目的而征收的关税。在对进口产品征收财政关税时,必须具备以下三个条件:第一,征税的进口产品必须是国内不能生产或无替代用品而必须从国外输入的产品;第二,征税的进口产品在国内必须有大量消费;第三,关税税率要适中或较低,如果税率过高,将阻碍进口,达不到增加财政收入的目的。

（二）保护关税

保护关税是指以保护本国工业或农业发展为主要目的而征收的关税。保护关税的税率较高,越高越能达到保护的目的。有时,保护关税的税率高达 100％以上,相当于禁止进口,称为禁止关税(Prohibited Duty)。

三、按差别待遇和特定实施情况划分

按差别待遇和特定实施情况,关税可以分为进口附加税(Import Surtax)、差价税(Variable Levy)、特惠税(Preferential Duty)和普遍优惠制(Generalized System of Preferences,GSP)。其中,进口附加税还可进一步分为反倾销税(Anti-dumping Duty)、反补贴税(Counter-vailing Duty)、报复关税(Retaliatory Tariff)、紧急关税(Emergency Tariff)和惩罚关税(Penalty Tariff)。

（一）进口附加税

进口附加税是指在进口产品时,进口国海关除了征收一般进口税,出于某种目的额外加征的关税。进口附加税通常是一种特定的临时性措施。其目的主要有:应付国际收支危机,维持进出口平衡;防止外国产品低价倾销;对国外某个国家实行歧视或报复等。因此,进口附加税又称特别关税。

1. 反倾销税

反倾销税是指对实行倾销的进口产品征收的一种进口附加税,进口产品以低于正常价值的价格进行倾销,并对进口国的同类产品造成重大损害是构成征收反倾销税的重要条件。反倾销税的税额一般根据倾销差额征收,其目的在于抵制产品倾销保护本国的市场与工业。合理征收反倾销税能起到保护本国产品市场的目的。但若滥用反倾销手段,则可能成为非关税壁垒。

《关税与贸易总协定》第六条对倾销与反倾销有下列规定:

(1) 用倾销手段将一国产品以低于正常价值的价格挤入另一国市场时,如因此对某一缔约国领土内已建立的某项工业造成重大损害或产生重大威胁或者对某一国国内工业的新建产生严重阻碍,这种倾销应该受到谴责。

(2) 缔约国为了抵消或防止倾销,可以对倾销的产品征收数量不超过这一产品的倾销差额的反倾销税。

(3) 正常价格的确定有三种方法。第一,取相同产品在出口国用于国内消费时在正常情况下的可比价格。第二,取相同产品在正常贸易情况下向第三国出口的最高可比价格。第三,取产品在原产国的生产成本加合理的推销费用和利润。

(4) 不得因抵消倾销或出口补贴,而同时征收反倾销税和反补贴税。

(5) 为了稳定初级产品价格而建立的制度,即使它有时会使出口商品的售价低于相同产品在国内市场销售的可比价格,也不应认为造成了重大损害。

关贸总协定第七轮多边贸易谈判(以下简称东京回合)对原有规定进行修改,补充了某些规定的细则,制定了《实施关税与贸易协定第六条的协议》(Agreement on Implementation of Article Ⅵ of the General Agreement on Tariffs and Trade),又称《反倾销守则》(修订本)。主要规定包括以下几个方面:

(1)征收反倾销税的程序与有关事项。根据该协议第五条的规定,如果倾销对某些协议签字国的国内工业造成重大损害,那么受到影响的工业可提出书面要求。这种书面的要求应包括下列足够证据:

第一,倾销存在。

第二,按本协议解释的总协定第六条范围内的损害。

第三,倾销进口货和所称损害之间存在着因果关系。

(2)损害的确定。根据协议第三条的规定,损害的确定应以无可辩驳的证据为依据,并须对下列两点做客观审查:

第一,倾销的进口货的数量及其价格对国内同类产品的影响。

第二,这种进口货对国内同类产品的生产者的影响。

(3)反倾销税的征收。根据协议的规定,"对任何产品征收反倾销税时,应在非歧视的基础上对所有经查明进行倾销并造成损害的进口货征收适当数额的反倾销税。""但反倾销税不应超过确定的反倾销差额。"同时,如果出口商做出价格保证,即修改价格或停止按倾销价格向有关地区出口,有关当局确信倾销的损害性影响已经消除,则可在不征收反倾销税的情况下中止诉讼。

(4)关于磋商、调解和解决争端问题的规定。协议规定,一个签字国对另一个签字国提出的关于影响协议执行的任何问题,应给予同情的考虑,并提供足够的磋商机会,如磋商不能达成解决的办法,有关签字国可将问题提交反倾销措施委员会进行调解。如该组织仍未能达成相互满意的解决办法,则需成立咨询小组来解决争端。

(5)有关发展中国家的特殊规定。协议第十三条规定,在征收反倾销税时,要求发达国家对发展中国家的特殊情况给予特殊考虑。如果反倾销税影响发展中国家的基本利益,则在征收反倾销税前应"仔细研究本协议提供建设性补救措施的可能性"。

东京回合的《反倾销守则》的某些规定仍不够明确,这就使签字国在执行中有可能在很大程度上按其本国的利益对协议做出不同的解释。因此,关贸总协定第八轮多边贸易谈判(以下简称乌拉圭回合)达成新的《反倾销协议》。这个协议与原守则相比,在以下几个方面有了发展。

(1)在有关倾销的确定上,新协议进一步限制了使用国内销售价格作为正常价格的场合,必要时可更多地使用向第三国出口的价格或结构价格来计算正常价格。在新协议中正式明确将低于成本的销售视为倾销。如果进口国主管当局认为被指控倾销产品或与其相似的产品在出口国国内市场上在一个持续的期间内虽有大量销售,但是其价格却不能弥补合理期间内的所有成本,则这种低于单位生产成本的销售价格可不被视为正常贸易做法情况下的销售,该价格也不能用来作为正常价格。在这种情况下,进口国可用该相似产品出口到一个适当的第三国的、有代表性的价格作为正常价格或者用结构价格的方法来推算出正常价格。

（2）在工业损害问题上，新协议采用了累积进口的规定。累积进口是指进口国在确定工业损害时可以同时考虑来自多个国家或地区的倾销产品对其工业所造成的综合损害影响。这种规定对于那些初始进入市场的出口商的产品和产品出口量不大的出口国或地区来说具有严重的潜在影响，增加了它们的产品被裁定造成损害的可能性。

（3）在反倾销立案调查的程序上，新协议作了某些补充规定，如反倾销申诉中必须有实质性的证据，否则申诉不能成立；对于损害或损害的威胁，要求有实际的证据表明损害或威胁事实存在。

（4）在对发展中国家的特殊待遇方面，重申对发展中国家予以特别照顾，在反倾销措施将影响发展中国家根本利益时，可考虑本协议规定的其他建设性的补救措施。

《反倾销协议》明确了某些具体的规定。例如，在倾销调查中，若倾销幅度为2％以下，以及来自一国的倾销产品的数量不足进口国同类产品的3％，则终止倾销调查，不征收反倾销税。但若数个这种不足3％的单个国家的产品，共占进口国同类产品的7％，则倾销调查要继续进行。

虽然《反倾销守则》和《反倾销协议》都规定了对发展中国家应给予一定的特殊待遇，但反倾销法的执行仍主要依赖于各签字国国内立法的规定，因而各国在实施反倾销法上不仅有所不同，而且有很大的随意性。

从发达国家的反倾销案的实际情况看，被指控倾销的出口国家大多数是发展中国家。不仅如此，在实施反倾销措施的过程中，发达国家在某些方面往往对市场经济国家和所谓非市场经济国家实行差别待遇。例如，美国在确定进口商品价格是否低于"公平价格"标准时，将商品出口国家分成以下两种类型：

第一，对市场经济国家的出口商品价格，采用该出口国国内市场价格作为确定公平价格标准的基础。

第二，对于非市场经济国家，则采用替代计算法，即由美国商务部选定一个与该非市场经济国家在经济发展水平上相似的市场经济国家作为替代国，以该替代国的国内市场价格作为确定公平价格标准的基础。结果，往往构成倾销，或扩大倾销差额幅度，严重损害了这些国家的利益。

（5）关于反倾销措施，主要包括临时反倾销措施和最终反倾销措施两种形式：

第一，临时反倾销措施是指进口方主管机构经过调查，初步认定被指控产品存在倾销行为，并对国内相关产业造成损害，进口方机构可在全部调查结束前通过采用征收临时反倾销税或交纳与临时反倾销税等额的保证金或保函的方式，防止在调查期间内相关产业继续受到损害。

第二，在全部反倾销调查结束后，如果有充分的证据证明被调查的产品存在倾销，国内相关产业受到损害，且倾销与损害之间存在因果关系，则进口方机构可以采取最终反倾销措施，即征收反倾销税。

《反倾销协议》规定,如出口商就修改出口价格或停止以倾销价格向所涉及地区出口,向进口方机构做出令人满意的承诺,并使主管机构确信倾销的损害影响已经消除,主管机构可以中止或终止调查程序。实际上,价格承诺也属于反倾销措施的一种形式。

知识链接

中国宣布对原产于澳大利亚的进口大麦征收反倾销税和反补贴税

中国商务部 2020 年 5 月 18 日宣布,将自 5 月 19 日起对原产于澳大利亚的进口大麦征收反倾销税和反补贴税。

2018 年 11 月 19 日和 12 月 21 日,商务部应中国国内产业申请决定对原产于澳大利亚的进口大麦发起反倾销调查和反补贴调查。5 月 18 日,商务部公布了对调查的最终裁定。

根据裁定,原产于澳大利亚的进口大麦存在倾销和补贴,中国国内产业受到了实质损害,且倾销和补贴与实质损害之间存在因果关系,故对上述产品征收反倾销税和反补贴税。其中,反倾销税税率为 73.6%,反补贴税税率为 6.9%,征收期限为 5 年。

澳大利亚是中国最大的大麦供应国,对华出口占澳大利亚大麦出口总量的一半以上。

据中方统计,近年来澳大利亚进口大麦"量增价跌"非常明显。其中,进口数量由 2014 年的 387.71 万吨增至 2017 年的 648.04 万吨,大幅增长 67.14%;进口价格则由 2014 年的每吨 288.72 美元下降至 2017 年的每吨 198.05 美元,降幅超过 31%。受此影响,同期中国国内大麦种植面积减少了约 14%。

资料来源:中国新闻网

中国反倾销措施实施的依据是《中华人民共和国对外贸易法》和《中华人民共和国反倾销条例》。商务部承担反倾销立案调查和损害的确定,具体机构为商务部进出口公平贸易局和产业伤害调查局,国务院关税委员会裁决反倾销税的征收和税率水平。

2. 反补贴税

反补贴税又称反津贴税、抵消税或补偿税,是对于直接或间接地接受奖金或补贴的外国进口产品所征收的一种进口附加税。进口产品在生产、制造、加工、买卖、输出过程中接受了直接或间接的奖金或补贴,并使进口国生产的同类产品遭受重大损害是构成征收反补贴税的重要条件。反补贴税的税额一般根据"补贴数额"征收,其目的在于增加进口产品的成本,抵消出口国对该项产品所做的补贴,削弱进口产品的竞争力。

发达国家之间常在补贴与反补贴问题上发生贸易摩擦。因此,《关税与贸易总协定》对反补贴问题做出了规定。

《关税与贸易总协定》第六条有关反补贴税方面的规定,主要包括以下几点内容:

(1)反补贴税是为了抵消商品于制造、生产或输出时所直接或间接接受的任何奖金或补贴而征收的一种特别关税。

(2)补贴的后果对国内某项已建的工业造成重大损害或产生重大威胁,或对国内某一工业的新建造成严重阻碍,才能征收反补贴税。

(3) 反补贴税的征收不得超过"补贴数额"。

(4) 对于受到补贴的倾销商品,进口国不得同时对它既征收反倾销税又征收反补贴税。

(5) 在某些例外情况下,如果延迟将会造成难以补救的损害,进口国可以在未经缔约方全体事前批准的情况下,征收反补贴税,但应立即向缔约国全体报告,如未获批准,这种反补贴税应立即予以撤销。

(6) 对产品在原产国或输出国所征的捐税,在出口时退还或因出口而免税,进口国对这种退税或免税不得征收反补贴税。

(7) 对初级产品给予补贴以维持或稳定其价格而建立的制度,如符合该项条件,不应作为造成了重大损害来处理。

此外,《关税与贸易总协定》还在第十六条补贴和第二十三条对利益的丧失或损害的有关方面做出规定。这些条款在统一反补贴税的某些规定和调解有关国家之间的某些分歧方面起到了一定的作用。由于这些条款比较简单、笼统和约束力不强,在执行过程中经常发生分歧。因此,东京回合制定与通过了《关于解释和应用关税与贸易总协定第六条、第十六条和第二十三条的协议》(Agreement on and Application of Articles Ⅵ,ⅩⅥ and ⅩⅩⅢ of the General Agreement of Tariffs and Trade),又称《补贴与反补贴守则》。它进一步明确和补充了总协定中有关补贴和反补贴税的条款,其目的在于保证签字国不使用补贴来损害其他签字国的贸易利益。该协议的主要内容有以下几个方面:

(1) 反补贴税的调查程序和有关事项。该协议第二条规定:签字国必须按照规定的程序发起调查,才可征收反补贴税。一般应根据受影响的工业部门或以受影响的工业部门的名义提出书面要求发起调查,以确定所称补贴的存在、程序和影响情况。书面要求包括下列充分证据:

第一,补贴存在。如有可能,说明补贴的金额。

第二,在本协议解释总协定第六条的意思范围内的损害。

第三,补贴的进口产品与所称损害之间存在着因果关系。

(2) 反补贴税的征收。协议的第四条规定:在满足一切征税要求的情况下,是否要征收反补贴税,由进口签字国的机构做出决定,但反补贴税不得超过已查明的补贴数额。在出口国政府同意取消或限制补贴,或出口商同意修改其价格,使调查机构确信补贴的损害性影响已经消除的情况下,一般可中止或结束诉讼,不再征收反补贴税。

(3) 损害的确定。协议中规定,"损害"(Injury)一词除另有规定外,是指对某种国内工业造成的实质损害(Material Injury),对某种国内工业有实质损害威胁,或者对建立此种工业有实质妨碍。损害的确定应包括以下两方面的客观审查:

第一,补贴进口的数量及其对国内市场同类产品价格的影响。

第二,这些进口商品对国内同类产品生产者所带来的影响,如产量、销售、市场份额、利润、生产率、投资利润和设备利用等。由于其他原因而造成的损害不应归咎于补贴的进口商品。

（4）有关出口补贴的严格规定。协议第七条至第十一条对出口补贴作了严格的规定，主要有以下三点：

第一，禁止对包括矿产品在内的工业品实行出口补贴。

第二，对农产品的出口补贴应"不以引起给予补贴的签字国占有超过这些产品的世界出口贸易的公正份额的方式"进行。

第三，各签字国为了推行社会和经济政策的目标而采用出口补贴以外的补贴，如政府对国内某些企业的资助等，应避免造成下列三种不利的影响：①对其他签字国的国内工业造成损害。②严重损害其他签字国的利益。③可能抵消或减损另一签字国根据总协定所应得到的利益。

（5）对发展中国家特殊待遇的规定。协议第五部分对发展中国家作了某些规定。主要有以下两点：

第一，不应妨碍发展中国家为扶持国内工业而采取的政策与措施，其中包括对出口部门的政策与措施。发展中国家可以对其工业品出口实行补贴，但这种补贴不得对其他签字国贸易和生产造成重大损害。

第二，当某一发展中国家签字国补贴的使用违背其竞争和发展需要时，应"尽力"做出保证承担减少和取消出口补贴。

乌拉圭回合谈判把补贴和反补贴规则纳入重要议题，通过谈判对原有的守则进行了修改和补充，达成新的《补贴与反补贴协议》，其主要内容有以下几方面：

（1）补贴的定义。补贴是指政府或任何公共机构对企业提供的财政捐助和政府对收入或价格的支持。其范围包括以下几方面：

第一，政府直接转让资金，即赠与、贷款、资产注入；潜在的直接转让资金或债务，即贷款担保。

第二，政府财政收入的放弃或不收缴。

第三，政府提供货物或服务，或购买货物。

第四，政府向基金机构拨款，或委托、指令私人机构履行前述第一至第三的职能。

第五，构成1994年《关税与贸易总协定》第十六条含义的任何形式的收入或价格支持。

（2）补贴的主要分类。可分为以下三种：

第一，禁止使用的补贴（Prohibited Subsidy），又称禁止的补贴。其包括：①在法律上或事实上与出口履行相关的补贴，即出口补贴；在协议中列出了具体的出口补贴示范清单。②其他由公共开支的项目。③国内含量补贴，即指前面述及的补贴只与使用国产货物相联系，而对进口货物不给予补贴。

第二，可申诉的补贴（Actionable Subsidy），是指政府通过直接转让资金、放弃财政收入、提供货物或服务以及各种收入支持和价格支持对某些特定企业提供特殊补贴。这种特殊补贴属于政府实施的有选择、有差别或带有歧视性的补贴。如果这种特殊补贴造成其他缔约方国内有关工业的重大损害，则该国可诉诸争端解决机制加以解决。

第三，不可申诉的补贴(Non-actionable Subsidy)，是指普遍性实施的补贴和在事实上并没有向某些特定企业提供的补贴。其包括：①不属于特殊补贴的补贴，即属于普遍的补贴。②扶植企业的科研活动、更高水平的教育或建立科研设施所提供的补贴，但属于工业科研项目的扶植不得超过其成本的75%或其竞争开发活动成本的50%。③扶植落后地区的经济补贴。④为适应新的环境保护要求，扶植改进现有设备所提供的补贴，但这种补贴仅限于改造成本的20%。上述补贴不可诉诸争端解决，尽管如此，却要求缔约方将这类补贴情况提前、及时通知各缔约方，如果有异议，也须磋商解决。

(3) 征收反补贴税的程序。该协议对征收反补贴税的程序作了如下具体规定：

第一，申诉和调查。

第二，举证，即所有利害关系方提供书面证据。

第三，当事双方磋商解决问题。

第四，如果磋商后补贴方愿修改价格或做出其他价格承诺，补贴诉讼可暂停或终止。

第五，如承诺无实际行动，可继续调查，算出补贴数额，征收反补贴税。

第六，日落条款，即规定征收反补贴税的期限不得超过5年，除非国家负责部门在审定的基础上认定，取消反补贴税将导致补贴和损害的继续或再现。

(4) 对发展中国家的特殊优惠规定。主要包括以下几个方面：

第一，禁止使用的出口补贴对最不发达国家以及那些人均国民生产总值不足1 000美元的发展中国家(如印度、巴基斯坦等)不适用；其他发展中国家则应在8年内逐步取消这类出口补贴。

第二，发展中国家达到出口竞争标准的产品，在两年内逐步取消补贴。

第三，原产于发展中国家的产品，其总补贴额不超过单位产品金额的2%，或者该产品不足同类产品进口总额的4%，或所有发展中国家的所有该种产品加起来不足同类产品进口总额的9%，则对该产品的补贴调查应立即终止。此外，从计划经济向市场经济过渡的转型经济国家的出口补贴，应在7年内逐步取消。

3. 报复关税

报复关税是一国为报复他国对本国产品、船舶、企业、投资或知识产权的不公正待遇而对从该国进口的产品所课征的进口附加税。通常说来，这些不公平待遇包括以下几个方面：

(1) 对本国产品征收歧视性差别关税或采取贸易保护措施。

(2) 给予第三国比本国更优惠的待遇。

(3) 在与本国的贸易中，自由贸易方面做得不够。

(4) 对本国产品的知识产权没有提供足够的保护。

(5) 在与本国的原贸易协定期满时，对新协定提出不合理要求。

当他国取消上述不公正待遇时，报复关税也应立即取消。然而，报复关税往往容易引起他国采取同样的手段，最终导致关税战。1962年，美国与欧洲共同体之间爆发的"冻鸡战"，就是由双方都对对方采取报复关税引起的，持续了两年之久，最后以两败俱伤而告终。

4. 紧急关税

紧急关税是指为应付某种紧急情况,对某些产品加征的进口税。在国际贸易中,当外国的某种产品大量涌入某国,使该产品的进口量远超正常水平,并对某国生产此种产品的行业构成威胁,甚至造成巨大损失,而通过正常谈判渠道又难以解决时,该国往往以加征紧急关税来限制该产品的大量涌入,从而保护本国工业生产。但是,紧急情况一旦缓解,紧急关税必须撤除,否则将会引起其他国家的贸易报复。美国汽车制造商曾因日本汽车大量涌入美国市场而要求政府加征此类关税。1972 年 5 月,澳大利亚对于进口涤纶除征收正常关税外,也加征了紧急关税。

5. 惩罚关税

惩罚关税是指出口国的某种产品违反与进口国之间的协议,或者未按进口国海关规定办理进口手续,进口国海关对该进口产品征收的一种临时性进口附加税。例如,1988 年,日本半导体元件出口商因违反了与美国达成的自动出口限制协定,被美国征收 100% 的惩罚关税。2009 年,美国钢铁工人联合会以中国对美轮胎出口扰乱了美国市场为由,向美国国际贸易委员会提出申请,对中国产乘用车轮胎发起特保调查,美国国际贸易委员会建议在现行进口关税(3.4%～4.0%)的基础上,对中国输美乘用车与轻型卡车轮胎连续 3 年分别加征 55%、45% 和 35% 的特别从价关税。

(二) 差价税

差价税又称差额税,是指当某种本国生产产品的国内价格高于同类的进口产品价格时,为了削弱进口产品的竞争力、保护国内生产和国内市场,按国内产品价格与进口产品价格之间的差额所征收的关税。

由于差价税是随着国内外产品价格差额的变动而变动的,因此它是一种滑准税(sliding duty)。对于征收差价税的产品,有的规定按价格差额征收,有的规定在征收一般关税以外另行征收。例如,欧盟对冻牛肉进口首先征收 20% 的一般进口税,然后根据每周的进口价格与欧盟的内部价格变动情况征收变动的差价税。

差价税也是欧盟对从非成员进口的农产品征收的一种进口关税。其税额是欧盟所规定的门槛价格与实际进口的货价加运保费(CIF)之间的差额。门槛价格是欧盟根据欧盟境内谷物最短缺地区公开市场上可能出售的价格(境内谷物最高价格)减去从进境地到达该地区市场的运费、保险费、杂费和销售费用后所规定的价格。门槛价格是计算差价税的基准价格,当外国农产品抵达欧盟港口(地)的 CIF 价格低于此价时,即按其差额征税,使税后的外国农产品进入欧盟的市场价格不低于欧盟同类产品的价格。征收差价税是欧盟实施共同农业政策的一项主要措施,其主要目的是保护和促进欧盟内部的农业生产。所征差价税款作为农业发展资金,用于资助和扶持内部农业生产的发展。

(三) 特惠税

特惠税的全称为特定优惠关税,是指对从特定国家或地区进口的全部产品或部分产品给予特别优惠的低关税或零关税待遇,其税率低于最惠国税率,但它不适用于从非优惠国家或地区进口的产品。特惠税一般在签订了友好协定、贸易协定等国际协定或条约的国家之间实施。任何第三国不得根据最惠国待遇条款要求享受这一优惠待遇。有的特惠税是互惠的,有的特惠税是非互惠的(单向的)。

(1) 非互惠的特惠税。目前,在国际上影响最大的非互惠特惠税是《洛美协定》(Lome Convention)中规定的优惠关税待遇。它是欧盟向参加《洛美协定》的非洲、加勒比和太平洋地区的发展中国家单方面提供的特惠税。中国为扩大从非洲国家的进口、促进中非双边贸易的进一步发展,自 2005 年 1 月 1 日起,对贝宁、布隆迪、赞比亚等非洲 25 个最不发达国家的部分输华产品给予特惠关税待遇,对涉及水产品、农产品、药材、石材石料、矿产品、皮革、钻石等十多个大类的 190 种产品免征关税,其中宝石或半宝石制品的关税由 35% 降至零。

(2) 互惠的特惠税,但不一定是对等的相同税率。互惠的特惠税主要是区域贸易协定或双边自由贸易协定成员间根据协定实行的特惠税,如欧盟成员之间、《北美自由贸易协定》的成员之间、中国与东盟国家之间实行的特惠税。

 知识链接

洛美协定

洛美协定是欧洲经济共同体与非洲、加勒比海沿岸和太平洋地区的一些发展中国家(简称非、加、太国家)在多哥首都洛美签订的贸易与经济协定。1975 年 2 月 28 日签订第一个"洛美协定",1976 年 4 月 1 日生效,有效期 5 年。主要内容为:①非、加、太 46 个国家的工业产品和绝大部分农产品可以免税和不限量进入欧洲共同体市场,而共同体成员向 46 国出口时不要求互惠,只享受最惠国待遇。②制订"稳定出口收入制度",当 46 国 34 种初级产品因出口价格下跌而遭受损失时,由共同体给予补偿。③共同体 5 年内向 46 国提供 35 亿欧洲计算单位(合 46.5 亿美元)的经济援助。1979 年 10 月 31 日签订第二个"洛美协定",1980 年 3 月 1 日起生效。1984 年 12 月 18 日签订第三个"洛美协定",1985 年 3 月 1 日起生效。1989 年 12 月 12 日签订第四个"洛美协定",1990 年 3 月 1 日起生效。有效期均为 5 年。每次续订,合作范围都较前有所扩大。第四个"洛美协定"规定欧洲经济共同体 5 年内向非、加、太国家提供 121.65 亿欧洲货币单位(约合 140 亿美元)的财政援助,帮助非、加、太国家进行经济结构调整和解决债务危机,并在科技、文化、社会、食品、环境保护方面进行一定程度合作。"洛美协定"的续订和实施是南北关系处于僵持状态中的积极因素。参加签署第四个"洛美协定"的非、加、太国家已增至 66 个。

《洛美协定》曾是非加太集团和欧盟间进行对话与合作的重要机制,也是迄今最重要的南北合作协定,自 1975 年以来共执行了 4 期,欧盟一直通过该协定向非加太集团成员提供财政、技术援助和贸易优惠等。2000 年 2 月,非加太集团和欧盟就第五期《洛美协定》达成协议,并于同年 6 月在科托努正式签署,称《科托努协定》。《洛美协定》就此宣告结束。经欧盟 15 国和非加太集团 76 国政府的正式批准,《科特努协定》自 2003 年 4 月 1 日起正式生效。

资料来源:何盛明.财经大辞典:北京:中国财政经济出版社,1990.

(四) 普遍优惠制

普遍优惠制(以下简称普惠制)是联合国贸易和发展会议在 1968 年通过建立普惠制决议之后生效的,是指发达国家承诺对从发展中国家或地区输入的产品,特别是制成品和半制成品,给予普遍的、非歧视的和非互惠的关税优惠待遇。

普惠制的主要原则是普遍的、非歧视的、非互惠的。"普遍的"是指发达国家应对发展中国家或地区出口的制成品和半制成品给予普遍的优惠待遇。"非歧视的"是指发达国家应使所有发展中国家或地区都不受歧视、无例外地享受普惠制的待遇。"非互惠的"是指发达国家应单方面给予发展中国家或地区关税优惠,而不要求发展中国家或地区提供反向优惠。

普惠制的目的是:增加发展中国家或地区的外汇收入;促进发展中国家或地区工业化;加速发展中国家或地区的经济增长。截至 2009 年,全世界 198 个发展中国家或地区享受到了普惠制待遇,给惠国有 40 个。这些给惠国包括欧盟 27 国以及挪威、日本、新西兰、瑞士、澳大利亚、美国、加拿大、俄罗斯、乌克兰、哈萨克斯坦、白俄罗斯、列支敦士登、土耳其。其中,除美国外,其余 39 个国家均给予我国普惠制待遇。

知识链接

普惠制方案

普惠制的给惠国通过普惠制方案(GSP Scheme)给予受惠方普惠制待遇。这些方案是由各给惠国或国家集团单独制定和公布的,各有特点,不尽相同。但在各种方案的组成中,主要的规定如下:

一、关于受惠国家或地区的规定

普惠制在原则上应对所有发展中国家或地区都无歧视、无例外地提供优惠待遇,但有的给惠国从自身的经济和政治利益出发,单方面确定一个受惠国或地区的名单,把某些受惠国或地区排除在受惠国名单之外,如美国公布的受惠国名单中不包括某些发展中的社会主义国家、石油输出国组织成员等。

二、关于受惠产品范围的规定

各种普惠制方案都列有自己的受惠产品清单与排除产品清单。普惠制原本应对受惠国家或地区的制成品和半制成品普遍实行关税减免,而实际上许多给惠国都不是这样,只有被列入普惠制方案名单的产品才能享受普惠制待遇。一般来说,在公布的受惠产品清单中,农产品的受惠产品较少,工业品的受惠产品较多。少数敏感性产品(如石油产品等)被排除在外,被列入排除产品清单中。

三、关于受惠产品减税幅度的规定

受惠产品减税幅度的大小取决于最惠国税率和普惠制税率间的差额。最惠国税率越高,普惠制税率越低,差额就越大;反之,差额就越小。一般来说,农产品的减税幅度小,工业品的减税幅度较大。为了削弱某些受惠产品的竞争力,有些给惠国按各类受惠国产品分别规定了不同的减税幅度。

四、关于给惠国保护措施的规定

各给惠国一般都在其普惠制方案中规定了保护措施,以保护本国某些产品的生产和销售,主要包括:

(1) 例外条款(Escape Clause),是指当受惠国产品的进口量增加到对其本国同类产品或有直接竞争关系的产品的生产者造成或即将造成严重损害时,给惠国保留对该产品完全取消或部分取消关税优惠待遇的权利。

(2) 预定限额(Prior Limitation),是指预先规定在一定的时期内某项受惠产品的关税优惠进口限额,对超过限额的进口按规定恢复征收最惠国税率。预定限额包括最高限额(Ceiling Quota)、分配配额(Allocated Quota)、国家最大额度(Maximum Country Amount)。

(3) 毕业条款(Graduation Clause),当一些受惠国或地区的某项产品或其经济发展到较高的程度,使它在世界市场上显示出较强的竞争力时,则取消该项产品或全部产品享受关税优惠待遇的资格,称为"毕业"。这项条款按适用范围的不同,可分为"产品毕业"和"国家毕业"。前者是指取消从受惠国或地区进口的部分产品的关税优惠待遇;后者是指取消从受惠国或地区进口的全部产品的关税优惠待遇,即取消其受惠国或地区的资格。

五、原产地规则

原产地规则是衡量受惠国出口产品是否取得原产地资格、能否享受优惠的标准。其目的是确保发展中国家或地区的产品利用普惠制扩大出口,防止非受惠国的产品利用普惠制的优惠扰乱普惠制下的贸易秩序。

一般来说,各给惠国普惠制方案中的原产地规则包括原产地标准、直接运输规则和原产地证书三部分。

资料来源:陈宪,韦金鋆,应诚敏.国际贸易理论与实务[M].3版.北京:高等教育出版社,2010.

第三节 | 关税的征收

一、关税的征收方法

征收关税最基本的两种方法是从量税(Specific Duties)和从价税(Ad Valorem Duties)。在这两种税收的基础上,又有混合税(Mixed Or Compound Duties)、选择税(Alternative Duties)和滑准税(Sliding Duties)。

(一) 从量税

从量税是指以征税货物的数量、重量、容量、面积、体积或长度等为标准,每一单位征收一定金额的关税。

对于历史上各国早期的关税来说,由于产品品种、规格简单,同一品种产品的价格差异不大,因此常以从量税方法计征。在 20 世纪 70 年代以前,美国和一些发达国家大多是以从量税的形式征税的,因而从量税在关税的征收中占主导地位。然而,目前绝大多数国家都是以从价税为主。出现这种变化很重要的原因是这两种不同的征税方法有着不同的特征。70年代以后,在世界经济形势发生变化的条件下,从价税更适应变化了的形势,从而成为征税的主要形式。当然,凡事总有例外。瑞士因其地理位置和经贸特点,为了大量陆运货物在边境口岸进出通关的方便,全部采用从量税。其计算公式为:

从量税额＝商品数量×每单位从量税

从量税的优点主要有:第一,操作比较简单。海关人员只需要将产品进行分类,分成按重量征税、按数量征税或是按长度征税即可。征收从量税与产品的价格无关,不需要对进口产品的价格进行再审查。第二,对于外国的出口商进行削价倾销有着较高的保护作用。

从量税的缺点主要有:第一,从量税具有累进性。同一类产品在征收从量税的条件下,价格越低的产品,关税在价格中所占的比重越高;相反,价格越高的产品,关税在价格中所占的比重越低。第二,在通货膨胀时期,从量税将失去其保护作用。由于通货膨胀,产品的价格大幅上涨,从量税的税率是按照产品的数量或重量等确定的,因此随着价格的上涨,关税在价格中所占的比重逐渐下降。

由于上述原因,从量税通常只适用于征税对象比较单一、价格相对稳定的税种(税目),难以普遍采用,如珠宝、古玩、字画等不可能用从量税标准征收,因此很少有国家单纯使用从量税。目前,我国对原油、啤酒、胶卷等少量产品征收从量税。

(二) 从价税

从价税是以产品的价格为标准而征收的关税。其计算公式为:

从价税额＝产品总值(关税完税价格)×从价税率

经海关审定的作为计征关税依据的价格称为关税完税价格。在征收从价税时,产品的关税完税价格在各国采用的标准不完全相同,大体包括三种:进口离岸价(FOB)、进口到岸价(CIF)和法定价格。

从价税税率表现为产品价格的一定百分率。从价税随着产品价格的变化而变化,当产品价格上涨时,从价税随之提高。

与从量税相比,从价税的优点非常明显。第一,税额随产品档次与价格高低的变化而增减,税负公平。它既不具有累进性也不具有累退性,仅按照产品价格的一定比例征税。同一产品的价格高,征收的税额较多;价格低,征收的税额较少。所以,人们普遍认为从价税比较公平。第二,税率明确,便于各国比较。第三,关税的保护作用随着价格的上涨而增加。在通货膨胀时期,从价税的关税税率不需要随着通货膨胀率的变动而变动,价格上涨,关税会随着价格的上升而自动增加。可见,在通货膨胀时期,从价税有比较好的保护作用。

因此,从价税的保护作用不受价格变动的影响。由于从价税具有税负公平、易于实施、征收简单、税负明确等优点,因此成为使用最广泛的关税税种。目前,我国对绝大多数进口产品均征收从价税。

从价税的缺点是操作困难,完税价格不易掌握;通关时间长,征纳双方往往因估定产品价格发生摩擦,从而延缓了通关进程。对于海关来说,从价税的操作比较复杂。海关工作人员对每件进口产品的价格都必须进行审查,不能仅凭提货单或是发票上的价格征税,因为进口者总会想尽办法低报进口产品的价格,从而少缴关税。对于进口者来说,一些国家的海关工作人员会尽力高估进口产品的价格。有些国家的政府有意鼓励海关工作人员高估产品的价格,这种现象引起了很多国家的不满。直到1979年,在关税与贸易总协定的东京回合谈判中达成了《关于实施〈关税与贸易总协定〉第七条的协议》(亦称《海关估价守则》)。此协议有34个国家参加签字,1981年开始生效。在该协议生效以后,上述现象才得以纠正。乌拉圭回合谈判在对《海关估价守则》进行修订和完善的基础上,达成了《海关估价协议》。世界贸易组织要求每一个成员必须接受该协议。

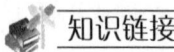 **知识链接**

WTO《海关估价协议》关于关税完税价格的主要内容

一、海关估价的方法

《海关估价协议》规定了海关估定的关税完税价格是成交价格,即货物出口到进口商时实付或应付的价格(如发票价格)。另外,海关还可视具体情况加上以下各项费用:

(1)除购货佣金以外的佣金和经纪费。

(2)集装箱使用费以及包装费(包含劳动力和材料的费用)。

(3)出口商以免费或减价形式向进口商直接或间接提供的、与进口货物的使用或销售有关的物品或劳务价格。

(4)专利费、许可费和其他知识产权费用。

(5)由于进口货物的转售、处理或使用而由进口商直接或间接向出口商支付的有关费用。

(6)若以到岸价格进行海关估价,还可包括运费、保险费以及装卸费等费用。在确定成交价格时,除上述费用外,不得再增加任何额外费用。

如果海关拒绝使用进口商申报的成交价格,《海关估价协议》把海关可以使用的估价方法限定在以下5种标准以内,而且应当按照下列顺序加以使用:

(1)相同货物的成交价格。与该进口货物同时或大约同时向同一进口国出口的相同货物的成交价格。

(2)类似货物的成交价格。与该进口货物同时或大约同时向同一进口国出口的类似货物的成交价格。

(3)扣除价格。进口产品在其国内市场的单位销售价格或其相同或类似产品在其国内市场的单位销售价格,扣除通常要支付或议定支付的佣金、利润、关税、国内税、运费、保险费以及在进口时产生的其他费用。

（4）推算价格。成本加上利润及其他费用。

（5）符合关贸总协定的其他方法。

二、禁止使用的海关估价方法

（1）进口商生产的相应货物的售价。

（2）在两个可适用的价格之间选取较高的一个价格。

（3）货物在出口商境内市场上的价格。

（4）不得用第三国（或地区）的生产成本作为出口商货物估价的基础。

（5）不得使用出口商向第三国（或地区）出口的价格。

（6）不得规定价格下限。

（7）不得使用武断的或虚构的方法进行海关估价。

资料来源：MBA 智库. 百科

（三）混合税

混合税是指对于同一种产品同时制定从价和从量两种税率，采用从量税和从价税同时征收的方法。混合税可以以从量税为主加征从价税，也可以以从价税为主加征从量税。其计算公式为：

$$混合税额＝从价税额＋从量税额$$

在实践中，货物的从价税额和从量税额难以同时确定，而且手续繁杂，常用于本身较重的原材料或耗用原材料较多的工业制成品的进口计税。目前，我国对录像机、放像机、摄像机和摄录一体机四种产品实行混合税。

（四）选择税

选择税是指对一种进口产品同时规定有从价税和从量税两种税收，但在征收时选择其中一种税额较高的征收。然而，有时为了鼓励进口，往往选择其中税额较低的一种征收。

（五）滑准税

滑准税是对进口税则中的同一种产品按其市场价格标准分别制定不同价格的税率并征收的一种进口关税。1997 年 10 月 1 日，我国开始对新闻纸实行滑准税。自 2005 年 5 月 1 日至 2005 年 12 月 31 日，对关税配额外报关进口的棉花按"有数量限制的暂定关税税率"征收进口关税。按照规定，增发配额部分进口棉税前价格大于或等于 10 029 元/吨的暂定关税税率为 5％；低于 10 029 元/吨的，按照一定公式征收 5％～40％的滑准税。

知识链接

中国海关征税流程

一、申报

申报是指进口货物的收货人、出口货物的发货人或者他们的代理人在进出口货物时，在海关规定的期限内（进口情形下是货物到港 14 天内），以书面或者电子数据交换（EDI）方式向海关申报其进出口货物的情况,并随附有进出口合同、发票、货运单据、进出口特许证明等,申请海关审查放行,并对所申报内容的真实准确性承担法律责任的行为。

二、审核

审核是指海关在接受申报后,就进出口货物的纳税义务人申报的有关进出境货物的性质、原产地、货物状况、数量和价值是否与货物申报单上已填报的内容相符,依法对货物进行实际检查的行政执法行为。《中华人民共和国进出口关税条例》规定:纳税义务人应当依法如实向海关申报,并按照海关的规定提供有关确定完税价格、进行商品归类、确定原产地以及采取反倾销、反补贴或者保障措施等所需的资料;必要时,海关可以要求纳税义务人补充申报。纳税义务人应当按照《中华人民共和国进出口税则》的规定,对其申报的进出口货物进行商品归类,并归入相应的税则号列,必要时海关可以组织化验、检验,并将海关认定的化验、检验结果作为商品归类的依据。

在海关对于申报人申报的完税价格存在怀疑,申报人在规定期限内没有提供充分合理的说明材料的情况下,海关可以不接受纳税义务人申报的价格,并按照《中华人民共和国进出口关税条例》中的规定自行估定完税价格。

三、估价

进口货物的成交价格不符合《中华人民共和国进出口关税条例》第十八条第三款规定条件的,或者成交价格不能确定的,海关经了解有关情况,并与纳税义务人进行价格磋商后,依次以下列价格估定该货物的完税价格:

(1) 与该货物同时或者大约同时向中华人民共和国境内销售的相同货物的成交价格。

(2) 与该货物同时或者大约同时向中华人民共和国境内销售的类似货物的成交价格。

(3) 与该货物进口的同时或者大约同时,将该进口货物、相同或者类似进口货物在第一级销售环节销售给无特殊关系买方最大销售总量的单位价格,但应当扣除《中华人民共和国进出口关税条例》第二十二条规定的项目。

(4) 按照下列各项总和计算的价格:生产该货物所使用的料件成本和加工费用,向中华人民共和国境内销售同等级或者同种类货物通常的利润和一般费用,该货物运抵境内输入地点起卸前的运输及其相关费用、保险费。

(5) 以合理方法估定的价格。纳税义务人向海关提供有关资料后,可以提出申请,颠倒前款第(3)项和第(4)项的适用次序。

四、税款的确定与征收

征税是指海关根据国家的有关政策、法规对进出口货物征收关税及进口环节的税费。进出口货物关税,以从价计征、从量计征或者国家规定的其他方式征收。其中,从价计算公式为:

$$应纳税额 = 完税价格 \times 关税税率$$

从量计征的计算公式为:

$$应纳税额 = 货物数量 \times 单位税额$$

计征进口环节增值税的计算公式为：

$$应纳税额＝(完税价格＋实征关税税额＋实征消费税税额)×增值税税率$$

从价计征进口环节消费税的计算公式为：

$$应纳税额＝[(完税价格＋实征关税税额)/(1－消费税税率)]×消费税税率$$

从量计征进口环节消费税的计算公式为：

$$应纳税额＝货物数量×单位消费税$$

税额纳税义务人应当自海关填发税款缴款书之日起 15 日内向指定银行缴纳税款,逾期未付的,海关可以对其按日加征滞纳税款的万分之五作为滞纳金。

五、放行

放行是指海关接受申报,并审核报关单据、查验货物、依法征收税款后,对进出口货物做出结束海关现场监管决定的工作程序。

六、结关

结关是指对经口岸放行后仍需继续实施后续管理的货物,海关在规定的期限内进行核查,对需要补证、补税的货物做出处理直至完全结束海关监管的工作程序。

资料来源:中华人民共和国海关总署

二、海关税则与国际贸易商品分类

(一) 海关税则

1. 海关税则的含义

海关税则(Customs Tariff)又称关税税则,是一国对进出口商品计征关税的规章和对进出口的应税与免税商品加以系统分类的一览表。海关凭以征收关税,是关税政策的具体体现。

海关税则一般包括两个部分:一部分是海关课征关税的规章条例及说明;另一部分是关税税率表。关税税率表主要包括三个部分:税则号列(Tariff No.或 Heading No.或 Tariff Item),简称税号;货物分类目录(Description of Goods);税率(Rate of Duty)。

2. 海关税则的主要种类

海关税则主要可分为单式税则和复式税则两类。目前绝大多数国家采用复式税则。现分述如下:

(1) 单式税则(Single Tariff)。单式税则又称一栏税则。这种税则,一个税目只有一个税率,适用于来自任何国家的商品,没有差别待遇。现在只有少数发展中国家如委内瑞拉、巴拿马、冈比亚等仍实行单式税则。

(2) 复式税则(Complex Tariff)。复式税则又称多栏税则。这种税则,在一个税目订下两个或两个以上的税率。对来自不同国家的进口商品,适用不同的税率,如日本的关税税率基本分为三类,固定税率、协定税率、优惠税率。固定税率是根据本国的关税立法制定的,也是最高的税率;协定税率是根据双边或多边协定制定的;优惠税率适应于特定的可以享受优惠的国家和地区的商品。此外,在日本还有一些属于特殊情况下适用的关税,如差额关税、季节关税、反补贴税、反倾销税等,这些关税税种多数都无法在海关税则上找到明确规定的对应税率,而只是一些规则或说明,因为这些关税的征收,其主要依据是进口国家其他相关的法律和政策规定。

美国关税表中的关税税率分为两大类,第一类包括一般税率和特殊税率。一般税率指享有美国最惠国待遇的税率,特殊税率指享有美国特别优惠的税率,其税率大大低于最惠国待遇的税率。享受美国特别税率待遇的国家包括加拿大、以色列、墨西哥、大多数加勒比和安第斯国家,以及享有美国普惠制待遇的国家。第二类是法定税率,是税率中最高的一栏,适用于没有取得美国最惠国待遇或特殊待遇的国家。

中国进口关税税率包括最惠国税率(MFN Tariff Rate)、非最惠国税率(Non-MFN Tariff Rate)和关税配额税率(Tariff-Quota Rate),非最惠国税率包括协定税率(Agreement Tariff Rate)、特惠税率(Special Preference Tariff Rate)、普通税率(General Tariff Rate)。中国的最惠国税率适用于原产于与中国共同适用最惠国待遇的世界贸易组织成员的进口商品,或原产于与中国签订有包含最惠国待遇条款的贸易条约、协定、关税互惠协定的国家的进口商品。协定税率(也称优惠关税)适用于原产于与中国签订有互惠关税协定或地区性贸易协定的成员的进口商品,如来自《曼谷协定》成员韩国、斯里兰卡、孟加拉等国的进口商品适用协定税率。特惠税率适用于来自 36 个与中国有外交关系的、最不发达国家和地区的进口商品。中国计划对来自这些不发达国家和地区的进口商品,关税税目的 97% 不再征收关税,2011 年,60.5% 的关税税目已经不征收关税。普通税率则适用于原产于上述国家之外的国家或地区的进口商品。

在单式税则或复式税则中,依据进出口商品流向的不同,可分为进口货物税则和出口货物税则。有的将进出口货物的税率合在同一税则中,分列进口税率栏和出口税率栏。

在单式税则或复式税则中,依据制定税则的权限,又可分为自主税则和协定税则。

(1)自主税则(Autonomous Tariff)。自主税则又称国定税则,是指一国立法机构根据关税自主原则单独制定而不受对外签订的贸易条约或协定约束的一种税率。

自主税则可分为自主单式税则和自主复式税则。前者为一国对一种商品自主地制定一个税率,这个税率适用于来自任何国家或地区的同一种商品;后者为一国对一种商品自主地制定两个或两个以上的税率,分别适用于来自不同国家或地区的同一种商品。自主复式税则又可分为最高和最低税则(Maximum and Minimum Tariff),前者适用于来自未与该国签订贸易条约或协定的国家或地区的商品,后者适用于来自与该国签订了贸易条约或协定的国家或地区的商品。

(2)协定税则(Conventional Tariff)。协定税则是指一国与其他国家或地区通过贸易与关税谈判,以贸易条约或协定的方式确定的关税税率。这种税则是在本国原有的国定税则以外,另行规定的一种税率。它是两国通过关税减让谈判得到的结果,因此要比国定税率低。协定税则不仅适用于该条约或协定的签字国,而且某些协定税则也适用于享有最惠国待遇的国家,对于没有减让关税的商品或不能享受最惠国待遇的国家的商品,仍采用自主税则,这样形成的复式税则,叫作自主-协定税则或国定-协定税则。

(二) 国际贸易商品分类体系

长期以来,发达国家税则中的货物分类极为繁细,它不仅是由于商品种类的日益增多和技术上的需要,而更主要的是要保护国内市场以及实行关税差别和歧视政策。对同类货物的不同类别,规定不同的税则号列,对内可以更有针对性地限制某些商品进口,对外可以成为贸易谈判的资本。目前,国际上存在的商品分类体系主要有以下几种。

1.《海关合作理事会税则目录》(Customs Cooperation Council Nomenclature,CCCN)

CCCN 是海关合作理事会编制的商品分类目。为了减少各国在海关税则商品分类上的矛盾,欧洲关税同盟研究小组于 1952 年 12 月拟定了《关税税则商品分类公约》(Conventionon Nomenclature for the Classification of Goodsin Customs Tariff),并设立了海关合作理事会,制定出《海关合作理事会税则目录》。因该税则目录是在布鲁塞尔制定的,故又称《布鲁塞尔税则目录》(Brussels Tariff Nomenclatur-e,ABTN)。除去美国、加拿大,已有 100 多个国家或地区采用。

《海关合作理事会税则目录》的商品分类的划分原则,是以商品的自然属性为主,结合加工程度等来划分的。它把全部商品共分为 21 类(Section)、99 章(Chapter)、1 015 项税目号(Heading No.)。第 1~24 章(前 4 类)为农畜产品,第 25~29 章为工业制成品。税目号都用四位数表示,中间用圆点隔开,前两位数表示商品所属章次,后两位数表示该章项下的某种商品的税目号。例如,男用外衣属于第 61 章第 1 项,其税目号为 61.01。按《分类目录解释规则》(Rule for the Interpretation of the Nomenclature)的规定,税则目录中的类、章、项这三级的税目号排列及编制,各会员国不得随意变动;项下的细目以 A,B,C,……排列,各会员国对这些细目的编制有一定的机动权。

《海关合作理事会税则目录》由英、法两种文字合并而成。按章目的数字排列,即从01.01 直到 99.06。正文部分分三栏:第一栏为税目号;第二栏为相应的联合国国际贸易标准分类目录号;第三栏为商品名称。该税则目录中之所以要设有相应的国际贸易标准分类号,是为了保证这两种分类体系对应的互换关系和协调统一。目前 CCCN 基本为 HS 所取代。

2.《国际贸易标准分类》(Standard International Trade Classification,SITC)

SITC 是联合国秘书处根据统计委员会的要求,以国际联盟的《海关税则目录草案》为基础编制的。1950 年 7 月 12 日,联合国经济和社会理事会通过决议,把 SITC 作为国际贸易统计、分析的商品分类基础。《国际贸易标准分类》将所有的国际贸易商品分为 10 类、63 章、233 组、786 个分组,其中 435 个分组又细分为 1 573 个子目。目前使用的是 2006 年的第四次修订版。

SITC 编码由 4~5 位数字构成,第三位与第四位数字间有一圆点。前两位数字表示该商品所属的类、章号,前三位数字表示组号,前四位数字表示分组号,前五位则表示该商品的子目号。

以 SITC 为基础编制本国税则的国家不多。1988 年前美国和加拿大的税则与 SITC 比较相似。

根据不同商品分类体系的特点,联合国和海关合作理事会一致建议各国采用这两种体系的分类办法:《海关合作理事会税则目录》用于海关管理,《国际贸易标准分类》用于贸易统计。

3.《商品名称及编码协调制度》(The Harmonized Commodity Description and Coding System,HS)

为了使《海关合作理事会税则目录》和《国际贸易标准分类》这两种国际贸易商品分类体系进一步协调和统一,以兼顾海关税则、贸易统计与运输等方面的共同需要,20 世纪 70 年代初期,海关合作理事会设立了一个协调制度委员会,研究并制定《商品名称及编码协调制度》,简称《协调制度》(Harmonized System,HS)。经过 13 年的努力,《协调制度公约》及其附件《协调制度》终于在 1983 年 6 月以国际公约的形式通过,于 1988 年 1 月 1 日在国际上正式开始实施。现在世界上有 190 多个国家采用《协调制度》。我国于 1992 年 1 月 1 日起正式实施以《协调制度》为基础的新的海关税则,之前采取海关合作理事会编制的商品分类目录。

《协调制度》是一个新型的、系统的、多用途的国际贸易商品分类体系。它除了用于海关税则和贸易统计,对运输商品的计费与统计、计算机数据传递、国际贸易单证简化以及普遍优惠制的利用等方面,都提供了一套可使用的国际贸易商品分类体系。

《协调制度》将商品分为 21 类(Section)、97 章(Chapter),第 97 章留空备用,章以下设有 1 241 个四位数的税目(Heading)、5 019 个六位数的子目(Subheading)。四位数的税目中,前两位数表示项目所在的章,后两位数表示项目在有关章的排列次序。例如税目为 01.04 是绵羊、山羊,前两位数表示该项目在第一章,后两位表示该商品为第一章的第四项。六位数的子目,即表示包括税目下的子目,例如 5202 为废棉,5 202.10 为废棉纱线。

《协调制度》实现了先前 CCCN 四位编码向六位编码的扩展。

世界关税组织于 1996 年、2002 年对《协调制度》进行了修订,对 CCCN、HS1988、HS1996、HS2002 进行了比较,如表 5-1 所示。

表 5-1   CCCN、HS1988、HS1996、HS2002 比较表

分类	CCCN	HS1988	HS1996	HS2002
Section	21	21	21	21
Chapter(2 位编码)	99	96	96	96
Headings(4 位编码)	1 011	1 241	1 241	1 244
Headings(5 位编码)	—	3 558	3 576	3 599
Subheadings(6 位编码)	—	5 019	5 113	5 224

资料来源:WTO.World Tariff Profiles 2006.

我国海关在《协调制度》目录的六位数编码基础上,加列了 1 828 个七位数子目和 298 个八位数子目。但税目在归类实际使用时会有变动,2011 年,我国进出口税则的税目总数是 7 977 个,编码全部都是八位,其中 99.3％的税目(7 925 个税目)实行从价税,44 个税目实行从量税,3 个实行选择税(从价税、从量税,选择低的征收),5 个税目可依照标准在从价税和复合税之间选择。

第四节 │ 关税水平与保护程度

一般来说,我们用关税的保护程度来衡量一个国家对进口产品征收关税,从而给予本国经济的保护程度。其中,关税对一国整体经济的保护程度可用关税水平(Tariff Level)来衡量,关税对一个产业中个别产品的保护程度可用保护率来衡量。

一、关税水平

关税水平是指一个国家进口关税的平均税率,用以衡量或比较一个国家进口关税的保护程度。在关税与贸易总协定以及世界贸易组织的关税减让谈判中,关税水平被作为削减关税的指标。

关税水平有不同的计算方法,最基本的方法主要有简单算术平均法和加权算术平均法两种。

(一) 简单算术平均法

简单算术平均法是以一国税则中所有税目的税率总和,除以所有税目的总数,求出税率的平均值。相应的计算公式为:

$$平均关税税率 = \frac{所有税率之和}{所有税目数之和} \times 100\%$$

这种计算方式因为有些税目的税率很高,是禁止性关税,实际很少进口;有些在贸易中的重要税目(如汽车)和不太重要的税目(如汽车座椅、安全带等)作为同样分量的两个税目计算,显然不太合理。此外,从量税率要换成从价税率才能相加,折算也有困难,因此具有一些缺点。

(二) 加权算术平均法

加权算术平均法是以进口产品的价值作为权数进行平均,按一个时期内所征收的进口关税总额占所有进口产品价值总额的百分比计算。

由于统计的口径不同、进行比较的范围不同,可有下列几种计算方式:

$$关税水平 = \frac{进口关税总额}{所有进口产品总价值(包括有税产品和免税产品)} \times 100\%$$

$$关税水平 = \frac{进口关税总额}{有税进口产品总价值} \times 100\%$$

在统计分析或对等谈判时,有时只对某大类产品或某个行业产品的关税水平进行比较。相应的计算公式为:

$$某类产品的关税水平 = \frac{该类产品的关税总额}{该类产品的进口总值} \times 100\%$$

如果比较的不只是一类产品而是几类产品的平均税率,则可先计算出每类产品的关税水平之和(简单算术平均或加权算术平均之和),然后加权平均计算。如果要求比较精确的计算,可把临时减免税税款也加在税款金额之中。在关贸总协定的 8 轮关税减让谈判后,各国的关税水平大大降低,发达国家的关税水平已由以前的 40%降到 4%左右,发展中国家的平均关税水平仍比较高,大约在 12%。

二、名义保护率

名义保护率(Nominal Rate of Protection,NRP)又称名义关税率,是指一类产品在各种贸易保护措施的作用下,其国内市场价格超过国际市场价格部分与国际市场价格的百分比。它是衡量一国对某类产品保护程度的一种方法。

$$名义保护率(NRP) = \frac{P^* - P}{P} \times 100\%$$

式中,P 为国际市场价格;P^* 为进口产品的税后价格。

例如,某产品的进口税率为 10%,其进口价格为 20 美元,加收进口关税 2 美元,实际进口价格为 22 美元,多出的 2 美元就是按 10%计征的关税,这 10%的税率就是名义保护率。显然,在其他条件相同和不变的条件下,名义保护率越高,对本国同类产品的保护程度越高。

三、有效保护率

(一) 有效保护率的含义

有效保护率(Effective Rate of Protection,ERP)是指各种保护措施对某类产品在生产过程中的净增值所产生的影响,也就是征收关税所引起国内加工增加值同国外加工增加值的差额占国外加工增加值的百分比。从表面上看,征收关税有利于本国的生产者,保护了国内生产和市场;但从实际看,本国生产者也不是凭空就能生产产品,他们也要购进生产资料。

经过若干生产环节,投入若干中间产品来生产,而这些中间产品有可能从国内购买,也有可能是从国外进口而来,那么征收关税在保护某行业生产者的同时,实际上也保护了这些中间产品的供应商。关税抬高了生产者的产品附加值,同时也抬高了中间产品的附加值。那么,我们就有必要探讨:去掉中间产品附加值后,究竟对本国生产者产品附加值的保护程度有多大?这就催生出了有效保护率的概念。

在第二次世界大战后,随着跨国公司的出现,大规模生产由一种产品的全过程纵向全面生产,发展到零部件、投入品的专业横向分工生产与合作,形成了世界范围内的横向专业化分工生产,致使中间产品的贸易量不断扩大,逐渐形成了以中间产品为主的国际贸易产品结构。传统的关税保护理论是建立在产品的生产过程完全发生在一个国家内的假设前提下,这个假设条件与现实的国际贸易状况有很大差异,因此成为关税保护理论的一个重大缺陷,进而有效保护理论应运而生。有效保护的概念是加拿大经济学家巴伯于 1955 年提出的,到 20 世纪 60 年代才逐渐做出理论性的阐述并被引用。1970 年在日内瓦召开的关于有效保护理论的学术讨论会推动了这一理论的发展。

(二) 有效保护率的计算公式

有效保护不但关注关税对产品价格的影响,也关注投入品(原材料或中间产品)由于征收关税而增加的价格。因此,有效保护率计算的是某项加工工业中受全部关税制度影响而产生的增值比,是对一种产品的国内外增值差额与其国外增值的百分比,即:

$$有效保护率 = \frac{国内加工增值 - 国外加工增值}{国外加工增值} \times 100\%$$

若以 ERP 表示有效保护率,以 V 表示自由贸易条件下某生产过程的增值,以 V' 表示在各种保护措施作用下该生产过程的增值,则有效保护率可以表述为:

$$ERP = \frac{V' - V}{V} \times 100\% = \frac{PT - P_1 T_1}{P - P_1} \times 100\%$$

式中,P 为最终产品的价格;P_1 为中间产品的价格;T 为最终产品的名义关税率;T_1 为中间产品的名义关税率。

举例说明,假定在自由贸易的情况下,一辆汽车的国内价格为 10 万元,其中 8 万元是自由进出口的钢材、橡胶等中间投入品的价格,则 2 万元就是国内生产汽车的附加值。再假定对每辆进口汽车征收 10% 的名义关税,而对中间产品仍然免税进口,同时假定进口汽车价格上涨的幅度等于名义税率 10%。那么,国内汽车的价格上涨到 11 万元(10+10×10%)。保护关税使国内制造汽车的附加值增加到 3 万元(11-8)。此时,国内汽车的有效保护率为 50%[(3-2)÷2×100%]。在此,名义税率只有 10%,但有效保护率却高达 50%。

此时,如果对中间产品征收 10% 的进口税,每辆汽车的进口税仍为 10%,那么国内汽车制造的附加值就变为 2.2 万元[11-8×(1+10%)]。此时,国内汽车的有效保护率为 10% [(2.2-2)÷2]。如果对中间产品征收 20% 的进口税,每辆汽车进口税仍为 10%,那么国内汽车制造的附加值就变为 1.4 万元[11-8×(1+20%)],那么有效保护率为 -30%[(1.4-2)÷2×100%]。

(三) 有效保护率与名义保护率的区别

名义保护率只考虑了关税对某种产品价格的影响,而不考虑对其投入材料的保护;有效保护率不但考虑了关税对成品的价格影响,也考虑了投入的原材料和中间产品由于征收关税而增加的价格。因此,有效保护率计算的是某项加工工业中受全部关税制度影响而产生的增值比,是一种产品的国内外增值差额与其国外增值部分的百分比。这里所说的国外增值是指在自由贸易条件下该商品的增值。

当某产业的产品进口名义关税率高于原料的进口名义关税率时,该产业所受的有效保护率就要高于名义保护率。当某产业的产品进口名义关税率等于原料的进口名义关税率时,该产业所受的有效保护率就等于名义保护率。当某产业的产品进口名义关税率低于原料的进口名义关税率时,甚至会出现负保护的现象。所以,有效关税保护率提高的关键在于原料(或中间产品)名义关税率的下降幅度。

课 堂 测 试

班级_____　　　姓名_____　　　学号_____　　　成绩_____

一、单项选择题(本大题共 10 小题,每题 4 分,共 40 分)

1. 下列各项中,不属于海关的基本职责的是( )。
   A. 监督管理进出口人员　　　　　　　B. 征收关税
   C. 查禁走私　　　　　　　　　　　　D. 编制对外产品贸易统计

2. 下列各项中,属于关境和国境的关系的是( )。
   A. 关境大于国境　　　　　　　　　　B. 关境小于国境
   C. 关境与国境一致　　　　　　　　　D. 上述三种情况均有可能

3. 关税负担最后转嫁由买方或消费者承担,因此它属于( )。
   A. 直接税　　　　B. 间接税　　　　C. 增值税　　　　D. 消费税

4. 某种产品的价格为 300 元,其中 220 元为原材料成本。如果对同类产品的进口征收 10%的关税,对原材料的进口征收 5%的关税,那么该产品的有效保护率为( )。
   A. 10%　　　　　B. 5%　　　　　C. 15%　　　　D. 23.8%

5. 某国对某种产品按货值的 10%征收关税,另加每公吨 15 美元,从征税的方法来看,这种税叫作( )。
   A. 从量税　　　　B. 从价税　　　　C. 混合税　　　　D. 选择税

6. 日本对坯布的进口货值的 7.5%或每平方米 26 日元征收关税,从征税的方法来看,这种税叫作( )。
   A. 从量税　　　　B. 从价税　　　　C. 混合税　　　　D. 选择税

7. 根据制定税则的权限不同,海关税则可分为自主税则和( )。
   A. 国定税则　　　B. 协定税则　　　C. 地区税则　　　D. 复式税则

8. ( )是指发达国家承诺对从发展中国家或地区输入的产品,特别是制成品和半制成品,给予普遍的、非歧视的和非互惠的关税优惠待遇。
   A. 特惠税　　　　B. 普惠税　　　　C. 最惠国税　　　　D. 普通税

9. ( )是指对从特定国家或地区进口的全部产品或部分产品给予特别优惠的低关税或零关税待遇。
   A. 特惠税　　　　B. 普惠税　　　　C. 最惠国税　　　　D. 普通税

10. 反倾销税是对实行商品倾销的进口货物所征收的一种( )。
    A. 普通税　　　　B. 进口附加税　　　C. 滑动关税　　　　D. 差价税

二、多项选择题(本大题共 5 小题,每题 6 分,共 30 分)

1. 下列各项中,属于海关的基本职责的有(　　)。
   A. 征收关税　　　　　　　　　　B. 查禁走私
   C. 临时保管通关货物　　　　　　D. 谈判关税减让
   E. 统计进出口商品

2. 下列各项中,属于关税的征收方法的有(　　)。
   A. 差价税　　　　B. 从量税　　　　C. 从价税　　　　D. 混合税
   E. 选择税

3. 海关税则中的商品分类标准主要有(　　)。
   A. 海关合作理事会税则目录　　　B. 国际贸易标准分类
   C. 国际标准化组织商品分类　　　D. 美国商品分类
   E. 商品名称及编码协调制度

4. 按照征收对象和商品流向,关税可分为(　　)。
   A. 进口税　　　　B. 出口税　　　　C. 普惠税　　　　D. 特惠税
   E. 过境税

5. 按照征税的目的,关税可分为(　　)。
   A. 财政关税　　　　B. 调节关税　　　　C. 保护关税　　　　D. 优惠关税
   E. 特别关税

三、判断题(本大题共 10 小题,每题 3 分,共 30 分)

1. 采用从价税的方法征收进口税,在商品价格下跌的情况下,加强了关税的保护作用;在商品价格上涨的情况下,保护作用也随之减弱。　　　　　　　　　　(　　)

2. 目前,绝大多数国家都采用复式税则。　　　　　　　　　　　　　　　(　　)

3. 根据《反倾销协议》,进口国可以对倾销的进口商品实施反倾销措施。　　(　　)

4. 《补贴与反补贴措施协议》约束所有形式的补贴。　　　　　　　　　　(　　)

5. 对所有产品的出口补贴都属于《补贴与反补贴措施协议》中的禁止性补贴。(　　)

6. 出口商就修改出口价格或停止以倾销价格向所涉及地区出口,向进口方机构做出令人满意的承诺,并使主管机构确信倾销的损害影响已经消除,主管机构可以中止或终止调查程序。　　　　　　　　　　　　　　　　　　　　　　　　(　　)

7. 进口产品以低于正常价值的价格进行倾销,并对进口国的同类产品造成重大损害是构成征收反倾销税的重要条件。　　　　　　　　　　　　　　　　　(　　)

8. 差价税是按国内价格与国际市场价格之间的差额征收的关税。　　　　　(　　)

9. 特惠税有的是互惠的,有的是非互惠的。　　　　　　　　　　　　　　(　　)

10. 普遍优惠制是发达国家与发展中国家之间的一种互惠待遇。　　　　　　(　　)

第六章　非关税壁垒

知识导航

非关税壁垒
- 非关税壁垒的含义、特点与作用
  - 非关税壁垒的含义
  - 非关税壁垒的特点
  - 非关税壁垒的作用
- 传统非关税壁垒
  - 进口配额制
  - "自动"出口配额制
  - 进口许可证
  - 外汇管制
  - 进口和出口国家垄断
  - 歧视性政府采购政策
  - 国内税
  - 进口最低限价制和禁止进口
  - 进口押金制
  - 专断的海关估价制
  - 进口商品征税的归类
- 新型非关税壁垒
  - 技术性贸易措施
  - 社会壁垒
  - 动物福利壁垒
  - 服务贸易壁垒
  - 绿色贸易壁垒
- 非关税壁垒的经济效应
  - 非关税壁垒对国际贸易发展的影响
  - 非关税壁垒对进口国的影响
  - 非关税壁垒对出口国的影响

学习目标

1. 了解非关税壁垒的含义、特点与作用。

2. 熟悉非关税壁垒的种类。

3. 熟悉技术性贸易措施包含的内容。

4. 熟悉非关税壁垒的经济效应与发展趋势。

 思政课堂

"绿色壁垒"是压力也是动力
——访国家发改委能源研究所 CDM 中心主任杨宏伟

在发展低碳经济的商业环境中，中国工业的生产技术水平低、能耗高和出口导向型的特点，使中国工业的生产和贸易出口面临着"绿色壁垒"的制约及压力。《中国经济时报》记者近日就相关问题采访了国家发改委能源研究所 CDM 中心主任杨宏伟。杨宏伟认为：国际上对碳排放的相关规定对于工业生产的影响并不是绝对的，但的确给中国政府和企业带来了压力。如果善于应对和利用这种压力，也可使之成为促进我国产业升级和出口贸易转型动力。

记者：国际上采用什么样的技术标准来计算温室气体排放量？

杨宏伟：根据《联合国气候变化框架公约》缔约方大会决议的要求，各缔约方国家应该采用《IPCC 国家温室气体清单指南》提供的方法，分别估算能源、工业生产过程、农业、林业及土地利用变化、废弃物等部门的温室气体排放量，涉及 CO_2、CH_4、N_2O、HFCs、PFCs、SF_6 6 种温室气体，以保证各国的排放量计算结果具有可比性。

记者：各缔约方国家承担什么样的减排指标？

杨宏伟：承担温室气体减排义务确实会对工业生产等相关活动产生显著影响。工业生产涉及化石燃料消费引起的排放，同时还涉及工业生产过程中除化石燃料燃烧之外的其他排放，如石灰石（碳酸盐）分解释放 CO_2、硝酸生产排放 N_2O 等。由于工业生产对应的这些排放是我国温室气体的主要排放源，控制温室气体排放必然要求控制工业生产的排放，将对工业生产的能源消费结构、能效水平、环保治理水平等提出更高要求。

记者：这些国际上关于碳排放的相关规定对于我国工业生产有怎样的影响？

杨宏伟：技术标准针对的是排放量计量的问题，对我国工业企业而言，它提出了数据收集和统计方面的一些新要求，但不会对工业生产产生直接影响。一方面，这种压力有利于推动工业生产技术进步，从长远看有利于增强核心竞争力；另一方面，将极大地推高生产成本。如果把握不好，过早承担不合理的减排义务，会极大地降低当前的市场竞争力，甚至威胁到企业的生存。

记者：在"低碳经济"的背景下，面对绿色壁垒，我国政府和企业应如何应对？

杨宏伟：现在欧盟、美国等一些发达经济体采取了很多绿色壁垒措施。一方面，我们要批判发达经济体以应对气候变化为由、行贸易保护之实的错误做法；另一方面，从企业层面上要切实加快技术创新和技术进步，要创出拥有自主知识产权的知名品牌，践行中央提出的

建设创新型国家的发展战略,从根本上增强企业的核心竞争力,才能在当前及今后的国际贸易中赢得实惠,逐步摆脱后发国家处于国际产业链低端的不利地位。

记者:目前,我国政府出台了哪些有利于推动产业经济节能减排的相关政策?

杨宏伟:我们明确提出了"十一五"期间实现单位GDP能源强度降低20%左右的节能目标,并作为约束性指标实行行政问责制。

记者:这种行政问责制的具体实行办法是怎样的?

杨宏伟:国务院节能减排工作电视电话会议上进一步强调,要确保实现"十一五"节能减排目标。对各地区节能目标完成好的要给予奖励,未完成的要追究主要领导和相关领导责任,根据情节给予相应处分,直至撤职。这是中国国情下最严厉同时也是行之有效的推进节能减排的政策措施。

记者:为了实现低碳减排的目标,我国各部门和地方采取了哪些具体做法?

杨宏伟:围绕这个大目标,各部门和地方出台了一系列因地制宜推进节能减排的政策措施,如实施千家企业节能行动,实施节能惠民工程,设立节能奖励基金,开展合同能源管理,严格执行差别电价政策,组织节能宣传周活动提高节能意识等。

思考:谈一谈在"低碳经济"的背景下,我国采取哪些措施面对"绿色壁垒"?

资料来源:中国新闻网

第一节 | 非关税壁垒的含义、特点与作用

尽管关税是一种非常有效的进口调节手段,但经过关税及贸易总协定(General Agreement on Tariffs and Trade,GATT)八轮减让关税的多边贸易谈判和世界贸易组织(World Trade Organization,WTO)关税减让措施的作用,工业发达国家之间的关税水平降到3%左右,发展中国家的进口关税也降到10%以下。我国自2001年加入世界贸易组织以来,按照入世承诺连续下调了进口关税税率,目前关税的算术平均税率为9.8%,比入世前下降了36%。如果考虑贸易结构因素,我国加权关税水平仅为3%左右,已经接近发达国家的关税水平。关税减让使得国际贸易中的产品出口有效地避开了关税壁垒设置的障碍,关税作为限制进口的壁垒已经失去了昔日的重要地位,各种非关税的进口调节手段,如进口配额制、技术性贸易壁垒、绿色壁垒、外汇管制等越来越广泛地被各国尤其是发达国家所采用。

一、非关税壁垒的含义

关税不是实施保护以避免外国竞争的唯一手段。国际贸易中存在着各种各样的非关税措施,即非关税壁垒(Non-Tariff barriers,NTBs),又称非关税贸易壁垒,是指一国政府采取除关税以外的各种办法,对本国的对外贸易活动进行调节、管理和控制的一切政策与手段的总和,其目的是在一定程度上限制进口,以保护国内市场和国内产业的发展。

从历史上看,早在重商主义时期,限制和禁止进口的非关税措施就已经盛行。1929—1933年大萧条时期,西方发达国家曾一度高筑非关税壁垒,推行贸易保护主义。尽管如此,非关税壁垒这一术语是在GATT建立以后才逐渐产生的。真正把非关税壁垒措施作为贸易保护政策的主要手段开始于20世纪70年代。

自20世纪90年代以来,在WTO的不懈努力及各国双边和多边贸易谈判下,传统的非关税壁垒(如配额、进口许可证等)已大为减少,但与此同时,非关税壁垒领域呈现了新的发展趋势。

第一,反倾销措施不断增强。一些国家把它作为一种战略竞争的手段,借此打击竞争对手和防止对手强大,从而给其抹上了浓重的贸易保护色彩。从其发展趋势看,它将成为21世纪国际贸易壁垒的主导。

第二,贸易技术壁垒(Technical Barriers to Trade,TBT)迅速发展。由于WTO有关技术壁垒的协议并不否认TBT存在的合理性和必要性,允许各国根据自身的特点制定与别国不同的技术标准,这使得发达国家利用此法律依据制定了多种技术法规、技术标准、质量认证制度等,借以限制其他国家的进口。

第三,数量保障使用频繁。许多西方国家针对发展中国家对外贸易迅速发展的特点,将其作为攻击他国出口产品"数量激增"的手段。其中,最具威胁的是专门针对中国制定的"特保条款"。

第四,绿色壁垒名目激增。西方发达国家利用绿色浪潮席卷全球与世界绿色经济兴起的趋势,打着保护自然资源、环境和人类健康的旗帜,制定了一系列复杂苛刻的环保制度和标准,对来自别国或地区的产品及其服务设置屏障,如北欧四国的"白天鹅制度"、欧盟的"EU制度"、日本的"生态标志制度"等。

第五,灰色区域措施的使用。优惠性原产地规则和政府采购政策等灰色措施仍游离于WTO多边约束规则之外,从而被大多数成员作为贸易保护手段广泛运用。由于原产地规则和政府采购政策背后都隐藏着巨大的经济利益,因此各国政府通过制定种类繁多的法律法规来限制其他国家产品的进口,以达到保护本国生产商利益的目的。

第六,劳工标准和动物福利的兴起。虽然劳工标准和动物福利这两项措施还未被纳入国际贸易制度中,但发达国家为了削弱发展中国家的劳动力和原材料比较优势,一直力图使其成为世界贸易组织的制度,而且目前已开始使用该措施来限制发展中国家的出口。

二、非关税壁垒的特点

无论非关税壁垒如何变化,与关税措施相比,均具有以下几个明显特征:

(1)非关税壁垒比关税措施具有更大的灵活性和针对性。关税的制定往往要通过一定的立法程序来调整或更改税率,因此关税具有一定的稳定性和延续性。而非关税壁垒的制定与实施通常采用行政程序,制定起来比较迅速,程序也较简单,能随时针对某国和某种产品采取或更换相应的限制进口措施,从而较快地达到限制进口的目的。

（2）非关税壁垒的保护作用比关税措施的保护作用更为强烈和直接。关税措施是通过征收关税来提高产品成本和价格，进而削弱其竞争能力，因而其保护作用具有间接性。而一些非关税壁垒（如进口配额）预先限定进口数量和金额，超过限额就直接禁止进口，这样就能快速和直接地达到关税措施难以达到的目的。

（3）非关税壁垒比关税措施更具隐蔽性和歧视性。关税措施，包括税率的确定和征收办法都是透明的，出口商可以比较容易地获得有关信息。另外，关税措施的歧视性也较低，它往往要受到双边关系和国际多边贸易协定的制约。然而，一些非关税壁垒往往透明度差、隐蔽性强，而且有较强的针对性，容易对别的国家实施差别待遇。

（4）利益分配对象不同。关税措施通过对进口产品征收关税，从而增加了政府的收入，但进口商会将这些税额打入产品的价格中，以转嫁给国内的消费者。因此，关税收入实际上是从该产品的消费者手中转移到政府手中的。而非关税壁垒则与此不同，如政府补贴，各种形式的补贴从表面上看是将资金从政府手中转移到了生产者手中，实际上，资金是从全体国民的手中转移到了生产者手中。又如数量限制，各种形式的数量限额都在国内造成了溢价，进口商会将溢价部分转嫁给消费者承担。此外，限额的发放形式不同，可能会导致不同群体的额外损失。

三、非关税壁垒的作用

随着关税在贸易中的作用逐步减弱，越来越多的发达国家把非关税壁垒作为实现贸易政策目标的主要工具。对于发达国家来说，非关税壁垒的作用主要体现在以下三个方面：①作为防御性武器限制外国产品进口，用以保护国内进入衰退的生产部门，或者保障国内特定部门获得高额利润。②将非关税壁垒作为国际贸易谈判中的筹码，逼迫其他国家妥协让步，以期获得国际贸易中的自主权。③用作对其他国家实行贸易歧视的手段，以此作为其在政治经济舞台上获取领导地位的手段。总之，发达国家设置非关税壁垒是为了保持其在世界经济中的统治地位，继续维护目前对发达国家有利的国际经济贸易格局。

虽然大多数发展中国家仍以关税作为国际贸易政策的主要手段，但对于日益盛行的贸易自由化浪潮，越来越多的发展中国家开始重视非关税壁垒的作用。然而，与发达国家不同，发展中国家设置非关税壁垒的目的主要包括以下几个方面：

第一，限制奢侈品、高档产品等非必需品的进口，以节省外汇。

第二，限制发达国家资本密集型、技术密集型进口产品对国内的冲击，以保护民族工业和幼稚产业。

第三，为国内民族产业的发展提供一个相对宽松的国内环境，以维护民族经济的独立，减少对发达国家的依赖程度。由于发展中国家的经济发展水平与发达国家相距甚远，统一的贸易政策对发展中国家具有极大的不公平性，因而发展中国家设置非关税壁垒有其合理性和正当性。正因为如此，关贸总协定在肯尼迪回合谈判中新增了"贸易和发展"部分，并给予发展中国家更大的灵活性，允许其为维持基本需求和谋求优先发展而采取贸易保护措施。

总的来说,无论是过去的关贸总协定还是今天的世界贸易组织,对于发展中国家采取非关税措施保护国内民族产业大多停留在道义的支援上,并没有多少实质性的保护条款。

第二节 传统非关税壁垒

传统非关税壁垒的类型有很多,在 20 世纪 80 年代,联合国贸易和发展会议从影响方式及程度角度,将非关税壁垒分为直接影响性、间接影响性以及溢出或旁及影响性非关税壁垒。直接影响性非关税壁垒是出于保护国内产业、加强国内产业在国际市场竞争力的考虑而采取的对外国进口进行限制和对本国出口进行限制或激励的措施,如配额、许可证、进口押金制等。这类措施对贸易的限制很明显,也比较直接。间接影响性非关税壁垒从表面上看是出于其他目的而制定的,比较含蓄、不易发现,但被怀疑具有隐藏的限制贸易动机,如质量标准、广告数量、海关程序等。溢出或旁及影响性非关税壁垒是指并非主要针对贸易,却不可避免地导致国际竞争条件失常,从而对贸易发生影响的一些非关税壁垒。这类非关税壁垒有政府对某种或某类产品在生产、销售和分配方面的垄断,影响贸易的产业结构和地区发展政策,政府特定的国际收支政策措施,关税制度的不同,国家社会保险制度的不同,折旧期限制度的不同,政府资助的防卫、航天和非军事采购引起的需求变动,国家标准和规定及做法的变动,国外运输费和国家批准的国际运输协定,结构成本等。

一、进口配额制

进口配额制(Import Quotas)又称进口限额制,它是直接限制进口的一种重要措施,是指一国政府在一定时期内(如一个季度、半年或一年),对某些产品的进口数量或金额规定一个数额加以直接限制,即在规定的时限内,配额以内的产品可以进口,超过配额则不准进口,或者在征收较高的关税、附加税或罚款后才能进口。进口配额制是进口国实施数量限制的主要手段之一,它有以下两种形式:

(一) 绝对配额

绝对配额(Absolute Quotas)是在一定时期内,对某些商品的进口数量或金额规定一个最高数额,达到这个数额后,便不准进口。这种进口配额在实施中,又采取以下两种方式:

1. 全球配额

全球配额即属于世界范围的绝对配额,对来自任何国家或地区的产品一律适用,按进口产品的申请先后批给一定的额度,至总配额发放完为止,超过总配额就不准进口。全球配额不限定进口国别或地区,故配额公布后,进口商往往相互争夺配额。临近的国家或地区,因其优越的地理因素在竞争中居于有利地位,而后来的国家则处于不利地位。因此,在限额的分配和利用上,难以贯彻国别政策。为了减少这种情况所带来的不足,一些国家采用了国别配额。

2. 国别配额

国别配额即在总配额内按国别或地区分配给固定的配额,超过规定的配额便不准进口。

为了区分来自不同国家或地区的商品,在进口商品时,进口商必须提交原产地证明书。实行国别配额可使进口国根据它与有关国家或地区的政治经济关系分配不同的额度。一般来说,国别配额可划分为自主配额和协议配额。

(1)自主配额(Autonomous Quotas),又称单方面配额,是由进口国完全自主地、单方面强制规定在一定时期内从某个国家或地区进口某种商品的配额。这种配额不需征求输出国的同意。自主配额一般参照某国过去某年的输入实绩,按一定比例确定新的进口数量或金额,所以进口国可利用这种配额贯彻国别政策。

自主配额的分配,对国内进口商是否应预先限定,可依实际需要而定。如果实施的主要目的是换取或扩大出口市场,或为了限制外国商品对本国产品的竞争,一般可不必在进口商中进行分配;如果为了加强对进口商的严格管制或适应外汇管制的要求,则需分别限定本国进口商的进口数量或金额。自主配额由进口国家自行制定,往往由于分配额度的差异容易引起某些国家或地区的不满或报复。因此,有些国家便采用协议配额,以缓和彼此之间的矛盾。

(2)协议配额(Agreement Quotas),又称双边配额,是由进口国家和出口国家政府或民间团体之间协商确定的配额,如协议配额是通过双方政府的协议订立的,一般需在进口商或出口商中进行分配;如果配额是双边的民间团体达成的,应事先获得政府许可,方可执行。协议配额是由双方协调确定的,通常不会引起出口方的反感与报复,并可使出口国对于配额的实施有所谅解与配合,较易执行。一些国家为了加强绝对进口配额的作用,往往对进口配额规定得十分繁杂。

一般说来,绝对配额用完后,就不准进口。但有些国家由于某种特殊的需要和规定,往往另行规定额外的特殊配额或补充配额,如进口某种半制成品加工后再出口的特殊配额,展览会配额或博览会配额等。

(二)关税配额

关税配额(Tariff Quotas)是对商品进口的绝对数额不加限制,而对在一定时期内在规定配额以内的进口商品给予低税、减税或免税待遇;对超过配额的进口产品征收高的关税、附加税或罚款。

关税配额按商品进口的来源,可分为全球性关税配额和国别关税配额。按征收关税的目的,可分为优惠性关税配额和非优惠性关税配额。前者是对关税配额内进口的商品给予较大幅度的关税减让,甚至免税,而对超过配额的进口商品则征收原来的最惠国税率,如欧盟在实行普遍优惠制过程中所采取的关税配额就属于这一类。后者是在关税配额内仍征收原来的进口税(一般为最惠国税),但对超过配额的进口商品,则征收极高的附加税或罚款。

根据中美达成的《中国加入 WTO 双边协议》,中国将全面取消农产品进口的数量限制,对于比较敏感的农产品,如小麦、玉米等,适用关税配额制度。2011 年中国继续对 8 类进口产品使用关税配额,涉及 45 个 8 位关税税目,它们是小麦(6 个税目)、玉米(5 个税目)、稻米(14 个税目)、糖(6 个税目)、羊毛(6 个税目)、羊毛条(3 个税目)、棉花(2 个税目)、化肥(3 个税目)。但这些产品的配额外关税的税率在降低,配额内平均关税水平为 4.8%,超出配额部分税率为 50.4%。关税配额税率适用于来自所有国家的相关产品,配额的分配与再分配程序由国家发展和改革委员会及商务部共同负责。

同时,中国产品也屡遭关税配额的限制,如日本对中国大葱、鲜香菇、灯心草的进口做出的限制为,限量以内的征收 3%～6% 的进口关税,超出限量的征收 106%～266% 的进口关税。欧盟对中国出口的橘子罐头的超过配额部分每吨征收 155 欧元的从量税。

2006 年,欧盟保留关税配额 98 项,其中 91 项针对农产品,主要通过发放进口许可证的方式实施管理,适用关税配额的产品包括牛、羊、鸡、火鸡、奶产品、鸡蛋、番茄、水果、蔬菜、小麦、大麦、玉米、大米、淀粉、蘑菇、香肠、糖、葡萄汁。虽然根据乌拉圭回合达成的《纺织品与服装协议》,WTO 成员之间的纺织品及服装贸易不再适用配额,但欧盟仍对来自中国的一些产品保留关税配额的做法。

20 世纪 80 年代以来,以配额形式出现的数量限制已经逐步被反倾销、反补贴措施所取代,乌拉圭回合也要求成员实现配额关税化,因此,配额作为限制进口的非关税措施的作用大大降低。在进口配额制度下,关于进口配额的分配(无论是绝对配额还是关税配额)主要有四种方式:一是政府直接颁发进口许可证给进口商;二是政府根据进口商和消费者的申请颁发进口许可证;三是政府公开拍卖进口许可证;四是进口政府在设置进口数量或金额后,将颁发许可证的权限交给出口国家。

二、"自动"出口配额制

"自动"出口配额制(Voluntary Export Quotas),又称"自动"限制出口(Voluntary Restriction of Export),也是一种限制进口的手段。"自动"出口配额制,是出口国家或地区在进口国的要求或压力下,"自动"规定某一时期内(一般为 3～5 年)某些商品对该国的出口限制,在限定的配额内自行控制出口,超过配额即禁止出口。

"自动"出口配额制与绝对进口配额制在形式上略有不同。绝对进口配额制是由进口国家直接控制进口配额来限制商品的进口,而"自动"出口限额是由出口国家直接控制这些商品对指定进口国家的出口。但是,就进口国来说,两种配额都起到了限制商品进口的作用。

"自动"出口配额制带有明显的强制性。进口国往往以商品大量进口使其有关工业部门受到严重损害、造成"市场混乱"为理由,要求有关国家的出口实行"有秩序地增长","自动"限制商品出口,否则就单方面强制限制进口。在这种情况下,一些出口国被迫实行"自动"出口限制。

"自动"出口限额最早出现在 20 世纪 80 年代的日美汽车贸易大战。美国政府在美国汽车制造企业和汽车工人联合工会的压力下,提出议案对来自日本的汽车实施进口数量限制,日本政府在得到这一消息后,主动宣布自行对输出到美国的汽车数量进行限制,先是将数量限制在一个水平,1981 年 4 月至 1984 年 3 月没有变化,后来限额逐步上升,到 1985 年,限额上涨了 37%。1987 年以后,日本汽车公司开始在美国生产汽车,自动出口限额每年都用不完,到 1994 年,美国取消了对日本汽车的自动出口限制。

(一)"自动"出口配额制的主要形式

1. 非协定的"自动"出口配额

非协定的"自动"出口配额即不受国际协定的约束,而是出口国迫于进口国的压力,自行单方面规定出口配额,限制商品出口。这种配额有的是由政府有关机构规定,并予以公布,出口商必须向有关机构申请配额,领取出口授权书或出口许可证才能输出;有的是由本国出口厂商协会"自动"控制出口。

2. 协定的"自动"出口配额

协定的"自动"出口配额即进出口双方通过谈判签订"自限协定"(Self-restraint Agreement)或"有秩序销售协定"(Orderly Marketing Agreement)。在协定中规定有效期内某些商品的出口配额,出口国应据此配额实行出口许可证制或出口配额签证制(Export Visa),自行限制这些商品出口。进口国则根据海关统计进行检查。"自动"出口配额大多数属于这一种。

日美汽车"自限协定"的配额由日本政府在日本汽车制造商之间进行分配,任何制造商想增加出口都必须同拥有剩余配额的制造商进行磋商。

(二)"自限协定"或"有秩序销售协定"的主要内容

1. 配额水平

配额水平(Quota Level)是指协定有效期内各年度的"自动"出口限额。通常以协定缔结前一年的实际出口量或原协定最后一年的配额为基础进行协商,确定新协定第一年的数额,然后确定其他年份的年增长率。

"自限协定"或"有秩序销售协定"所规定的出口配额主要有以下几种:

(1) 总限额,即协定商品"自动"出口的总额数。

(2) 组限额,即将不同类别的商品分为若干组,分别规定不同的额数。

(3) 个别限额,即对组内一些敏感性产品(Sensitive Product)作为特别项目(Special Items)另行规定额数,以达到严格限制出口的目的。

(4) 磋商限额,即对个别限额外的某些产品在原则上规定一定的数额,如出口超过该数额,双方按一定程序进行磋商谋求解决,在双方达成一致意见之前,进口国可单方面实行进口限制。

2. 自限商品的分类

自限商品是指受协定限制的"自动"出口的商品,在 20 世纪 50 年代和 60 年代初,协定所包括的自限商品的品种较少,品种分类也比较笼统。但后来包括在协定中的自限商品品种日益增加,品种的分类日益繁杂。

3. 限额的融通

限额的融通是指协定各种自限商品限额相互融通使用的权限,分为水平融通和垂直融通两种。

(1) 水平融通是指在同一年度内组与组之间、项与项之间在一定百分率内互通使用的权限。在协定中,通常规定替换率(Shift Rate),即某组或某项的配额拨给另一组或另一项的使用率。协定所规定的替换率一般较低,而且各类不同,一般在 1%～15%,有的品种甚至禁止调用,以达到严格限制出口的目的。

(2)垂直融通是指上下年度内同组之间、同项之间的留用额和预用额。前者又称留用权,即当年未用完的配额拨入下年度使用的额度或权限;后者又称预用权,即当年配额不足而预先使用下年度的额度或权限。

4. 保护条款

保护条款(Safeguard Clause)是指进口国有权通过一定程序,限制或停止进口某些"扰乱市场"或使进口国生产者蒙受损害的商品。这实际上进一步扩大了进口国单方限制商品进口的权限。

5. 出口管理规定

在协定中规定出口一方应对自限商品执行严格的出口管理,以保证出口不超过限额水平和尽量按季度均匀出口。

6. 协定的有效期限

协定的有效期限有长有短,有效期限长短各有优势,长的好处是出口数量具有稳定性,出口厂商可以预先计划其生产和出口,坏处是数量长期被固定后,较难随市场需求进行调整。目前自限协定的有效期限为 3～5 年。缔约国一方如有必要可终止协定,但该缔约国一般应提前 60 天通知对方。

近年来,我国对向欧盟出口的鞋、自行车、医疗器械、玩具,对向美国出口的钢材,对向一些国家出口的纺织品都曾被迫执行"自动"出口限制。

三、进口许可证

进口许可证制(Import Licence System)是指进口国规定某些商品必须事先领取许可证才可进口。

(一)进口许可证的种类

1. 依据进口许可证与进口配额的关系分类

依据进口许可证与进口配额的关系,进口许可证可分为有定额的进口许可证和无定额的进口许可证。

(1)有定额的进口许可证是指国家有关机构预先规定有关商品的进口配额,然后在配额的限度内,根据进口商的申请对于每一笔进口发给进口商一定数量或金额的进口许可证。一般说来,进口许可证是由进口国有关当局向提出申请的进口商颁发的,但也有将这种权限交给出口国自行分配使用的。

(2)无定额的进口许可证是指进口许可证不与进口配额相结合。在这种情况下,有关政府机构预先不公布进口配额,不颁发有关商品的进口许可证,只是在个别考虑的基础上进行。由于它是个别考虑的,没有公开的标准,因而就会给正常贸易的进行造成更大的困难,起到更大的限制进口作用。

2. 依据进口许可证的使用对进口商品有无限制分类

依据进口许可证的使用对进口商品有无限制,进口许可证分为公开一般许可证和特种进口许可证。

(1) 公开一般许可证(Open General Licence),又称公开进口许可证、一般许可证、自动进口许可证(Automatic Import Licence)。它对进口国别或地区没有限制,凡列明属于一般许可证的商品,进口商填写公开一般许可证后,即可获准进口,因此这类商品实际上是"自由进口"的商品。

中国全部或部分领取自动进口许可证的关税税目,2010 年 8 位海关税目有 592 项,占税目总数的 7.4%。

(2) 特种进口许可证(Specific Licence),又称非自动进口许可证(Non-automatic Import Licence),进口商必须向政府有关当局提出申请,经政府有关当局逐笔审查批准后才能进口。这种进口许可证,多数都指定进口国别或地区。

中国非自动许可证的使用主要是为履行国际义务。2010 年,实施非自动许可的 8 位编码海关税目有 87 项,主要是臭氧损害物质、监控化学品。

(二)《进口许可证手续协议》

GATT 东京回合多边贸易谈判签署了《进口许可证手续协议》(Agreement on Import Licensing Procedures)。这项协议除序言外共有五条。序言指出本协议的目的是希望简化国际贸易中所运用的管理手续和做法,使之具有透明性,并确保公平合理地应用和施行这些手续和做法。协议的主要内容有以下几方面:

1. 进口许可证的管理和发放手续

协议指出,进口许可证是指实施进口许可证制度需向有关管理机构递交申请书或其他单证,作为进口到该进口国海关管辖地区的先决条件的行政管理手续。这种手续应以公平合理的方式进行管理,各签字国应尽可能简化申请表格、展期表格、申请手续和展期手续。同时,签字国应尽快公布有关提出申请手续的规则及其他一切资料,确保进口许可证发放程序的透明度,以便各国政府和商人对此有所了解。

协议将进口许可证分为自动进口许可证和非自动进口许可证两种。自动进口许可证是指有关管理机构应进口商的申请,毫无限制地签发给申请人的一种进口许可证。这种许可证本身只作为统计进口的依据。因此其办理手续不得使属于这种许可证的进口货物受到限制性的影响。非自动进口许可证是指有关管理机构为实行进口数量限制而签发的一种许可证。协议规定,这种许可证除了实施许可证限制所造成的影响,所采用的发放进口许可证的手续和做法不应对进口贸易起到限制的作用。

2. 设立进口许可证委员会

委员会的职责是为该协议的实施或促进其目标的实现提供进行磋商和解决争端的机会,其磋商和解决争端程序可按协定的第二十二条、第二十三条进行。

3. 有关发展中国家优惠待遇的规定

协议规定,应确保合理地向所有进口者发放许可证,尤其要考虑到原产地是发展中国家的产品的进口者。发展中国家签字国在提供有关需领取进口许可证的产品的统计资料方面可以有一定的灵活性,即不应由此给它们带来额外的行政负担等。

(三)《进口许可证程序协议》

乌拉圭回合谈判达成《进口许可证程序协议》,协议由八条组成。该协议强调以下几个方面:

第一,那些仍保留着进口许可证的缔约国,在申请自动和非自动许可证的程序方面所作的任何变化,都必须在实施这些程序变化之前至少21天公布。

第二,对于发放非自动许可证的程序,必须加强旨在为实施这些程序而制定的措施,除非绝对必要,不得在行政上增加任何累赘。

第三,进口许可证申请人应与无须申请进口许可证的企业一样可以得到支付所需的外汇。

第四,进口许可证的申请,一般由一个行政机构归口管理,最多不得超过三个行政机构。

第五,接受或加入该协议的各政府,应保证在本协议生效前,使其国内有关立法和规则与本协议规定相一致。

欧盟进口许可证主要用于以下情形:对特定进口产品实施数量限制、保护措施或进口监控,如欧盟对某些钢产品和农产品进口,出于统计的目的实施进口许可证管理。

四、外汇管制

外汇管制(Foreign Exchange Control)是指一国政府通过法令对国际结算和外汇买卖实行限制来平衡国际收支和维持本国货币汇价的一种制度。

在外汇管制下,出口商必须把他们出口所得到的外汇收入依照官定汇率(Official Exchange Rate),卖给外汇管制机关;进口商也必须在外汇管制机关按官定汇价申请购买外汇,本国货币的携出入国境也受到严格的限制等。这样,国家的有关政府机构就可以通过确定官定汇价、集中外汇收入和控制外汇支出的办法,达到限制进口商品品种、数量和进口国别的目的。

外汇管制的方式较为复杂,一般可分为以下三种。

(一)数量性外汇管制

数量性外汇管制是指国家外汇管理机构对外汇买卖的数量直接进行限制和分配,旨在集中外汇收入,控制外汇支出,实行外汇分配,以达到限制进口商品品种、数量和国别的目的。一些国家实行数量性外汇管制时,往往规定进口商必须获得进口许可证后,方可得到所需的外汇。

(二)成本性外汇管制

成本性外汇管制是指国家外汇管理机构对外汇买卖实行复汇率制,利用外汇买卖成本的差异,间接影响不同商品的进口。

复汇率制,是指一国货币的对外汇率不只有一个,而是有两个以上。其目的是利用汇率的差别来限制和鼓励某些商品的进口或出口。各国实行的复汇率制不尽相同,但主要原则大致相似。

1. 进口方面

(1) 对于国内需要而又供应不足或不生产的重要原料、机器设备和生活必需品,适用较为优惠的汇率。

(2) 对于国内可大量供应及非重要的原料和机器设备适用一般的汇率。

(3) 对于奢侈品和非必需品只适用最不利的汇率。

2. 出口方面

(1) 对于缺乏国际竞争力但又要扩大出口的某些出口商品,给予较为优惠的汇率。

(2) 对于其他一般商品的出口适用一般汇率。

(三) 混合性外汇管制

混合性外汇管制是指同时采用数量性和成本性的外汇管制,对外汇实行更为严格的控制,以影响控制商品进出口。

五、进口和出口国家垄断

进口和出口国家垄断,是指在对外贸易中,对某些或全部商品的进、出口规定由国家机构直接经营,或者是把某些商品的进口或出口的专营权给予某些垄断组织。

发达国家的进口和出口国家垄断主要集中在三类商品上:第一类是烟和酒。这些国家的政府机构从烟和酒的进出口垄断中,可以取得巨额的财政收入。第二类是农产品。这些国家把对农产品的对外垄断销售作为国内农业政策措施的一部分。美国的农产品信贷公司就是资本主义世界最大的农产品贸易垄断企业,它高价收购国内的"剩余"农产品,然后以低价向国外倾销,或按照所谓"外援"计划向缺粮国家主要是发展中国家大量出口。第三类是武器。发达国家的武器贸易多数是由国家垄断的。

六、歧视性政府采购政策

歧视性政府采购政策(Discriminatory Government Procurement Policy)是指国家制定法令,规定政府机构在采购时要优先购买本国产品的做法。

美国从 1933 年开始实行,并于 1954 年和 1962 年两次修改《购买美国货法案》(Buy American Act)。它规定,凡是美国联邦政府所要采购的货物,应该是美国制造的,或是美国原料制造的。开始时,凡商品的成本有 50% 以上是在国外生产的,就称作外国货。后来又对法案做了修改,即在美国自己生产的数量不够,或者国内价格太高,或者不买外国货就会伤害美国利益的情况下,可以购买外国货,优先采购美国商品的价格约高于国际市场价格的6%~12%,但美国国防部和财政部常常采购比外国产品价格高 50% 的美国产品。直到东京回合美国签订了《政府采购协议》(GPA)后,《购买美国货法案》才被废除。

2009 年 2 月 13 日,美国国会通过了政府针对全球金融危机引发的经济衰退推出的 7 870 亿美元的"振兴"方案,"买美国货"条款包括在内,该条款要求获得"振兴款"的公共工程,只能使用美国制造的钢铁,欧盟、加拿大、日本以及其他与美国政府签有互惠采购协议的国家的企业可以参与投标。WTO 对此做出反应,声明将加强对各国"救市"措施的监督,并采取行动,抑制贸易保护主义抬头。

政府实施歧视性采购确实对于一些产品进口构成了实际阻碍。2007 年,欧盟政府采购占当年 GDP 的 16.8%。美国政府每年的采购额都在 1 万亿美元以上,占 GDP 的 20%左右。美国飞机销售额的 30%都属于政府购买。由于政府采购的商品与服务比较集中,如办公设备与用品、国防产品、各类战略物资等,并且在相关商品和服务市场上构成了很大的购买量,这样,政府的歧视性做法势必造成原产于国外的这些商品和服务难以进入政府采购市场,从而对进口商品和服务形成限制。

虽然东京回合就签署了《政府采购协议》,乌拉圭回合对其内容进行了部分修订,但鉴于关税与贸易总协定和世界贸易组织关于政府采购的协议具有"诸边"协议的特点,目前签字国家、地区与集团仅有 13 个,无法消除各国政府在采购过程中对进口商品和服务形成的歧视。因此,歧视性政府采购仍然是一种广泛采用的限制商品和服务进口的做法。

中国目前是 WTO《政府采购协议》的观察员,已于 2007 年 12 月提交加入协议的申请,目前处于加入的最后阶段。在中国的政府采购法案下,中国政府只在个别情况下会采购外国企业的产品,但法案不涉及中国国有企业的购买行为。2010 年,中国政府采购规模达到 8 420 亿元人民币,占 GDP 的 2.1%,远远低于其他发达和发展中国家 10%~15%的比例,其原因在于这一数字仅限于各部委、机构与社会团体使用财政资金并依据中央采购目录所采购的产品与服务额度。2010 年,在 8 420 亿元人民币的采购规模中,中央占 6.7%,包括 308.2 亿元物品、175.9 亿元建筑与工程服务、82.8 亿元其他服务。

 知识链接

WTO《政府采购协议》的主要内容

一、适用范围

签约方在各自的承诺清单中列出的政府采购实体。

二、采购限额

当政府采购金额达到协议规定的最低限额或成员方谈判达成的最低限额时,政府采购活动受到协议的约束。

三、采购活动遵从的原则

(1)非歧视原则。签约方采购实体在进行采购时,不应在外国产品、服务、供应商之间实施差别待遇;同时给予外国产品、服务和供应商以不低于本国产品、服务和供应商所享受

的待遇。

（2）透明度原则。签约方的政府采购实体应在向 WTO 通告的刊物上发布政府采购信息，包括通知、程序与要求；签约方每年须向 WTO 通告列入清单的采购实体的采购统计数字，以及未达到"最低限额"的采购统计数字。

（3）公平竞争原则。政府采购实体的采购活动应为供应商提供公平的竞争机会，实行招标的做法，公开招标应成为首选。

资料来源：摘自 WTO《政府采购协议》（2012 版）。

七、国内税

国内税（Internal Taxes）是指在一国的国境内，对生产、销售、使用或消费的商品所应支付的捐税，一些国家往往采取国内税制度直接或间接地限制某些商品进口。这是一种比关税更灵活、更易于伪装的贸易政策手段。国内税通常是不受贸易条约或多边协定限制的。国内税的制定和执行属于本国政府机构的权限，有时甚至属于地方政府机构的权限。

欧盟国家采用增值税（Value Added Tax），即按销货值大于进货值的"增值"部分，对国内产品征收一定比例的税收。它适用于生产和销售的每一个环节。增值税对出口商品实行免税或退税，而对进口商品则如数征收。欧盟成员的增值税税基相同，但税率存在差异，增值税同时适用于进口产品和本国生产产品。

中国政府也对进口产品征收增值税和消费税，税率与国内同类产品基本持平。1992 年前，中国曾对进口商品征收"调节税"，而对于本国产品不适用。

八、进口最低限价制和禁止进口

（一）进口最低限价制

最低限价就是一国政府规定某种进口商品的最低价格，凡进口货价低于规定的最低价格，则征收进口附加税或禁止进口以达到限制低价商品进口的目的。

（二）禁止进口

一些国家往往出于某种考虑而颁布法令，公布禁止进口商品货单，禁止这些商品的进口。

中国禁止进口的八位编码海关税目已经从 2005 年的 30 项增加到 2007 年的 54 项，此外的 441 项中的部分商品也属于禁止进口商品目录范围。2007 年，中国大约 6.5% 的海关税目隶属禁止进口范围。中国禁止进口考虑的因素主要包括公众利益、环境保护和履行的国际义务。2011 年，中国禁止进口的商品主要包括废弃物（范围涉及动物制品、矿产品、橡胶、皮革、纸张、玻璃、铅、玩具与运动器械、铜、水泥）、二手设备（如服装、贵金属、机器与电子设备、用于装液化气的容器、运输设备）、麻醉剂、化工品、白炽灯泡。此外，动植物、与人类健康安全相关的产品根据相关规定也可能在被禁止范围。

九、进口押金制

进口押金制（Advanced Deposit）又称进口存款制。在这种制度下，进口商在进口商品时，必须预先按进口金额的一定比率和规定的时间，在指定的银行无息存入一笔现金，才能进口。这样就增加了进口商的资金负担，影响了资金的流转，从而起到了限制进口的作用。

十、专断的海关估价制

海关为了征收关税而确定进口商品价格的制度为海关估价制（Customs Valuation）。有些国家根据某些特殊规定，提高某些进口商品的海关估价，来增加进口商品的关税负担，阻碍商品的进口，就成为专断的海关估价。

用专断的海关估价来限制商品的进口，以美国最为突出。长期以来，美国海关是按照进口商品的外国价格（进口商品在出口国国内销售市场的批发价）或出口价格（进口商品在来源国市场供出口用的售价）两者之中较高的一种进行征税。这实际上提高了交纳关税的税额。

乌拉圭回合达成了《海关估价协议》，其正式名称为《关于实施关税与贸易总协定第七条的协议》（Agreement on Implementation of Article VII of the General Agreement on Tariffs and Trade）。此协议包括四个部分，共 31 条。其中有大量注释和一个议定书。它规定了主要以商品的成交价格为海关完税价格的新估价制度。其目的在于为签字国的海关提供一个公正、统一、中性的货物估价制度，不使海关估价成为国际贸易发展的障碍。这个协议规定了下列六种不同的依次采用的新估价法。

（一）进口商品的成交价格

根据协议的第一条规定，成交价格（Transaction Value）是指商品销售出口运往进口国的实际已付或应付的价格，即进口商在正常情况下申报并在发票中所载明的价格。如果海关不能按上述规定的成交价格确定商品的海关估价，那就采用第二种办法。

（二）相同商品成交价格

相同商品成交价格（Transaction Value of Identical Goods）又称同类商品的成交价格，是指与应估商品同时或几乎同时出口到同一进口国销售的相同商品的成交价格。

相同商品，根据协议第十五条第二款，其定义为："它们在所有方面都相同，包括相同的性质、质量和信誉，如表面上具有微小的差别的其他货物，不妨碍被认为符合相同货物的定义。"当发现两个以上的相同商品的成交价格时，应采用其中最低者来确定应估商品的完税价格。

如按以上两种估价办法都不能确定，可采用以下的第三种估价办法。

（三）类似商品的成交价格

类似商品的成交价格（Transaction Value of Similar Goods）是指与应估商品同时或几乎同时出口到同一进口国销售的类似商品的成交价格。

类似商品就是尽管与应估商品比较,各方面不完全相同,但它有相似的特征,使用同样的材料制造,具备同样的效用,在商业上可以互换。在确定某一货物是否为类似货物时,应考虑的因素包括该货物的品质、信誉和现有的商标等。

(四)倒扣法

倒扣法是以进口商品或者同类或类似进口商品在国内的销售价格为基础减去有关的税费后所得的价格。其倒扣的项目包括代销佣金、销售的利润和一般费用,进口到国内的运费、保险金、进口关税和国内税等。

倒扣法主要适用于寄售、代销性质的进口商品。

(五)计算价格法

计算价格法是以制造该种进口商品的原材料、部件、生产费用、运输和保险费等成本费用以及销售进口商品所发生的利润和一般费用为基础进行估算的完税价格。这种方法必须以进口商能否提供有关资料和单据,并保存所有必要的账册等为条件,否则海关就不能采用这种办法确定其完税价格。这种估价方法一般适用于买卖双方有业务关系的进口商品。根据协议规定,第四种和第五种办法可能根据进口商品要求进行调换使用。

(六)合理法

如果上述各种办法都不能确定商品的海关估价,便使用第六种办法,这种办法未作具体规定。海关在确定应税商品的完税价格时,只要不违背该协议的估价原则和总协定第七条的规定,根据进口商品的现有资料,任何视为合理的估价办法都可行,因此,这种办法称为合理法。

中国海关对于进口货物的成交价格不符合《中华人民共和国进出口关税条例》第十八条第三款规定条件的,或者成交价格不能确定的,海关经了解有关情况,并与纳税义务人进行价格磋商后,依次以下列价格估定该货物的完税价格:

(1)与该货物同时或者大约同时向中华人民共和国境内销售的相同货物的成交价格。

(2)与该货物同时或者大约同时向中华人民共和国境内销售的类似货物的成交价格。

(3)与该货物进口的同时或者大约同时,将该进口货物、相同或者类似进口货物在第一级销售环节销售给无特殊关系买方最大销售总量的单位价格,但应当扣除《中华人民共和国进出口关税条例》第二十二条规定的项目。

(4)按照下列各项总和计算的价格:生产该货物所使用的料件成本和加工费用,向中华人民共和国境内销售同等级或者同种类货物通常的利润和一般费用,该货物运抵境内输入地点起卸前的运输及其相关费用、保险费。

(5)以合理方法估定的价格。纳税义务人向海关提供有关资料后,可以提出申请,颠倒前款第(3)项和第(4)项的适用次序。

十一、进口商品征税的归类

进口商品的税额取决于进口商品的价格大小与税率高低。在海关税率已定的情况下,税额大小除取决于海关估价外,还取决于征税产品的归类。海关将进口商品归在哪一税号下征收关税,具有一定的灵活性。进口商品的具体税号必须在海关现场决定,在税率上一般就高不就低。这就增加了进口商品的税收负担和不确定性,从而起到限制进口的作用。例如,美国对一般打字机进口不征收关税,但若归为玩具打字机,则要征收35%的进口关税。

第三节 | 新型非关税壁垒

一、技术性贸易措施

技术性贸易措施(Technical Barriers to Trade)是指各国为保护人类和动植物的生命与健康、保护环境等而制定的技术法规、标准、质量认证与合格评定程序、检验程序和检验手续以及商品包装和标签规定等。规定中有些十分复杂,且经常变化,往往使外国产品难以适应,从而起到限制外国商品进口和销售的作用。技术性贸易措施主要包括以下几种。

(一) 技术法规、标准

技术法规主要由国家立法机构制定的法律法规,行政部门颁布的命令、决定、条例、规范、指南等构成,涉及的内容范围包括劳动安全、环境保护、卫生健康、交通、节约能源与材料等,技术法规对商品和服务的生产(提供)、材料的使用、工艺流程、污染的控制、质量控制、包装等均产生强制性约束。

WTO要求成员各级政府采用和实施的技术法规应符合《技术性贸易措施协议》的规定,除非基于气候、地理、技术条件等因素,各成员应尽可能地采纳国际标准。

技术标准主要包括生产标准、实验与检验方法标准、安全卫生标准等。

各国或地区由于历史、社会和技术原因,采用的技术标准差异很大。例如,英国、日本、中国香港、澳大利亚等国家和地区的交通规则规定,汽车在道路的左边行驶,而美国、中国内地等绝大多数国家和地区的规定与此相反。又如,日本对于滑雪板有严格的技术标准,它强调本国雪质特殊,一般国外的滑雪板都达不到日本技术标准的要求。如果使用不合格的滑雪板,日本保险公司不给予保险,出现事故自行负责。意大利有一个"通心粉纯度法",它规定通心粉的制作原料必须是硬质小麦,其他国家采用混合小麦制作的通心粉无法进入意大利国内市场。

发达国家由于经济、技术水平高,对于许多制成品规定了极为严格、烦琐的技术标准。进口商品必须符合这些标准才能进口,其中有些规定往往是针对具体国家的。

技术法规和标准作为限制进口的手段主要体现在四个方面:一是多样化;二是标准严格;三是有些标准经过精心设计和研究,针对性强;四是这些技术标准不仅在条文本身上限制了外国产品的销售,而且在实施过程中也为外国产品的销售设置了重重障碍。

（二）质量认证与合格评定程序

质量认证与合格评定程序是指任何直接或间接用以确定产品或服务、生产与管理体系是否满足技术法规和标准所要求的程序。

质量认证与合格评定程序之所以可以起到限制进口的作用，有以下几方面原因：

第一，各国依据的标准不同。由于工业发展水平不同，各国实行的标准多为国家标准，国家标准低的产品出口到高标准国家就受到阻碍。

第二，质量认证与合格评定的内容不同，如在产品认证过程中，有些国家只对提供样品进行实验、检验，发达国家，如欧盟则要求对生产商的生产环境、质量保证能力进行检查、评定，甚至要求日常监督，如向欧盟出口的牛肉，欧盟要求对牛的生长地的土壤条件、水质条件、生长区域的疫病历史、屠宰条件等进行评定，符合欧盟标准的产品才可以进口。

第三，认证机构资格的确认不同。一些国家的认证机构直接由政府设立，有些国家则授权私人机构履行相关职责。各国对于认证机构的资历与资格规定差异很大，发达国家往往只接受本国认证机构或承认的第三方认证机构的认证，这样，就增加了一些国家特别是发展中国家的出口成本。

目前，国际上著名的认证有 ISO9000 系列认证、IEC 电气设备安全标准认证、欧盟 CE 认证、美国 UL 认证等。

根据《中华人民共和国认证认可条例》（Regulation on Certification and Accreditation）及《强制性产品认证管理规定》（Measures for the Administration of Compulsory Product Certification），列入强制性产品认证目录的产品不得在华销售或进口，除非获得中国强制性认证，得到"CCC"标志。目录列有 22 组共 163 类产品，包括电线电缆、电路开关、低压电气设备、小功率发动机、电动工具、电焊机、通信设备、汽车、农业机械、家用电器等。但如果用作研究开发使用，或作为产品的中间投入，或加工后再出口，可以不受该条例和规定的约束，但必须出具国家认证认可监督管理委员会要求的各种文件，申请获得国家质量监督检验检疫局的批准。

（三）卫生检疫规定

随着国家之间贸易竞争的加剧，发达国家更加广泛地利用卫生检疫规定限制商品的进口。它们要求进行卫生检疫的商品越来越多，卫生检疫规定越来越严格。例如：花生，日本、加拿大、英国等要求花生黄曲霉素含量不超过百万分之二十，花生酱不超过百万分之十，超过者不准进口。茶叶，日本对茶叶农药残留量规定不超过百万分之零点二至百万分之零点五。陶瓷制品，美国、加拿大规定含铅量不得超过百万分之七，澳大利亚规定的含铅量不得超过百万分之二十。

美国要求其他国家或地区输往美国的食品、饮料、药品及化妆品必须符合美国的《联邦食品、药品及化妆品法》（Federal Food，Drug and Cosmetic Act），否则不准进口。

中国出口产品在卫生检疫规定面前频繁受阻，如日本在对中国出口的冷冻蔬菜实施农药残留检查中使用新鲜蔬菜的标准，限制了中国该类产品的对日出口。

WTO《实施卫生与植物卫生措施协议》要求成员在非歧视的基础上,以科学为依据,参照国际标准制定与实施卫生与植物卫生措施,相关措施要公开、透明。由于发展中国家经济发展水平与技术水平比较低,因而在使用卫生检疫措施作为限制进口手段方面还不具备条件。

中国与卫生检疫政策、法律、执行相关的主要机构包括国家食品药品管理局、卫生部、农业农村部、商务部、国家市场监督管理总局等。

(四) 商品包装和标签的规定

许多国家对于在国内市场上销售的商品要求符合各种包装和标签条例。这些规定内容复杂,手续麻烦。进口商必须符合这些规定,否则不准进口或禁止在其市场上销售,如新加坡要求黄油、人造黄油、食用油、米、面粉、白糖等依照标准进行包装,否则不得进口。许多外国产品为了符合有关国家的这些规定,不得不重新包装和改换商品标签,耗时费工,增加了商品的出口成本,削弱了商品的价格竞争能力。

另外,一些国家对于包装物料、瓶型均有具体的规定和要求。这些规定都在不同程度上限制了外国商品的进口。

由于技术性措施越来越多地被用作保护贸易的手段,已经成为国际贸易发展中的重要壁垒。《关税与贸易总协定》签署时就已经考虑到这一问题,1947 年《关税与贸易总协定》第二十条"一般例外"中规定,缔约方为保障人类、动植物的生命和健康可采取必要的措施。二十一条"安全例外"规定缔约方为保护国家基本安全利益可以采取必要的措施。1970 年,关税与贸易总协定专门成立小组,研究制定技术标准与质量认证程序方面的问题,并起草关于技术性贸易措施的协议。乌拉圭回合达成所有成员必须履行规范技术性贸易措施使用的《技术性贸易措施协议》。

 知识链接 ....

WTO《技术性贸易措施协议》的主要内容

一、适用产品范围

协议适用于所有产品,包括工业品和农产品。该协议没有涉及动植物卫生检疫措施,有关问题由《实施卫生与植物卫生措施协议》进行规范。

二、制定、实施技术性贸易措施应遵循的原则

(一) 必要原则

成员方只能采取为实现合法目标所必需的技术性措施。

(二) 贸易影响最小化原则

成员方应努力将采用技术性措施产生的贸易影响限定在最小范围,不应超过为实现合法目标所必需的程度。

(三) 协调原则

成员方应积极、充分参与国际标准化组织制定国际标准和合格评定程序的工作；积极考虑接受其他成员方的技术措施为等效措施；寻求成员方之间就合格评定程序通过谈判达成相互承认协议。

（四）对发展中国家特殊和差别待遇原则

成员方应采取措施确保国际标准化机构制定对发展中国家有特殊利益的产品的国际标准；鼓励发达国家通过技术援助帮助发展中国家制定和实施技术性措施。

三、技术法规、标准与合格评定程序的含义

（一）技术法规

技术法规是强制执行的有关产品特性或相关工艺和生产方法的规定，主要由国家政府部门和授权的非政府机构制定。技术法规涉及国家安全、环境保护、劳动保护等方面的内容。如果国际标准已经存在，成员应采用；如果存在的标准无法达到合法要求，可以自行设立标准。

（二）技术标准

技术标准是指经公认机构批准供使用的、非强制性的关于产品特性或相关工艺和生产方法的规定或指南。

（三）合格评定程序

合格评定程序是指任何直接或间接用于确定产品是否满足技术法规和标准的程序。成员方应采用国际标准化机构已经发布或即将发布的指南或建议来作为合格评定程序的基础。

四、及时通知规定

为确保成员方制定、实施的技术法规、标准和合格评定程序具有透明度，协议规定，如果成员方拟采用技术性措施不存在国际标准，或与国际标准不一致，且可能对其他成员方的贸易有重大影响，成员方应履行通知义务。通知内容应包括采取的目的和理由、涉及的产品，通知时间应在措施还没有被批准实施前，通过技术性贸易措施委员会和规定的出版物发布消息通知有关利益方。

资料来源：摘自WTO《技术性贸易措施协议》（2012版）。

二、社会壁垒

（一）社会壁垒的概念

社会壁垒是指以劳动者的劳动环境和生存权利为借口采取的贸易保护措施。社会壁垒由各种国际公约的社会条款形成，社会条款并不是一个单独的法律文件，而是对国际公约中有关社会保障、劳动者福利待遇、劳动者权利、劳工标准等方面规定的总称，它与公民权利和政治权利相辅相成。社会壁垒名义上是打着保护劳动者的幌子，实际上已经成为发达国家削弱发展中国家企业因低廉的劳动报酬、简陋的工作条件所带来的产品低成本竞争优势的一种手段。

（二）社会壁垒产生的原因

第一，发展中国家对劳动力成本优势的过度利用。发展中国家由于技术比较落后，且生产条件差。在国际市场竞争中整体处于劣势。为了降低产品的成本，提高产品在国际市场上的竞争力，发展中国家必须在劳动力成本上创造一些优势。由于各国劳工工资水平、工作时间、劳动环境和安全卫生状况等条件存在差异。因此，劳工标准低的国家生产成本较低，在国际贸易中有比较优势。发达国家认为发展中国家劳工标准低的成本优势必定造成向劳工标准高国家的"社会倾销"。所以发达国家提出在国际贸易自由化的同时，应在贸易协议中制定统一的国际劳工标准，并对达不到国际标准的国家的产品进行限制。

第二，发达国家跨国公司对高额利润的追求。一些发达国家的公司看中发展中国家劳动力成本低而且生产条件差的巨大优势，到发展中国家开办企业让当地劳工在低工资水平和恶劣的生产环境下长时间工作。当这些情况被曝光加上劳工组织抗议后，跨国公司不得不制定各自的社会责任守则。由于跨国公司间的社会责任守则存在差异，为了平衡和统一这些差异，由社会责任国际（SAI）制定了社会责任标准 SA8000。目前全球大采购集团非常看重有 SA8000 认证的企业的产品，这迫使很多企业投入巨大人力、物力、财力去申请与维护认证体系。

第三，各种国际公约和国际法律文件。国际上对劳工权益问题的关注由来已久，相关的国际公约有 100 多个，国际劳工组织也详尽地规定了劳动者权利和劳工标准问题。

第四，新贸易保护主义的抬头。发达国家为限制发展中国家的产品，降低发展中国家的产品在国际市场上的竞争力经常采用非关税壁垒这一手段。随着传统贸易壁垒作用的减弱，新贸易保护主义者急于寻求新的手段以保护其国内产业。发达国家为掩饰其贸易保护主义的行为使其保护贸易措施更"名正言顺"，硬是将劳工权益与经济问题挂钩并作为"社会条款"，从而逐渐成为社会壁垒。

（三）SA8000 的主要内容

在社会壁垒方面颇为引人注目的标准是 SA8000，用以规范企业员工的职业健康管理。SA8000（Social Accountability 8000）即"社会责任标准"，是根据《国际劳工组织公约》《世界人权宣言》和联合国《儿童权利公约》制定的全球首个道德规范国际标准，于 1997 年 10 月公布。SA8000 与 ISO9000 质量管理体系及 1SO14000 环境管理体系一样，皆为一套可由第三方认证机构审核的国际标准。通过标准认证的公司会获得证书，这说明企业在劳工标准方面符合要求。欧洲国家在推行 SA8000 上走在前列，美国紧随其后。欧美地区的采购商对该标准已相当熟悉。目前全球大型采购集团非常青睐有 SA8000 认证的企业的产品。SA8000 上要关注的是人，而不是产品和环境，其主要内容有：

第一，不得使用或者支持使用童工。

第二，不得使用或支持使用强迫性劳动，也不得要求员工在受雇起始时交纳"押金"或寄存身份证件。

第三,应尊重所有员工的结社自由和集体谈判权。

第四,不得因种族、社会阶层、国籍、宗教、残疾、性别、性取向、工会会员或政治归属等面对员工在聘用、报酬、培训、升职、退休等方面有歧视行为。公司不能允许强迫性、虐待性或剥削性行为,包括姿势、语言和身体的接触。

第五,不得从事或支持体罚,精神或肉体胁迫以及言语侮辱。

第六,在任何情况下都不能经常要求员工一周工作超过 48 小时。并且每 7 天至少应有 1 天休假。每周加班时间不得超过 12 小时。除非在特殊情况下及短期业务需要时,应保证加班能获得额外津贴。

第七,企业支付给员工的工资不应低于法律或行业的最低标准,并且必须足以满足员工的基本需求,并以员工方便的形式,如现金或支票支付。对工资的扣除不能是惩罚性的。应保证不采取纯劳务性质的合约安排或虚假的学徒工制度以规避有关法律所规定的对员工应尽的义务。

第八,应具备避免各种工业与特定危害的知识,为员工提供安全、健康的工作环境,采取足够的措施减少工作中的危险因素,尽量防止意外或健康伤害的发生,为所有员工提供安全、卫生的生活环境。

第九,公司高级管理层应根据 SA8000 制定符合社会责任与劳工条件的公共政策,并对此定期审核。委派专职的资深管理代表具体负责,同时让非管理阶层自选一名代表与其沟通,建立适当的程序证明所选择的供应商与分包商符合 SA8000 的规定。

(四) 社会壁垒的特点

1. 隐蔽性

正如以前的技术壁垒,发达国家通过制定标准来限制发展中国家的产品出口,从而实现贸易保护的目的。社会壁垒也具有隐蔽性的特点。跨国公司表面上提倡的是改善工人的工作环境等,实质上体现了发达国家的利益取向。

2. 复杂性

复杂性主要体现在认证的程序及费用上。例如,SA8000 是第三方认证,不仅要求企业系统地管理与 SA8000 相关的事宜,而且不同的企业规模认证费用也不相同。此外,认证有效期为 3 年,6 个月复审一次。因此,相比较而言,社会壁垒具有复杂性。

3. 强制性

发达国家以利润最大化为目标,要求企业承担社会责任的同时,将劳工标准作为前提条件,对发展中国家的产品出口数量尤其是订单形成无形的制约。如果企业不符合劳工标准,将会失去订单,这促使企业被动地接受劳工标准。

4. 双重性

社会壁垒有其合理的一面。可以说社会壁垒是从改善工人工作环境出发的,但是社会壁垒也有其不合理的一面,发达国家在倡导自由贸易的同时,却将劳工标准与订单挂钩,以实现保护贸易的目的。因此,双重性是社会壁垒的一个基本特点。

5. 广泛性

社会壁垒涉及的行业以及规模广泛。产品的范围不仅包括与劳工标准和人类健康相关的初级产品,而且包括中间产品和工业制成品。

6. 相对性

因为发达国家和发展中国家之间存在劳动力成本差异。发展中国家依靠其劳动力成本优势来发展劳动密集型产品并向发达国家出口,这就决定了社会壁垒是发达国家针对发展中国家提出的,所以有相对性的特点。

 知识链接

"强迫劳动"或成美对华新型贸易壁垒

2021年1至6月,美国海关与边境保护局(以下简称"美国海关")以使用"强迫劳动"生产为由,接连对中国的西红柿、棉花、海产品、硅粉及其下游产品签发暂扣令。事实上,美国海关对使用"强迫劳动"生产的产品发布暂扣令的历史由来已久,但之前被使用的频率并不高。在过去30年中,美国海关涉及中国产品的暂扣令总共也只有44个。目前美国海关发布的有效的50个暂扣令中,针对中国产品的就有36个,比例高达70%,其中12个是2020年后发布的。所有针对中国产品的暂扣令中,绝大部分都是针对特定公司的特定产品,但是最近三次针对棉花、西红柿、硅粉及其下游产品的暂扣令涉及的实体范围和产品范围都非常广泛,影响也很大。

种种迹象表明,"强迫劳动"有可能会成为除了"337调查"、保障措施、反倾销和反补贴调查外,美国对华贸易壁垒中一种新的常规手段。"强迫劳动"作为非关税贸易壁垒,杀伤力巨大,它凭借暂扣令可以把相关产品完全排除在美国大门之外,而且还可能会牵扯到该产品的下游产品以及其他国家转运或者使用该产品加工后的货物。除非美国海关撤销,暂扣令是没有终止日期的。

根据美国《1930年关税法》第307节规定,禁止将全部或部分由强迫劳动或契约劳动包括强迫童工所开采、种植或者生产的外国产品进口至美国,除非该产品的进口是为了满足美国国内的消费需求。2016年2月,美国时任总统签署《2015贸易便利和贸易执行法案》,删除了上述除外条款,明确禁止在任何情况下进口全部或部分由罪犯、强迫劳动或契约劳动所生产的外国产品。从那时开始,美国海关着手建立起内部专职部门和智库,用于执行"强迫劳动"的相关工作。

在判断某一企业或者某一产品或者某一地区是否存在"强迫劳动"的情况时,美国海关拥有很大的自由裁量权,只要美国海关可获得信息合理但并非结论性的显示货物是由"强迫劳动"制造的,这些货物进口到美国就会面临进口禁令的风险。美国海关可以指示海关工作人员扣留含有这些产品的货物,包括在第三国转运或者加工后的货物。

当美国海关确定某一企业或者某一产品或者某一地区存在"强迫劳动"的情况时,通常

是通过发放暂扣令的方式,以达到将含有"强迫劳动"的商品禁止进入美国的目的,但有时候美国海关也会通过发出海关申报单28信息请求或者进行风险分析和调查评估的方式来审查更多的相关信息。

对于已经被扣押的货物,进口商有两个选择:一是把被扣押的产品转运到非美地区,二是在三个月内通过向美国海关提交相关文件来证明货物并没有使用"强迫劳动"生产。如果在三个月内被扣押的货物既没有转运也没有被证明没有使用"强迫劳动"生产,美国海关就会销毁该货物。

由于美国海关的审查非常苛刻,并且把举证的责任全部转移到进口商,进口商需要出口商以及出口商的上游供应商来配合提供完整的证据链,其中一个环节没法证明也就没法满足美国海关的审查要求。因此,被扣押货物的企业应该尽快寻求专业律师的帮助,并在专业律师的指导下,协调供应商提供一切有用的证明文件。当然,也需要做好没有通过美国海关审查得不到放行而需要把货物转运至第三国甚至运回国内的准备。由于在证明资料是否充分的认定上,美国海关具有很大的自由裁量权,如果出口商和进口商认为美国海关的审查存在法律上的问题,也完全可以通过美国国际贸易法院寻求救济。

资料来源:中国贸易报

三、动物福利壁垒

(一) 动物福利的概念与主要内容

动物福利(animal welfare)是1976年由美国人休斯(Hughes)提出的,是指农场饲养中的动物与其环境协调一致的精神和生理完全健康的状态。动物福利所强调的不是人类不能利用动物,而是应该怎样合理、人道地利用动物,尽量保证那些为人类做出贡献和牺牲的动物享有最基本的权利。

动物福利主要包括以下五个方面内容:

一是动物享有不受饥渴的自由。要保证向动物提供充足的清洁水和保持动物健康、精力所需的食物,满足动物的生命需要。

二是动物享在生活舒适的自由。要为其提供适当的栖息场所,保障动物舒适的休息和睡眠。

三是动物享有不受痛苦、伤害和疾病的自由。要保证动物不受额外的疼痛,要对动物采取疾病预防措施并对患病动物及时治疗。

四是动物享有生活无恐惧和悲伤感的自由。要保证动物免遭各种精神痛苦。

五是动物享有表达天性的自由。要为其提供足够的空间、适当的设施以及与同类伙伴在一起的环境和条件。通俗地讲,就是在动物的饲养、运输和屠宰过程中,要尽可能减少其痛苦,不得虐待动物。

目前,世界上已有100多个国家和地区制定了比较完善的动物福利法规,如美国、澳大利亚、新加坡、马来西亚、泰国、日本等国家和欧盟等地区就制定了比较完善的这类法规。

(二) 动物福利壁垒产生的原因

首先,发达国家保护国内市场的需要。在当前大税大幅降低和传统非关税壁垒不断被消除和得到规范的情况下,西方一些发达国家利用文化教育、传统习俗等方面的优势或影响力,以自己国家的动物法案为屏障,阻止一些来自发展中国家的动物源性商品的进口。将动物福利与国际贸易紧密挂钩,从而形成了一种特殊的、新的贸易壁垒——动物福利壁垒。动物福利壁垒可以说是绿色壁垒的扩展和深化。

其次,动物福利的国家间差距是设置动物福利壁垒的客观原因。动物福利的国家间差距是指不同国家在实行动物福利方面有的客观差距,这种差距主要表现在西方发达国家与发展中国家之间,如在公众理念和认识方面的差距;在动物福利立法方面的差异;在动物喂养、运输及屠宰方面的差距等。这些差异的存在使得发展中国家很难在短时间内达到发达国家的动物福利标准,发达国家可以利用这些差距来设置动物福利壁垒,从而保护本国农民的利益。

最后,世界贸易组织协议中的有关规则使动物福利壁垒有据可依。一些西方国家要求重视动物福利的呼声日益强烈。就国际范围而言,有关动物福利的内容列入世界贸易组织新一轮农业谈判方案草案,这就为发达国家进一步提出某些农产品国际贸易的动物福利规则创造了条件。这表明在未来的农产品国际贸易中,不同国家之间因动物福利引发的矛盾将呈现上升趋势。

(三) 动物福利壁垒的特点

1. 合理性和合法性

随着经济的发展和社会的进步,人们对待动物的态度也发生了一系列变化。从把动物仅仅当作人类生存的资源发展到保护动物最后提升到了福利保护的地位,不能不说是社会的进步、观念的进步。于是,一些国家特别是西方发达国家纷纷制定动物福利法规。另外,随着生活水平的提高,发达国家对食品的安全与卫生有着越来越严格的要求,而世界贸易组织又规定允许成员采用旨在保障人民、动植物的生命或健康的措施。因此,利用动物福利名义设置贸易壁垒,不仅穿上了符合进口国法律的外衣,而且能获取社会公众的同情和支持。

2. 歧视性和隐蔽性

由于各国的国情不同,经济发展水平差异较大,如果用对发达国家的动物福利标准来要求发展中国家,这对发展中国家来说是不公平的,是一种变相的歧视。以动物福利的名义设置的贸易壁垒又涉及社会道德问题,从而就更加具有合理性和隐蔽性。

3. 复杂性和争议性

动物福利是一个复杂的问题,它既涉及动物保护,又涉及国际贸易,还与社会发展和伦理道德有关。动物福利问题有它合理的一面,但如果以动物福利的名义来设置贸易壁垒并用在对发展中国家的贸易上,在人类的需求没有得到满足之前,优先考虑满足动物的基本需求乃至"精神需求"的做法,对发展中国家而言不仅不公正,而且对它们的国民似乎是一种嘲弄。这种变相的贸易保护可能会造成人道主义的灾难。因此,动物福利问题是一个复杂的、具有很大争议性的问题。如果仅仅从其中一个方面孤立地看待这个问题,则不仅不会解决问题,反而会引起诸多负面影响。

4. 低成本和易操作性

动物福利壁垒不同于其他的技术贸易壁垒,具有明显的道德壁垒性质。有关动物福利法及其细则的规定,界定比较清楚,实际操作比较方便、简单,不需要大量的技术检测设备,也不需要许多专门的技术人员,执行成本低,涉及范围广,实用价值大。

总体来看,动物福利壁垒既有合理、合法的一面,也有被贸易保护主义者利用的一面。滥用动物福利壁垒会严重扭曲国际贸易的正常发展。一方面,动物福利壁垒增加了企业的出口成本,削弱了企业产品的国际竞争力。一些发达国家对动物从出生、养殖、运输到屠宰加工过程制定了一系列具体、严格的标准,发展中国家要想向其出口动物源性产品就必须符合这些动物福利标准。这样无形之中会增加养殖成本、人力成本、运输成本和加工成本,使企业产品因成本的增加而失去价格优势,从而影响企业产品的国际竞争力。另一方面,动物福利壁垒极易引发贸易摩擦。由于发展中国家经济水平、生产方式、消费结构和传统习俗等与西方发达国家存在很大的差异,所以以动物福利的名义来设置贸易壁垒,必然导致贸易摩擦的产生。

四、服务贸易壁垒

(一) 服务贸易壁垒的概念

服务贸易壁垒一般是指一国政府对外国服务生产者或提供者的服务提供或销售所设置的起阻碍作用的政策措施,即凡直接或间接地使外国服务生产者或提供者增加生产或销售成本的政府措施均属于服务贸易壁垒。服务贸易壁垒的目的如下:一方面保护本国服务市场,扶植本国服务部门,增强其竞争力;另一方面抵御外国服务的进入,削弱外国服务的竞争力。

(二) 服务贸易壁垒产生的原因

一国对服务贸易进行干预主要出于两方面的考虑:一是出于本国经济独立性的考虑。在一国之中,许多服务业部门,如交通运输、通信、电力、金融等属于一国经济的关键部门。一旦这些部门为外国所控制,一国经济的独立性就会受到极大威胁,甚至会导致“依附经济”的产生。一旦形成这种局面,一国的经济及对外贸易的发展对其本国人民来说就是十分有限的,甚至是有害的,从而出现“贫困化的经济增长”或“没有经济发展的野蛮增长”。二是出于政治、文化上的考虑。这是服务贸易保护主义不同于商品贸易保护主义的一个十分重要的方面。教育、新闻、娱乐、影视、音像制品等服务部门虽非一国国民经济命脉,却属于意识形态领域。任何国家的政府都希望保持本国在政治、文化上的独立性,反对外国文化的大量入侵,因此会对这些部门进行保护。另外,服务贸易壁垒也有利于维持国内就业、保护本国幼稚服务业的成长与发展、保持国际收支平衡等。

（三）服务贸易壁垒的内容

1. 限制贸易的壁垒

服务贸易的过程是由一方面提供一定的服务，而另一方面支付一定的报酬。限制贸易的壁垒就是阻碍这一过程实现的政策措施。其主要手段有：

（1）税收歧视。对外来的经济组织或个人所提供的服务或者购买的服务征收过高或额外的税。其本质与货物的进出口税相同，只是国内税费比关税远远缺乏透明度和统一性，并多由不同的服务行业行政主管部门制定，税率不稳定，地区差异大，可见度低。因此，税收歧视对服务贸易的预期收益能否实现影响较大，成为一种较有力的服务贸易壁垒而被广泛地运用。

（2）补贴。补贴是国家通过直接拨款或税收优惠等手段，对本国的某些服务行业进行补贴，扶持其发展，增强其国际竞争力。补贴在客观上可以形成对外国服务业的歧视，阻碍其进入本国。

（3）国家垄断与政府购买。一方面，许多服务业，包括航空、邮政、电信、铁路等，在大多数国家都存在不同程度的国家垄断，使得这些行业的进入壁垒特别高，甚至根本不可能进入。另一方面，政府作为社会政治、经济、文化等各项事业的组织者与管理者，是服务产品的一个很大的购买者，而其在购买时常常会偏向于优先购买本国的服务产品，从而形成对外国服务产品的歧视。

（4）外汇管制。这主要指一些发展中国家采取的控制外汇在本国境内的持有、流通与兑换，以及对外汇的出入境实行管制的政策。它限制了本国居民及各类组织团体对外国服务产品的消费与支付能力，同时也限制了外国服务业在本国的业务量。

2. 限制主体的壁垒

与货物贸易相比，服务贸易所具有的特殊性，使得在这个领域产生了独特的贸易壁垒。服务贸易壁垒多针对人员的过境移动以及一国人员到另一国境内从事服务经营的资格与具体活动能力条件等。其主要有以下几种形式：

（1）资格限制。资格限制一般指对外国个人与组织在本国经营某种服务业的权利进行限制。例如，许多国家禁止外国银行及其他金融机构在本国设为分支机构，有的虽允许其建立分支机构，但要求其必须与母行中断业务上的直接联系。

（2）股权限制。股权限制是指虽然允许外国服务经营者在本国开业，但东道国要求必须参股，并且要求占有多数控股权，以此维持本国对该行业的控制。例如，有的国家要求在外来保险公司中占多数控股权。

（3）经营限制。经营限制是通过对外国服务实体在本国的活动权限进行规定，以限制其经营范围、经营方式等，甚至干预其具体的经营决策。例如，对外资保险机构，禁止其经营某些业务；对外国银行，限制其只能在低储蓄率的地区开业；对外国咨询公司，要求其必须与本国相应的机构合作经营业务等。服务贸易的经营限制是一种可调性较强的壁垒。各种经营限制的内容及限制的程度、方式等均可依本国社会经济及产业发展的要求和国际服务贸易自由化推进的要求而不断做出相应的变化及调整。另外,随着服务贸易自由化的逐步推进,对具体经济权限的限制则既体现了适度的对外开放,又往往能有的放矢地削弱外国服务经营者在本国的竞争力和获利能力。因此,这将成为国际服务贸易的一种十分重要的壁垒形式。

(4)信息限制。信息是许多服务产业的战略资源。如果不能及时准确地获取所需的信息资料,往往意味着一个服务经营实体将陷入瘫痪。现代电信技术的发展已经极大地改变了金融、保险、商贸等国际服务领域的发展面貌。一国公共电信传输网及其服务(如数据交换、视频通信等)在何种程度上对外开放,即允许外国服务者进入使用、分享在很大程度上决定了外国的金融、保险、商贸等基于电信传递技术的、进行国际信息交流的服务业进入该国的可能性。

(四)服务贸易壁垒的特点

有别于有形的货物贸易,服务贸易的无形性、不可储存性、生产与消费的同步性等特点,决定了服务贸易壁垒主要有以下几个方面特点:

(1)服务贸易壁垒主要通过以国内立法或政策为主的非关税形式施行。服务贸易在跨国界移动时通常以人员、资本、信息等形式的流动表现出来,服务过境的过程很难看到,因为无法进行海关登记,所以各国政府对本国服务业的保护无法采取关税壁垒的方式,而只能采取上述的非关税壁垒方式,这种保护通常通过国内立法或政策加以推行。同时,这种以国内立法形式实施的非关税壁垒与货物贸易壁垒相比往往更具刚性和隐蔽性。这是服务贸易壁垒不同于货物贸易壁垒的主要特点。

(2)服务贸易壁垒缺乏统一性。服务贸易壁垒主要以国内立法或政策为主,往往国内各个不同部门掌握制定,庞杂繁复,缺乏统一协调。

(3)服务贸易壁垒通常对"人"(自然人、法人及其他经济组织)的资格与活动遵行限制。货物贸易的标的是有形的货物,因此,其壁垒对贸易中的货物进行管制。而服务贸易是由活劳动提供的特殊使用价值,其普遍表现的不是有形货物与货币的交换,而是活劳动或作为这种活劳动的物化产品与货币的交换。因此,服务贸易壁垒主要是对提供这种活劳动的自然人、法人及其他经济组织进行限制。

(4)服务贸易壁垒维护的政策目标更为广泛。服务贸易壁垒除了维护商业贸易的利益,还强调国家的安全与主权利益。例如,一国经济中的关键部门或虽非一国国民经济命脉,但属于意识形态领域的部门。

五、绿色贸易壁垒

20世纪90年代以来,发达国家对进口产品的健康、环保标准不断提高,实质上形成了以健康、环保为核心的绿色贸易壁垒,主要措施包括以下几个方面。

(一)绿色标准与检疫要求

进口国家对商品中有害物质含量制定了更为严格的标准,如食品中农药残留量的规定、陶瓷产品的含铅量规定、食品与服装的重金属含量规定等。

以韩国为例,2002 年,在事先没有通报的情况下,韩国对中国出口的枸杞子、干萝卜丝、当归、黄芪、干桔梗、生姜、藕等 11 种产品实施二氧化硫精密检验,对活鳗鱼、活鳗鱼实行严格的鱼体激素含量检查,采取"先精密检验,后通关"的管理措施,延长通关时间(一般为 3～4 天),致使活鱼存活率下降,阻碍了中国对韩国的活鱼出口。

韩国一直把中国全境视为一个检疫区,一旦发现某一地区存在韩国禁止入境的动植物疫病或虫害,中国非疫区生产的产品也将被禁止进口。另外,中国对韩国出口畜产品的企业必须先经韩国评估注册,获得资格后才能出口,并需要经历苛刻的检疫检验过程,才能进入韩国国内市场。

在纺织品服装贸易中,欧美越来越重视环境技术标准的制定与实施,严格禁止任何威胁人类健康的产品入境。欧盟在 1992 年就开始禁止含有 51 种化学物质棉布织造的服装进口。欧美目前对纺织品进口依照环保要求需要检测七方面的内容,包括酸碱度、甲醛、重金属(砷、镉、钴等 10 种)、杀虫剂、五氯苯、偶氮染料、颜色牢固度。根据与皮肤接触程度、是否属于儿童服装来确定不同的限值。

(二)绿色环境标志要求

产品是否拥有绿色环境标志成为能否进口的标准。绿色环境标志表明该产品不但质量符合标准,而且在生产、使用、消费、处理过程中符合环保要求,对生态环境和人类健康均无损害。

德国于 1978 年率先提出"蓝天天使"计划,推出"生态环境标准"标志,欧盟于 1993 年推出欧洲环境标志,凡有此标志的商品才可以在欧盟成员自由通行。

为保护环境和世界经济的可持续性增长,国际标准化组织于 1996 年开始陆续颁布系列环境管理标准 ISO14000,以期加强环境保护,控制污染,推动绿色革命,倡导绿色消费,统一全球环境保护评价标准。

(三)绿色包装、标签要求

绿色包装是指节约资源、减少废弃物的产生、可回收再使用或可再生、易于自然分解、不污染环境的包装,如英国在 2000 年实行包装废弃物 50%～75%重新使用标准。日本强制推行《回收条例》《废弃物清除条件修正案》。丹麦以保护环境的名义,要求所有进口的啤酒、矿泉水、软性饮料一律使用可再生的容器,否则不允许进口。

美国《食品标签法》规定,美国所有包装食品,包括全部的进口食品,都必须强制性使用新标签,食品中的添加剂,如防腐剂、合成色素等必须在配料标示中依照标准的专用名称,如实标注。

(四)绿色补贴

一些国家的政府在企业无力投资新环保技术、环保设备和开发清洁技术产品时可能会提供补贴。发达国家要求将环境和资源成本内在化,也就是执行"污染者付费"原则,因此进口国家往往以环境补贴为由对接受补贴的进口商品提出反补贴起诉。

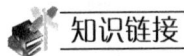

WTO《实施卫生与植物卫生措施协议》的主要内容

一、卫生与植物卫生措施的范围措施

所有相关的法律、法规、要求和程序；产品标准；工序和生产方法；检测、检验、出证和审批程序；检疫处理；有关统计方法、抽样程序和风险评估方法的规定；与食品安全直接有关的包装与标签规定等。

二、建立和实施卫生与植物卫生措施的前提

（1）允许成员建立和实施卫生与植物卫生措施。

（2）正当使用基于国际标准的卫生与植物卫生措施。

三、成员方应遵守的规则

（一）非歧视原则

成员在实施卫生与植物卫生措施时，应遵守非歧视原则，不能对不同成员构成歧视、实施差别待遇。

（二）以国际标准为基础

各成员应根据现行的国际标准制定本国的卫生和植物卫生措施，如果标准高于国际标准，必须有科学依据，不得以此构成贸易歧视或障碍。

（三）公平对待出口成员

如果成员对出口产品采取的卫生与植物卫生措施客观上达到了进口成员的水平，进口成员就应该接受，允许产品进口。

（四）根据有害生物的风险确定保护水平

进口成员专家在产品进口前对其可能带入的病虫害的传播和危害，或者对食品添加剂、污染物、毒素或致病有机体的潜在不利影响等的科学分析是建立和实施卫生与植物卫生措施的依据。

（五）保持政策法规的透明度

及时公布、提前公布以使出口成员的生产商有时间调整产品，适应进口成员的要求。

（六）发展中成员享有特殊待遇

成员方在制定和实施卫生与植物卫生措施时，应考虑到发展中国家的特殊情况。成员方同意通过双边或相应的国际组织向发展中国家提供技术援助。

资料来源：摘自 WTO《实施卫生与植物卫生措施协议》（2012 版）。

第四节 | 非关税壁垒的经济效应

非关税壁垒名目繁多，涉及面广。所以非关税壁垒对国际贸易和相关的进出口国家的影响较难估计,但主要可以从以下几个方面分析其经济效应。

一、非关税壁垒对国际贸易发展的影响

非关税壁垒对国际贸易的发展起着很大的阻碍作用,与关税壁垒对国际贸易的影响及各国普遍提高关税、加强关税壁垒的影响相似。但由于非关税壁垒具有限制进口的作用大、针对性强、隐蔽性大等特点,其对国际贸易的危害更大。

一般来说,在其他条件不变的情况下,世界性的非关税壁垒加强的程度与国际贸易增长的速度成反比关系。例如,20 世纪 50 年代到 70 年代初,为了促进战后经济增长,各国在大幅减少关税壁垒的同时还大幅地放宽和取消进口数量限制等非关税措施,因而在一定程度上促进了国际贸易的发展。1950—1973 年,世界贸易量年均增长率达到 7.2％。而 20 世纪 70 年代中期后,随着贸易保护主义的加强,许多国家采取了形形色色的非关税壁垒措施,世界贸易量年均增长率也随之下降。

二、非关税壁垒对进口国的影响

非关税壁垒对进口国来说,可以限制进口,保护进口国的市场和生产,但也会引起进口国国内市场价格上涨。以进口国采取直接的进口数量限制措施为例,不论国外的价格上升还是下降,也不论国内的需求有多大,都不增加进口。这就会引起因内外之间的价格差异拉大,使进口国国内价格上涨,从而保护了进口国同类产品的生产,这在一定条件下可以起到保护和促进进口国有关产品的生产和发展的作用。

非关税壁垒的加强会使进口国消费者付出巨大的代价,因为消费者需要对进口商品支付更高的价格。与此同时,以进口商品为原材料或投入品的出口商品也会由于成本的增加而使出口价格上涨。为了增加出口,政府只有采取出口补贴等措施,从而增加了国家预算支出并加重了人民的税收负担。

三、非关税壁垒对出口国的影响

进口国加强非关税壁垒措施,特别是实行直接的进口数量限制,固定了进口数量,将使出口国的商品出口数量和价格受到严重影响,造成出口商品增长率的下降、出口数量的减少和出口价格的下跌。

一般来说,如果出口国的出口商品的供给弹性较大(即价格受供给量变化的影响不大),则出口商品的价格受进口国非关税壁垒的影响而引起的价格下跌也不大;反之如果出口国的出口商品的供给弹性较小(即价格受供给量变化的影响较大),则这些商品的价格受进口国非关税壁垒的影响而引起的价格下跌将较大。由于大部分发展中国家的出口产品供给弹性较小,所以世界性非关税壁垒的加强使发展中国家受到严重的损害。

课 堂 测 试

班级＿＿＿＿＿＿ 姓名＿＿＿＿＿＿ 学号＿＿＿＿＿＿ 成绩＿＿＿＿＿＿

一、单项选择题(本大题共 10 小题,每题 4 分,共 40 分)

1. 成本性外汇管制是指一国外汇管理机构对外汇买卖实行(   )制度。利用外汇买卖成本的差异,间接影响不同商品的进出口。

   A. 市场汇率　　　　　　　　　　B. 官方汇率

   C. 复汇率　　　　　　　　　　　D. 两种汇率同时使用

2. 进口配额制属于非关税壁垒中的(   )。

   A. 服务贸易壁垒　　　　　　　　B. 数量或金额限制

   C. 技术性贸易壁垒　　　　　　　D. 国家直接参与进出口

3. 根据对来源国有无限制,进口许可证可以分为特殊许可证和(   )。

   A. 公开一般许可证　　　　　　　B. 有配额的许可证

   C. 无配额的许可证　　　　　　　D. 特别许可证

4. 在一定时期内,对某些商品的进口数量或金额规定一个最高数额,达到这个数额后,就不能进口,它是(   )。

   A. 关税配额　　B. 绝对配额　　C. 国别配额　　D. 自主配额

5. "自动"出口配额制与进口配额制比较,它具有明显的(   )。

   A. 强制性　　　B. 歧视性　　　C. 针对性　　　D. 隐蔽性

6. (   )是指以劳动者的劳动环境和生存权利为借口采取的贸易保护措施。

   A. 绿色壁垒　　　　　　　　　　B. 社会壁垒

   C. 动物福利壁垒　　　　　　　　D. 服务贸易壁垒

7. 进口押金制是通过(   )来达到限制进口目的的。

   A. 限制进口数量　　　　　　　　B. 加大进口商资金负担

   C. 加大出口商的资金负担　　　　D. 提高进口关税率

8. (   )对组内一些所谓敏感性产品作为特别项目另行规定额数,以达到严格限制出口的目的。

   A. 总限额　　　B. 组限额　　　C. 个别限额　　D. 磋商限额

9. (   )是指国家制定法令,规定政府机构在采购时要优先购买本国产品的做法。

   A. 进口配额制　　　　　　　　　B. 进口许可证

   C. 外汇管制　　　　　　　　　　D. 歧视性政府采购政策

10. (   )是指农场饲养中的动物与其环境协调一致的精神和生理完全健康的状态。

    A. 动物管理　　B. 动物饲养　　C. 动物福利　　D. 动物关注

二、多项选择题(本大题共 5 小题,每题 6 分,共 30 分)

1. 与关税壁垒相比较,非关税壁垒具有的特点有( )。
   A. 直接性
   B. 间接性
   C. 歧视性和隐蔽性
   D. 灵活性
   E. 针对性

2. 下列各项中,属于进口配额制的有( )。
   A. 关税配额
   B. 绝对配额
   C. 自主配额
   D. "自动"出口配额制
   E. 协议配额

3. 下列各项中,属于技术性贸易措施的有( )。
   A. 技术标准
   B. 卫生检疫
   C. 包装与标签方面的规定
   D. 关税
   E. 海关估价

4. 下列非关税壁垒能够直接起到限制进口作用的有( )。
   A. 进口押金制   B. 进口许可证制   C. 进口最低限价制   D. 进口配额制
   E. 复杂的技术标准

5. 直接限制进口商品数量或金额的非关税壁垒有( )。
   A. 进口配额制
   B. "自动"出口配额制
   C. 进口许可证制
   D. 外汇管制
   E. 进口押金制

三、判断题(本大题共 10 小题,每题 3 分,共 30 分)

1. 优惠性关税配额是对关税配额内的进口商品,给予较大幅度的关税减让,甚至免税,而对超过配额的进口商品则征收很重的附加税或罚款。 ( )

2. 非优惠性关税配额是对关税配额内的进口商品,给予较大幅度的关税减让,甚至免税,而对超过配额的进口商品则征收很重的附加税或罚款。 ( )

3. "自动"出口配额制是出口国家或地区为保证国内市场供应而采取的限制商品出口的措施。 ( )

4. 最低进口限价是一国政府规定某种进口商品的最低价格,凡进口货价高于规定的最低价格则征收进口附加税或禁止进口。 ( )

5. 进口押金制是通过加重进口商的资金负担来限制商品进口的。 ( )

6. 社会壁垒方面颇为引人注目的标准是 SA8000。 ( )

7. 质量认证与合格评定程序是指任何直接或间接用以确定产品或服务、生产与管理体系是否满足技术法规和标准所要求的程序。 ( )

8. 动物福利所强调的是人类不能利用动物。 ( )

9. 动物福利的国家间差距是设置动物福利壁垒的客观原因。 ( )

10. 国内税(Internal Taxes)是指在一国的国境内,对生产、销售、使用或消费的商品所应支付的捐税。 ( )

第七章　出口促进与出口管制措施

知识导航

出口促进与出口管制措施
- 出口促进
  - 国家出口战略
  - 出口信贷与出口信贷担保
  - 出口补贴
  - 商品倾销
  - 外汇倾销
  - 促进出口的行政组织措施
- 经济特区措施
  - 自由港或自由贸易区
  - 保税区
  - 出口加工区
  - 海关对出口加工区的管理
  - 多种经营的经济特区
  - 自由边境区
  - 过境区
  - 科学工业园区
- 出口管制
  - 出口管制的目的
  - 出口管制的产品类型
  - 出口管制的形式
  - 出口管制措施

学习目标

1. 了解出口促进措施的具体内容。
2. 理解出口促进与出口管制的含义。
3. 熟悉出口促进措施的类型。
4. 熟悉经济特区的基本形式。
5. 理解出口管制的形式与措施。

 思政课堂

中国(海南)自由贸易试验区

中国(海南)自由贸易试验区,简称"海南自贸区",又称"海南自贸港"。2018年,党中央决定支持海南全岛建设自由贸易试验区。

2018年4月14日,中共中央、国务院发布《关于支持海南全面深化改革开放的指导意见》(中发〔2018〕12号),明确以现有自由贸易试验区试点内容为主体,结合海南特点,建设中国(海南)自由贸易试验区,实施范围为海南岛全岛。

2018年10月16日,国务院批复同意设立中国(海南)自由贸易试验区(以下简称海南自贸试验区)并印发《中国(海南)自由贸易试验区总体方案》。10月29日,2018"一带一路"媒体合作论坛中国(海南)自由贸易试验区政策介绍会在海南博鳌召开。

2020年4月26日,十三届全国人大常委会第十七次会议审议相关决定草案,拟授权国务院在中国(海南)自由贸易试验区暂时调整实施土地管理法、种子法、海商法的有关规定。

(一)发展定位

建设中国(海南)自由贸易试验区(以下简称自贸试验区)是党中央、国务院着眼于国际国内发展大局,深入研究、统筹考虑、科学谋划做出的重大决策,是彰显我国扩大对外开放、积极推动经济全球化决心的重大举措。为深入贯彻习近平总书记在庆祝海南建省办经济特区30周年大会上的重要讲话精神,落实《中共中央国务院关于支持海南全面深化改革开放的指导意见》要求,高标准高质量建设自贸试验区,制定《中国(海南)自由贸易试验区总体方案》。

要发挥海南岛全岛试点的整体优势,紧紧围绕建设全面深化改革开放试验区、国家生态文明试验区、国际旅游消费中心和国家重大战略服务保障区,实行更加积极主动的开放战略,加快构建开放型经济新体制,推动形成全面开放新格局,把海南打造成为我国面向太平洋和印度洋的重要对外开放门户。

(二)发展目标

对标国际先进规则,持续深化改革探索,以高水平开放推动高质量发展,加快建立开放型生态型服务型产业体系。到2020年,自贸试验区建设取得重要进展。

(三)实施范围

中国(海南)自贸试验区的实施范围为海南岛全岛。自贸试验区土地、海域开发利用须遵守国家法律法规,贯彻生态文明和绿色发展要求,符合海南省"多规合一"总体规划,并符合节约集约用地用海的有关要求。涉及无居民海岛的,须符合《中华人民共和国海岛保护法》有关规定。

(四)功能划分

按照海南省总体规划的要求,以发展旅游业、现代服务业、高新技术产业为主导,科学安

排海南岛产业布局。按发展需要增设海关特殊监管区域，在海关特殊监管区域开展以投资贸易自由便利化为主要内容的制度创新，主要开展国际投资贸易、保税物流、保税维修等业务。在三亚选址增设海关监管隔离区域，开展全球动植物种质资源引进和中转等业务。

（五）项目签约

2018 年 12 月 28 日，海南省 17 个市县同时举行海南自由贸易试验区第二批建设项目集中开工和签约活动，共开工项目 147 个，总投资 1 083 亿元；签约项目 104 个，总投资 1 582 亿元。

2019 年 3 月 18 日，海南自由贸易试验区建设项目第三批集中开工和签约。第三批开工项目 131 个，总投资 476 亿元人民币；集中签约项目 50 个，总投资 935 亿元。

思考：我国成立海南自由贸易试验区的目的是什么？

资料来源：中国政府网

第一节｜出口促进

一、国家出口战略

多数国家都非常重视出口对经济增长的拉动作用，从经济增长全局考虑出口促进，实施"国家出口战略"，以美国最为典型。

克林顿执政期间，面对美国贸易逆差加剧、国内失业率居高不下的局面，着手制定新贸易政策，强调对外贸易政策、政府干预对美国经济安全的重要性，并坚持以自由、公平贸易准则取代自由贸易原则，以提升美国产品出口及国际市场竞争力。美国《国家出口战略报告》序言明确指出，出口是保持美国经济健康发展和国民生活水平提高的根本所在。

1990 年，美国每千美元出口占用出口促进资金 0.59 美元，法国达到 1.99 美元，意大利达到 1.71 美元，英国达到 1.62 美元；在出口促进海外机构设立方面，法国 180 个，英国达到 185 个；每 10 亿美元出口所对应的工作人员，法国为 5.87 人，英国为 8.05 人，美国为 1.56 人。通过以上数字可以看出，在向企业提供出口促进服务方面美国显然落后于其他一些国家。

1993 年，美国开始实施出口计划，具体措施包括以下几方面。

（一）建立贸易促进协调委员会

美国贸易促进协调委员会（Trade Promotion Coordinating Committee，TPCC）由商务部（Department of Commerce）、财政部（Department of Treasury）、国防部（Department of Defense）、农业部（Department of Agriculture）、劳工部（Department of Labor）、运输部（Department of Transportation）、贸易代表办公室（Office of the United States Trade Representative）、小企业管理局（Small Business Ad-ministration）、进出口银行（Export-

Import Bank of United States)、国务院(Department of State)、贸易开发署(Trade and Development Agency)、经济顾问委员会(Council of Economic Advisors)、海外私人投资公司(Oversea Private Investment Corporation)、国际开发署(Agency for International Development)、环境保护署(Environmental Protection Agency)、能源部(Department of Energy)、国内事务部(Department of Interior)、国家安全委员会/国家经济委员会(National Security Council/National Economic Council)、管理与预算办公室(Office of Management and Budget)等20个机构组成,主要宗旨是密切联邦政府各有关部门出口促进的合作,有效执行国家出口战略。

贸易促进协调委员会每年须向国会递交"国家出口战略"报告。

(二) 减少出口管制

商品和技术出口管制是冷战时期的产物,也是美国商品贸易逆差不断扩大及国际竞争力下降的直接原因。仅出口管制一项,每年就使美国出口商损失100亿～200亿美元。冷战结束后,美国政府逐渐意识到放松出口管制的必要性,过时且无效的出口管制(尤其是对高科技产品的出口管制)对于消除威胁国家安全(包括经济安全)的因素是无助的。鉴于此,TPCC放松了对包括电脑、电信设备等的先进技术产品的出口管制。为帮助美国企业应付外国的管制,联邦政府还鼓励本国厂商积极参与制定标准的活动,大力推广和采用美国标准。

(三) 出口促进

建立以商务部为中心的出口促进服务体系。

1. 建立贸易信息中心

国际市场竞争很大程度上是市场信息的竞争,能否及时获得充分有效的市场信息往往直接影响到出口。然而,由于信息的不对称和不完善性,以及企业本身获取信息能力的限制,出口企业不可能获得完全的市场信息,因而提供充分、有效的贸易信息就成为政府出口促进的重要组成部分。美国商务部下设的贸易信息中心的职能主要包括以下几个方面:

(1) 针对所有政府出口促进方案向美国企业提供咨询。

(2) 针对出口程序向美国企业提供辅导。

(3) 针对标准、贸易管制、分销渠道、贸易机会、关税及边境税收、海关程序、常见的商务问题等向美国企业提供国别和地区咨询。

(4) 承接市场调研和交易导引工作。

(5) 帮助企业获取《北美自由贸易协定》及其他自由贸易协定的原产地证书或相关文件。

(6) 提供海外和国内与国际贸易有关的推广活动信息。

(7) 向企业介绍其他贸易促进机构信息提供服务的情况。为帮助美国企业获得海外合同,特别是外国政府大宗采购项目信息,贸易信息中心通过政府各部门和海外机构汇集100多个主要政府采购项目与特定国家的市场资料供出口企业查询。

2. 设立出口援助中心

美国设立出口援助中心的宗旨是密切联邦、地方政府和私人企业之间的合作,为出口企业提供快捷有效的服务。截至 2008 年年底,美国已在国内 100 多个城市设立出口援助中心 108 个、海外办公室 150 多个,覆盖美国海外市场的 96%,为美国企业特别是中小企业提供贸易信息与融资支持。

出口援助中心的专家可以针对美国企业的全球商务活动提供解决方案,具体内容包括以下几个方面:

(1) 为客户的产品寻找最好的市场机会。

(2) 依据商务办公室的信息,帮助客户开发可行的市场进入战略。

(3) 通过为客户提供分销渠道、定价、贸易产品展示等方面的咨询,促进企业出口战略的实施。

(4) 为企业获取联邦政府、地方政府及私人机构的贸易融资提供帮助。更多的情况下,出口援助中心是与地方政府、相关私人机构共建,以便于企业获得各方能够提供的、更好的帮助。

(四) 出口融资

在出口融资方面,政府的作用是向出口企业提供私人机构因风险原因而不愿提供的金融服务,主要措施包括以下几个方面。

1. 增加出口融资预算

1993 年,进出口银行设立援助基金致力于大型出口项目的资金援助。美国政府还帮助企业获得世界银行、国际货币基金组织等机构提供的出口融资。

2. 扩大进出口银行的业务范围

以金融服务支持出口是进出口银行的主要职能。在"国家出口战略"的指导下,进出口银行除继续承担出口信贷和信用担保等传统业务外,还通过资金提供支持企业进入独联体国家等高风险国家及亚洲、拉丁美洲的新兴国家市场。为扶持飞机制造业,银行专门成立了飞机制造金融委员会,为飞机出口提供优先和有力的金融支持。

美国进出口银行目前提供的金融支持包括出口信贷保险、买方信贷和信贷担保、项目融资。小企业管理局提供的金融支持包括商业贷款担保、出口融资(如流动资本、与出口相关的成本)。

3. 加强对中小企业的金融服务

美国中小企业出口几乎占历年出口的 60%,因此,政府对中小企业出口促进非常重视。TPCC 下属的小企业管理局主要承担这一职责。一方面,它为中小企业提供金融服务,如通过贷款担保增强中小企业资金的可获得性,通过"国际贸易贷款"和"常规商业贷款"项目直接向中小企业提供中长期资金支持;另一方面,协同商务部、进出口银行、贸易开发署以及 TPCC 的其他机构为出口企业融资提供信息咨询和顾问服务。

4. 资助出口企业的可行性研究

美国贸易开发署对企业进行的出口可行性研究、市场调研、相关的人员培训提供资助。

美国针对农业有专门的金融扶持计划,除通常的出口信贷担保项目外,美国农业部还对出口商为便利农产品出口而进行海外相关设施建设(如运输、储藏、分销、加工等)所需要的贷款提供担保,并且对品牌产品的促销、农产品的市场研究与开发、技术帮助、获取贸易服务提供资金支持。

5. 促进对重要市场及关键产业的出口

1994 年,美国政府选择 10 个国家作为新兴市场,包括中国、印度、印度尼西亚、韩国、墨西哥、巴西、阿根廷、南非、波兰、土耳其。1995 年又把印度尼西亚以外的 6 个东盟国家列入。这些国家经历了国内经济改革,有着较高的经济增长率,国内市场潜力巨大。据美国商务部当时的估计,到 2010 年,新兴市场的总进口量将占到世界总进口量的 1/4。TPCC 认为,这些国家是美国出口增长的重要市场,为此针对每一个市场都制定有长期出口战略。与此同时,美国仍保持对传统出口市场、拉美、亚太地区、转轨经济的市场战略。在关键产业方面,美国重点通过金融支持促进环保、信息、运输及金融等产业产品的出口。

2007 年的美国国家出口战略报告充分肯定美国在世界经济贸易中的竞争力,如表 7-1 所示,肯定贸易壁垒消除和自由化对美国贸易的积极影响。

表 7-1　　　　　　　　　　　　美国在全球竞争力中的排名

	美国排名	排名于美国前面的国家和地区	排名于美国之后的国家和地区
全球竞争力指数 (世界经济论坛)	6	瑞士 芬兰 瑞典 丹麦 新加坡	日本 德国 荷兰 英国 中国香港
商务竞争力指数 (世界经济论坛)	1		德国 芬兰 瑞士 丹麦 荷兰
商务环境	3	新加坡 新西兰	加拿大 中国香港 英国 丹麦 澳大利亚
全球创新指数	1		德国 英国 日本 法国 瑞士

报告强调新兴市场对美国出口的重要意义,数据显示美国企业在新兴市场国家和地区的销售年增长率近 10 年达到 50%。为保持美国经济的稳定增长和活力,2007 年《总统经济

报告》确定了政府管理经济的优先顺序,包括继续执行低税率政策、消除贸易壁垒、维护私人部门的健康发展、维护教育体制的创新活力、采取各种措施刺激经济增长,特别是提高生产效率。为配合国家经济目标的实现,联邦政府的贸易促进机构将采取措施帮助美国企业充分利用新兴市场提供的机会,充分认识外资和服务出口对经济增长的重大意义。

2010 年,为增加国内就业、增强美国企业在全球的竞争力,美国政府提出五年(到 2014 年)出口翻番的宏大目标,启动了美国"国家出口计划"(National Export Initiative)以促进"美国制造"产品与服务的出口。出口计划实施包括五个部分:第一,加大出口宣传和出口鼓励的力度;第二,提高与出口相关的信贷资金的可获得性,特别是针对中小企业;第三,清除美国产品和服务海外销售的障碍;第四,坚定地执行贸易规则以确保美国的贸易伙伴承担其应该承担的义务;第五,在全球层面上,推行有利于强劲、持续、均衡增长的政策与措施。

出口计划已经进入实施阶段。2010 年,美国贸易促进协调委员会组织 35 个贸易代表团、400 多家参加企业到中国、印度等主要市场就美国有竞争优势的产业如医疗、再生能源、民用核能等进行调查、走访、谈判,寻找市场机会;美国进出口银行增加贷款 17%,以促进出口;美国与中国再度进行战略与经济对话,要求中国进一步开放国内市场;美国商务部国际贸易管理局获得 7 800 万美元的财政拨款用于海外主要市场人员的开支、相关网站的升级与维护及国内出口企业的有关培训等。

二、出口信贷与出口信贷担保

(一)出口信贷

1. 出口信贷的概念

出口信贷(Export Credit)是指一个国家为增强商品的竞争能力、扩大本国商品的出口,通过给予利息补贴并提供信贷担保的方法,鼓励本国银行对本国出口厂商或国外进口厂商(或进口方银行)提供低息贷款。它是一国出口厂商利用本国银行的贷款扩大商品出口,特别是金额较大、期限较长的商品,如成套设备、船舶等出口的一种重要手段。

2. 出口信贷的种类

出口信贷按照贷款对象进行划分,可分为卖方信贷和买方信贷。

1) 卖方信贷

卖方信贷(Supplier Credit)是出口方银行向本国出口厂商(即卖方)提供的低利率优惠贷款。这种贷款协议由出口厂商与出口方银行之间签订。实际上,卖方信贷是出口厂商通过将其货物买卖合同中远期收汇的权益抵押给贷款银行,从银行获取资金融通的过程。

卖方信贷通常用于大型机械及成套设备、船舶等资本品的出口。由于这些商品出口涉及的资金量较大、时间较长,进口厂商一般都要求采用延期付款的办法。出口厂商为了加速资金周转,往往需要取得银行的贷款。出口厂商付给银行的利息、费用有的包括在货价内,有的在货价外另加,但最后都转嫁给进口厂商,由进口厂商负担。因此,卖方信贷是银行直接资助本国出口厂商向外国进口厂商提供延期付款,以促进商品出口的一种方式。

在采用卖方信贷的条件下,通常在签订买卖合同后,进口厂商先支付货款10％～15％的定金,作为履约的一种保证金,在分批交货、验收和保证期满时,再支付10％～15％的现汇货款,其余的货款在全部交货后若干年内分期摊还,并付给延期付款期间的利息。出口厂商把所得的款项与利息按贷款协议的规定偿还给本国的贷款银行。所以,卖方信贷实际上是出口厂商从贷款银行取得贷款后,再向进口厂商提供延期付款。银行与出口厂商之间属于银行信用,出口厂商与进口厂商之间是一种商业信用。

卖方信贷的具体步骤包括以下几个方面:

第一,在正式签署货物买卖合同前,出口厂商必须与贷款银行取得联系,获得银行发放出口信贷的认可。一般情况下,银行在受理和审核项目后,对出口厂商下达具体要求,如买卖合同必须规定,进口厂商现金支付比例达到合同金额的10％～20％;分期付款是每半年等额贷款本金和利息偿还一次,以与贷款偿还一致;出口厂商向保险机构投保出口收汇险,将保险费打入货价,并将保险单收益权转让给出口方银行;进口厂商延期付款担保机构的资格由贷款银行确认。

第二,出口商与进口商签署货物买卖合同,同意以延期付款的方式向进口商出售商品。一般情况下,合同要求进口商在合同生效后以即期付款的方式支付货款金额10％～20％的定金,作为履约的一种保证金,在分批交货、验收和保证期满时,再支付10％～15％的现汇货款,其余的货款在全部交货后若干年内分期摊还,一般为每半年偿付一次,并支付延期付款期间的利息。

第三,出口商在与进口商签署货物买卖合同的同时,向保险公司投保出口收汇险,并将保险项下的权益转让给贷款银行,出口商与贷款银行正式签署贷款协议,在协议中,出口商同意将货物买卖合同下的远期收汇权益抵押给贷款银行。

第四,在出口商按期收到进口方银行开具的信用证或保函,并收到定金后,出口商开始组织生产,并向贷款银行提款。提款基本有两种形式,一是在出口商发货交单时,出口商按货款比例向贷款银行提款,这是比较规范的做法。因为只有出口商按期交货,才能得到进口方银行开出的本票或汇票,贷款银行根据上述债权凭证才发放贷款。二是出口商在取得定金后,根据生产中的资金缺口向贷款银行提款。这种形式对贷款银行风险较大,如果出口商不能按期交货,出口商转让给银行的远期收汇险保单和抵押的远期收汇凭证就会失去意义。因此,在这种情况下,贷款银行要求出口商提供出口商品按期交货履约保证。

第五,进口商在规定的期限内分期偿还剩余货款,并支付延期付款的利息。出口商将收到的货款依照贷款协议偿还给银行。

2) 买方信贷

买方信贷(Buyer Credit)是出口方银行直接向外国的进口厂商(即买方)或进口方的银行提供的贷款。其附带条件就是提供的贷款必须用于购买债权国的商品,因而起到促进商品出口的作用,买方信贷也被称为约束性贷款。

在采用买方信贷的条件下,当出口方贷款银行直接贷款给外国进口商时,进口厂商先用自己的资金,以即期付款方式向出口厂商交纳买卖合同金额15%～20%的定金,其余货款以即期付款的方式将银行提供的贷款付给出口厂商,然后按贷款协议所规定的条件,向贷款银行还本付息;当出口方贷款银行贷款给进口方银行时,进口方银行也以即期付款的方式代理进口厂商支付应付的货款,并按贷款协议规定的条件向贷款银行归还贷款和利息等。至于进口厂商与本国银行的债权债务关系,则按双方商定的办法在国内结算清偿。买方信贷不仅使出口厂商可以较快地得到货款和减少风险,而且使进口厂商对货价以外的费用比较清楚,便于他们与出口厂商进行讨价还价。因此,这种方式较为流行。

在买方信贷中,如果贷款对象是进口方银行,涉及的合同关系就比较复杂,主要包括进出口商之间的货物买卖合同、出口方银行与进口方银行之间的贷款协议、出口方银行与出口信贷担保机构之间的担保协议、进口方银行与进口商之间的转贷协议、出口方银行与出口商之间的出口信贷担保保费支付协议等。保费协议是出口买方信贷担保的前提,出口信贷担保协议是出口信贷的前提。出口信贷的买方信贷基本流程如下:

第一,出口商提出买方信贷意向申请,在银行审核项目材料,出具贷款意向书,并对商务合同具体付款条件提出要求后,进出口方才进入货物合同签署阶段。

第二,进出口商签署现汇货物买卖合同,并明确进口商将使用出口方银行提供的买方信贷支付货款。合同签署后,进口商先支付货款15%～20%的定金。

第三,由进口商或进口方银行与出口方银行签署贷款协议。

第四,进口商根据出口商交货情况分批利用出口方银行贷款或进口方银行转贷的资金支付80%～85%的货款。

第五,进口商根据与进口方银行、出口方银行的贷款协议支付本金和利息。

第六,在买方信贷的贷款对象为进口方银行的情形下,进口方银行根据贷款协议向出口方银行支付本金和利息。进口方银行与进口商之间债权债务关系根据协议在国内进行结算。

3. 出口信贷的主要特点

1) 信贷发放以货物出口为基础

出口信贷支持的一般都是金额较大、需要资金融通期限较长的商品出口,如成套设备、船舶等。出口国银行向进口方提供的贷款必须全部或大部分用于购买提供贷款国家的商品。

2) 贷款利率较低

出口信贷利率一般低于资本市场相同条件的市场利率,利差由政府提供补贴来给予补偿,无论贷款机构是政府设立的专门机构,还是普通的商业银行。

3) 出口信贷的贷款金额

出口信贷的贷款金额,通常只占买卖合同金额的85%左右,剩余部分由进口厂商先行支付。

4) 出口信贷发放与出口信贷保险相结合

由于出口信贷期限较长,金额大,涉及不同国家的当事人,因此,出口信贷的风险对贷款银行而言远远大于单纯对国内机构施放的贷款。而对于出口信贷,私人保险公司一般不愿意提供保险。在这种情况下,政府为促进出口,设立专门的出口信贷担保机构来承担出口信贷风险。例如美国的进出口银行、日本的输出入银行、法国的对外贸易银行、中国的进出口银行等,除对成套设备、大型交通工具等商品的出口提供国家出口信贷外,还向本国私人商业银行提供低利率贷款或给予贷款补贴,以资助它们的出口信贷业务。

5) 出口信贷是政府促进出口的手段

一般而言,获取出口信贷支持的出口商品都是资本品,其所在产业对国内经济增长、就业都有着较大的影响力,对其他产业也具有较强的连锁效应。因此,所有的发达国家和越来越多的发展中国家都设立专门的机构,办理出口信贷和出口保险业务,并对商业金融机构发放出口信贷实施鼓励政策,如英国曾规定,商业银行发放出口信贷超过其存款 18% 时,超过部分由出口信贷保险机构提供支持。

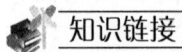 知识链接

中国进出口银行

中国进出口银行是由中央政府全资拥有、提供出口信用的唯一政策性银行。它通过出售债券在内地和香港资本市场筹集资金,其信用评级与中国主权评级相一致。该银行的主要任务是为中国的机械、电子产品、成套设备以及高新科技产品的进出口提供便利,协助在离岸合同项目和对外投资中具有比较优势的中国企业,并促进其对外关系发展和国际经贸合作。

在出口方面,进出口银行主要提供直接融资,包括出口买方信贷和出口卖方信贷。在提供出口信贷时,进出口银行会为一些贷款业务规定自有资金或预付款的比例,以避免风险。

中国虽然不是经济合作与发展组织《关于官方支持出口信贷协议》的参与国,但进出口银行在签发出口信贷时,很大程度上参照了该协议,并与该协议的基本框架大体保持一致;在开展业务时参考《关于官方支持出口信贷协议》和其他国家官方出口信用机构的相关做法。

为缓和发达国家在发放出口信贷上的矛盾,1976 年西方 7 国(美国、英国、联邦德国、法国、意大利、日本和加拿大)在巴黎举行首脑会议,达成一项出口信贷"君子协定"。1977 年年底,经济合作与发展组织(OECD)用该协定来协调成员的出口信贷条件,并对成员出口信贷的最低利率(Minimum Interest Rate)、信贷期限等做出统一的调整和规定。1981 年以来,经济合作与发展组织成员对出口信贷利率进行了多次调整。从 1988 年 1 月 15 日起,对不发达国家(人均国民生产总值在 681 美元以下)提供的中长期贷款利率为 8.00%;对中等国家(人均国民生产总值为 681~4 000 美元)提供的 2~5 年的贷款利率为 8.85%,5 年以上

的贷款利率为 9.35％；对富国(人均国民生产总值为 4 000 美元或 4 000 美元以上)提供的 2～5 年的贷款利率为 10.15％,5 年以上的贷款利率为 10.40％。

上述的出口信贷最低利率,根据国家所属的类别和信贷期限的长短而有所不同,期限越长,接受出口信贷的国家人均国民生产总值越高,利率就越高;反之,期限越短,接受出口信贷的国家人均国民生产总值越低,利率就越低。

1983 年"君子协定"规定了最低利率与市场利率挂钩,使最低利率水平接近于市场利率,这样就在一定程度上减少了发达国家对出口信贷的补贴。"君子协定"规定的最低利率有两种:一种是模式最低利率(Matrix Minimum Interest Rate),它是由美元、英镑、法国法郎、联邦德国马克和日元五种一揽子货币的政府债券利率加权平均而成的综合最低利率,其利率随着市场利率的变化而调整,每年 1 月 15 日和 7 月 15 日进行调整。上述的 1988 年 1 月 15 日的最低利率就属于这种利率。另一种是商业参考利率(Commercial Interest Reference Rate),它是经济合作与发展组织国家各国的政府债券利率,每月 15 日调整一次。它是单一货币利率,一旦某一货币利率下调到低于上述的模式利率,即可选择该国货币的商业参考利率。

第二次世界大战后,一些发达国家还使用"福费廷"(Forfeiting)来鼓励大型生产设备等的出口,福费廷是指在延期付款的大型生产设备贸易中,出口商把经进口商承兑的、期限为 6 个月～5 年(甚至更长)的远期汇票,无追索权(Without Recourse)地售予出口商所在地的银行或大金融公司,提前取得现金的一种资金融通的形式。由于它不受"君子协定"的约束,又满足了进出口双方的需要,因此,在国际贸易中也较为流行。

资料来源:中国进出口银行官网

(二) 出口信贷国家担保制

出口信贷国家担保制(Export Credit Guarantee System)是指国家为了扩大出口,对于本国出口厂商或银行向外国进口厂商或银行提供的信贷,由国家设立的专门机构出面担保,当外国债务人拒绝付款时,这个国家机构即按照承保的数额给予补偿,专门机构承担的政策性保险不以营利为目的。

出口信贷国家担保制的主要内容如下:

1. 担保的项目与金额

通常,商业保险公司不承保的有出口风险的项目,都可向担保机构进行投保。风险一般分为政治风险和经济风险。

1) 政治风险

对由于进口国发生政变、革命、暴乱、战争以及政府实行禁运、冻结资金或限制对外支付等政治原因而致使货物无法入境、货款(或贷款本金和利息)无法收回或正常收回、货币无法兑换等所造成的损失,可给予补偿。这种风险的承保金额一般为合同金额的 85％～95％。

2) 经济风险

对进口厂商或进口方银行因破产倒闭无力偿付、货币贬值或通货膨胀等经济原因而致使合同无法履行、货款（或贷款本金和利息）无法回收或正常回收、出口收入减少等所造成的损失，可给予补偿。这种风险的担保金额一般为合同金额的 70%～80%。为了扩大出口，有时对于某些出口项目的承保金额达到 100%。

2. 担保对象

1) 对出口厂商的担保

出口厂商输出商品时提供的短期商业信用或中、长期商业信用可向国家担保机构申请担保。有些国家的担保机构本身不向出口厂商提供出口信贷，但它可以为出口厂商从其他商业金融机构取得出口信贷提供有利条件。例如，有的国家采用保险金额抵押的方式，允许出口厂商将所获得的承保权利，以"授权书"方式转移给贷款银行而取得出口信贷。这种方式使银行提供的贷款得到安全保障，一旦债务人不能按期还本付息，银行即可从担保机构得到补偿。

2) 对银行的直接担保

通常，银行所提供的出口信贷均可申请担保，这种担保是担保机构直接对贷款银行承担的一种责任。有些国家为了鼓励出口信贷业务的开展和提供贷款安全保障，往往给银行更为优厚的待遇。例如，英国出口信贷担保署（The Export Credit Guarantee Department）对商业银行向出口厂商提供的某些信贷，一旦出现过期未能清偿付款，该署可给予 100%偿付，而不问未清付的原因，但保留对出口厂商要求偿付的追索权。如果出口厂商不付款的原因超出了它所承保的风险范围，该署可要求出口厂商偿还。这种办法有利于银行扩大出口信贷业务，客观上促进了一国商品的输出。

3. 担保期限

担保期限通常可分为短期与中、长期。短期信贷担保期限为 6 个月左右，承保范围往往包括出口厂商、贷款银行所有的与商品出口直接相关的短期信贷交易。为了简化办理手续，有的国家对短期信贷采用综合担保（Comprehensive Guarantee）的方式。出口厂商或供款银行只要一年办理一次投保，就可承保在这期间的一切短期信贷交易。一旦债务人拒付，即可得到补偿。中、长期信贷担保的金额大、时间长，因而采用逐笔审批的特殊担保（Specific Guarantee）方式。中、长期担保时间通常为 2～15 年。承保时间可从出口合同成立之日起到最后一笔款项付清为止，也可以从货物装运出口直到最后一次付款为止。

这些担保机构的主要目的在于担保出口厂商与供款银行在海外的风险，以扩大商品出口，因此所收取的费用一般不高，以减轻出口厂商和银行的负担。通常保险费率根据出口担保的项目、金额大小、期限长短和输往的国别或地区而有所不同。

许多发达国家设立专门机构从事出口信贷担保业务，例如，英国的出口信贷担保署、德国的信贷保险公司、中国的出口信用保险公司，目前，美国的进出口银行是美国境内主要承担出口信贷担保业务的机构。

出口信贷国家担保制旨在消除和减轻出口厂商、贷款银行在商业信用、银行信用提供过程中可能面临的各种风险,增强出口商品在国际市场上的竞争能力。第二次世界大战后,发达国家基本形成了完善的出口信贷保险制度。目前,世界上有 50 多家出口信贷保险机构,其中包括一些发展中国家的机构,如中国进出口银行。

三、出口补贴

出口补贴(Export Subsidies)又称出口津贴,是一国政府为了降低出口商品的价格,加强其在国外市场上的竞争能力,在出口某种商品时给予出口厂商的现金补贴或财政上的优惠待遇。

(一)出口补贴的方式

1. 直接补贴

直接补贴(Direct Subsidies)包括价格补贴和收入补贴两种形式。

(1)价格补贴是政府或专门设立的机构根据出口商出口商品的数量或价值直接给予的现金补贴,如每出口一数量单位或单位价值的商品,政府补贴多少现金的做法,历史上韩国曾经使用过这一办法促进出口。价格补贴也可以采取补贴差价的方式。在一些国家出口产品的国内价格高于国际市场价格的情况下,按国际市场价格出口就会出现亏损或少盈利,它们的政府就会根据国际市场价格与本国出口产品价格的差价给予补贴,通过补贴使得本国产品获得与其他国家相同产品同样的价格竞争能力,并且能够保证正常的盈利。欧盟农产品出口补贴就是采取补贴差价的方式。差价补贴的幅度和时间的长短,往往随着国内市场与国际市场之间的差价的变化而变化。有时为了鼓励某种商品的出口,补贴金额甚至大大超过实际差价。

(2)收入补贴主要指政府或专门设立的机构对出口亏损企业进行补贴或补偿。这种做法非常少见,中国经济改革前,对外贸企业发生的亏损全部由政府承担。

欧盟对农产品出口实施直接补贴,2009 年,欧盟接受直接补贴的产品包括小麦和面粉、粗谷物、大米、糖、黄油、脱脂奶粉、奶酪、其他奶制品、牛肉、猪肉、家禽肉、鸡蛋、红酒、新鲜水果和蔬菜、加工水果和蔬菜、烈性酒及酒精制品。从补贴额度看,欧盟向 WTO 通报的补贴占 WTO 成员通报总补贴额度的 90%以上。

2. 间接补贴

间接补贴(Indirect Subsidies)是指政府对某些出口商品给予财政上的优惠,以降低出口商品的成本,提高出口商品的价格竞争力,如政府对出口厂商直接提供优惠利率的贷款,或对其获得的其他商业机构贷款给予利率补贴;政府退还或减免出口商品生产过程中进口原料、设备等已经缴纳的进口关税,退还在国内销售同类产品所缴纳的各种国内税;政府直接向出口厂商提供低价的公共设施服务,如低价的水、电等供应;政府免费为出口商品的企业作推销宣传(如通过海外商务处)、免费提供海外市场信息、免费提供咨询服务等。

（二）禁止使用出口补贴的情况

长期以来,各国对出口补贴问题争论不休,为此,乌拉圭回合谈判中达成的《补贴与反补贴协议》将补贴分为禁止使用补贴、可申诉的补贴和不可申诉补贴三类,并规定除农产品外任何出口产品的下列补贴,均属于禁止使用的出口补贴。

（1）政府根据出口实绩对某一公司或生产企业提供直接补贴。

（2）外汇留成制度或任何包含有奖励出口的类似做法。

（3）政府对出口货物的国内运输和运费提供了比国内货物更为优惠的条件。

（4）政府为出口产品生产所需的产品和劳务提供优惠的条件。

（5）政府为出口企业的产品,全部或部分免除、退还或延迟缴纳直接税或社会福利税。

（6）政府对出口产品或出口经营,在征收直接税的基础上,对出口企业给予的特别减让超过对国内消费的产品所给予的减让。

（7）对出口产品生产和销售的间接税的免除和退还,超过用于国内消费的同类产品的生产和销售的间接税。

（8）对于被结合到出口产品上的货物的先期积累间接税给予免除、退还或延迟支付,仍属于出口补贴之列。

（9）超额退还已结合到出口产品上的进口产品的进口税。

（10）政府或由政府控制的机构所提供的出口信贷担保或保险的费率水平极低,导致该机构不能弥补其长期经营费用或造成亏本。

（11）各国政府或政府控制的机构以低于国际资本市场利率提供出口信贷,或政府代为支付信贷费用。

（12）为公共利益的目的而开支的项目,构成了《关税与贸易总协定》第十六条意义上的出口补贴。

在世界贸易组织框架下,出口补贴是被严格限制的,但农产品是例外,欧盟是世界上最大的实施出口补贴的国家集团,1993—1995年,欧盟的农业补贴占总的农业产出的比例高达49%。1995—1998年,欧盟年均出口补贴达到60亿美元,占全球总出口补贴的90%,瑞士约占5%,美国占2%左右,欧盟、瑞士、美国、挪威的出口补贴占全球的97%。从数量上看,出口补贴最多的是粮食,从价值上看,出口补贴最多的是牛肉和奶产品,虽然乌拉圭回合签署的《农业协议》(Agreement on Agriculture)也将减少农产品补贴作为奋斗目标(在实施期结束时出口补贴的预算支出比1986—1990年基期减少36%,享有出口补贴的出口数量减少21%),但执行过程中,成员的补贴价值往往超过承诺水平,从而使得取消补贴成为一个更加漫长的过程。

在出口补贴问题上,美国与凯恩斯集团主张全面终止一切形式的出口补贴,欧盟则主张渐进式地削减出口补贴,以印度、东盟为代表的发展中国家希望按照《农业协议》规定的方式和步骤逐步削减出口补贴,到2009年全面终止出口补贴,但给予发展中国家一定的灵活性。

取消农产品出口补贴将是一项非常艰巨的任务,因为它直接关系到世界贸易大国的经济、政治利益。

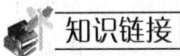 知识链接

WTO判美国胜诉,印度被指提供70多亿美元出口补贴

持续一年多的70多亿美元印度出口商品补贴诉讼案以美方胜诉告终。美国时间2019年10月31日,美国贸易代表办公室(USTR)发布声明称,世界贸易组织(WTO)的争端解决专家组一致认为,"印度向钢铁产品、药品、化学制品、信息技术产品、纺织品和服装生产者提供了规定所禁止的补贴,损害了美国工人和制造商的利益。"

WTO规定禁止成员政府提供出口补贴,但如果是发展中国家,且达到特定的经济标准,可享受豁免这一禁令的待遇。美国贸易代表办公室称,印度的这一豁免已经到期,WTO否决了印度可延长豁免期的主张。

上述美国与印度的补贴争端始于2018年3月。当月特朗普政府以国家安全为名宣布对进口钢铝产品全面征税。当月14日,USTR宣布,美国政府就印度出口补贴项目向WTO提起诉讼,并向印度政府提出磋商请求。

USTR当时称,印度的上述出口补贴项目不符合WTO规则,为印度企业提供"不公平"的竞争优势,使其以更低价格出口商品,损害美国工人和制造业利益。印度政府文件显示,印度企业每年从这些出口补贴项目中获得政策优惠超过70亿美元。

新华社援引美国媒体报道称,对印度出口补贴的诉讼是特朗普政府上台后首次向WTO提出贸易诉讼。分析人士认为,这表明特朗普政府在注重通过单边贸易执法工具维护美国利益的同时,也不会放弃利用世贸组织解决贸易争端。

根据WTO规则,提请磋商是贸易争端解决机制中的第一个环节。如果未能达成满意结果,诉讼发起方可提请WTO争端解决机构成立专家组审理。印度可以针对此次WTO判定美国胜诉的裁决提起上诉。

值得一提的是,自2018年美国启动诉讼以来,美国与印度的贸易关系明显恶化。2019年6月初,美国以"印度未能确保向美国提供公平、合理的市场准入条件"为由,取消给予印度的普惠制待遇。印度6月16日起对包括杏仁、豆类和核桃在内的28种美国输印商品加征关税。此后,两国一直在进行谈判以解决分歧。同在6月,特朗普和印度总理莫迪在日本大阪举行的G20领导人会议期间会晤,同意寻求深化两国关系。特朗普当时说,将会与印度达成"非常大的贸易协议",但没有设定时间表。7月上旬,美国和印度谈判代表在印度首都新德里会面,恢复两国贸易对话,但未能就解决双方贸易摩擦取得重大进展。当月特朗普在社交媒体发帖称,印度对美国产品征收的高关税"不可接受"。

资料来源:华尔街见闻

四、商品倾销

商品倾销(Dumping)是指一些国家的出口企业以低于国内市场价格的价格,甚至低于商品生产成本的价格,在国外市场抛售商品,打击竞争者以占领市场。商品倾销通常由私人企业进行,但是随着国家对经济生活介入的程度不断加深,一些国家也设立专门机构直接对外进行商品倾销。例如,美国政府设立的农产品信贷公司(Commodity Credit Corporation),实施价格支持政策,以高价在国内收购过剩的农产品,而按照比国内价格低一半的价格在国外倾销农产品。

商品倾销按照倾销的具体目的和时间长短的不同,可分为以下几种形式:

(一)偶然性倾销

偶然性倾销(Sporadic Dumping)通常是因为销售旺季已过,或因公司改营其他业务,在国内市场上不能售出"剩余货物",而以倾销方式在国外市场抛售。这种倾销对进口国的同类生产会造成不利的影响,但由于时间短暂,进口国家通常较少采用反倾销措施。

(二)间歇性或掠夺性倾销

间歇性或掠夺性倾销(Intermittent or Predatory Dumping)是以低于国内价格甚至低于成本的价格,在某一国外市场上销售商品,在打垮或摧毁所有或大部分竞争对手而垄断市场之后,再提高价格。这种倾销的目的是占领、垄断和掠夺国外市场,获取高额利润。具体来说,有的是为了击垮竞争对手,以扩大和垄断产品的销路;有的是为了阻碍当地同类产品或类似产品的生产和发展,以继续在当地市场维持其垄断地位;有的是为了在国外建立和垄断新产品的销售市场等。这种倾销严重地损害了进口国家的利益,因而许多国家都采取征收反倾销税等措施进行抵制。

(三)长期性倾销

长期性倾销(Long-run Dumping)是企业长期以低于国内市场价格的价格,在国外市场出售商品。这种倾销具有长期性,其出口价格至少应高于边际成本,否则商品出口将长期亏损。因此,倾销者往往采用"规模经济"优势,扩大生产以降低成本。有的出口厂商还可通过获取本国政府的出口补贴来进行这种倾销。

倾销商品可能会使企业利润暂时减少甚至亏本。它们一般采用以下办法取得补偿:

(1)在贸易壁垒的保护下,用维护国内市场上的垄断高价或压低工人的工资等办法,获取高额利润,以补偿出口亏损。

(2)国家提供出口补贴以补偿出口企业倾销时的亏损。

(3)出口企业在国外市场进行倾销,打垮国外竞争者、占领国外市场后,再抬高价格,攫取高额利润,弥补已发生的损失。

五、外汇倾销

(一)外汇倾销的含义

外汇倾销(Exchange Dumping)是出口企业利用本国货币对外贬值的机会,争夺国外市场的特殊手段。在一国货币贬值后,出口商品以外国货币表示的价格降低,提高了该商品的价格竞争能力,从而实现扩大出口。

(二) 外汇倾销的条件

外汇倾销不能无限制和无条件地进行,只有具备以下两个条件才能达到扩大出口的目的。

1. 货币贬值的程度大于国内物价上涨的程度

货币贬值必然引起一国国内物价上涨的趋势。当国内物价上涨程度赶上或超过货币贬值的程度时,对外贬值与对内贬值的差距也随之消失,外汇倾销的条件也不存在了。但是,国内价格与出口价格的上涨总要有一个过程,并不是本国货币一贬值,国内物价就立即相应上涨。在一定时期内它总是落后于货币对外贬值的程度,因此出口企业就可以获得外汇倾销的利益。

2. 其他国家不实行同等程度的货币贬值和采取其他报复性措施

如果其他国家也实行同幅度的贬值,那么两国货币贬值幅度就相互抵消,汇价仍处于贬值前的水平,而得不到货币对外贬值的利益。如果外国采取提高关税等其他限制进口的报复性措施,也会起到抵消出口国货币贬值的作用。

六、促进出口的行政组织措施

为了扩大出口,许多国家在行政组织方面采取了各种措施。

(一) 设立专门机构或组织

设立专门的促进出口的行政机构或组织是为了向政府提供政策咨询,向出口企业提供信息、情报方面的服务。美国1960年成立扩大出口全国委员会,该机构的任务是向美国总统和商务部部长提供关于改进出口促进措施的各类建议和相关数据信息。1978年,美国成立出口委员会、出口扩张委员会,隶属于美国总统国际政策委员会。为加强对贸易的管理,特别是加强出口促进,1979年,美国成立总统贸易委员会,具体负责美国的对外贸易事务。

英国相应的机构为海外贸易委员会,通过与英国驻外机构特别是海外商务机构保持密切联系,为本国商品出口企业提供商业信息,如特定国家或地区市场某些商品的供求状况、价格状况、潜在需求,甚至为出口企业达成交易做免费中介。委员会还为与出口有关的活动,如商品展出、谈判等提供经费帮助。

(二) 组织贸易中心和贸易展览会

政府出资建设贸易中心,设立常年商品展示场所,或通过政府提供补贴来组织、帮助出口企业到国外举办贸易展览或展销会。

(三) 组织贸易代表团出访和接待来访

一些发达国家政府领导人出访会伴有庞大的工商代表团,或以政府的名义组织专门的贸易代表团出访,出访费用的大部分由政府提供补贴。同时,政府还指定部门或机构,或者建立新的机构负责贸易代表团的出访,及国外贸易代表团的接待工作事宜,提供贸易商之间的接触机会,帮助疏通信息,以最终达成交易。

2004 年,中法文化年,法国总统带队的贸易代表团在访华期间签署了价值 40 亿欧元的合同。

(四) 组织出口商的评奖活动

组织出口商的评奖活动的做法属于精神鼓励。美国、日本、法国等对出口业绩卓著的企业授予各种奖章、证书,奖励它们对于本国经济特别是国际收支平衡做出的贡献。

在中国,商务部为出口企业提供网上信息,如产品和市场信息(具体而言,如进口商和出口商名单);为中小型企业参与海外展览并获得国际认证提供支持;建立对外劳务服务平台,协助在国外工作的中国人;由商务部下属的中国对外贸易中心主办出口展览会,并由中国国际贸易促进委员会(CCPIT)提供出口咨询服务,旨在促进中小企业参加海外展览会;商务部还联合财政部共同建立和管理国际市场开拓基金等。

第二节 | 经济特区措施

许多国家或地区为促进经济和对外贸易的发展,采取建立经济特区的措施。经济特区是一个国家或地区在其关境以外划出的一定地域范围内,建筑或扩建码头、仓库、厂房等基础设施,实行免除关税、放松海关与外汇管制等优惠待遇,吸引外国企业从事贸易与出口加工工业等业务活动的区域。经济特区的目的是促进对外贸易的发展,鼓励转口贸易和出口加工贸易,繁荣本地区和邻近地区的经济,增加财政收入和外汇收入。各国或地区设置的经济特区名目繁多,规模不一,主要有以下几种形式。

一、自由港或自由贸易区

自由港(Free Port),也称自由口岸。自由贸易区(Free Trade Zone),也称对外贸易区、自由区、工商业自由贸易区等。无论是自由港还是自由贸易区,都是划在关境以外,对进出口商品全部或大部分免征关税,并且准许在港内或区内开展商品自由储存、展览、拆散、改装、重新包装、整理、加工和制造等业务活动,以促进本地区的经济和对外贸易的发展,增加财政收入和外汇收入。

一般说来,自由港或自由贸易区可以分为两种类型:一种是把港口或设区的所在城市都划为自由港或自由贸易区,如中国香港整个地区都属于自由港。在中国香港,除了个别商品外,绝大多数商品都可以自由进出,免征关税,甚至允许外国商人在那里兴办工厂或企业。另一种是把港口或设区的所在城市的一部分划为自由港或自由贸易区。

国际上,自由港或自由贸易区没有关税和其他贸易限制,奉行贸易、投资自由化原则,要素流动自由,资金融通便利,政府办事高效率、高透明度,基础设施完备,有发达的通信、运输设施和条件,海、陆、空运输发达,并与世界主要航线相通,物流体系完善。

许多国家对自由港或自由贸易区的规定,归纳起来,主要有以下几个方面。

(一)关税方面的规定

对于允许自由进出自由港或自由贸易区的外国商品,不必办理报关手续,免征关税。少数已征收进口税的商品,如烟、酒等再出口,可退还进口税。但是,如果港内或区内的外国商品转运入所在国的国内市场上销售,则必须办理报关手续,缴纳进口税。这些报关的商品,既可以是原来进口商品的全部,也可以是一部分;既可以是原样,也可以是改样;既可以是未加工的产品,也可以是加工产品。有些国家对在港内或区内进行加工的外国商品往往有特殊的征税规定。例如,美国规定,用美国的零配件和外国的原材料组装加工的产品,进入美国市场时,只对该产品所包含的外国原材料的数量或金额征收进口关税;同时,对于该产品在港内或区内的增值部分也可免征进口关税。又如,奥地利规定,外国商品在其自由贸易区内进行装配或加工后,商品增值 1/3 以上者,即可取得奥地利原产地证明书,可免税进入奥地利市场;增值 1/2 以上者,即可取得欧洲自由贸易联盟原产地证明书,可免税进入奥地利市场和其他欧洲自由贸易联盟成员市场。

(二)业务活动的规定

对于允许进入自由港或自由贸易区的外国商品,可以储存、展览、拆散、分类、分级、修理、改装、重新包装、重新贴标签、清洗、整理、加工和制造、销毁、与外国的原材料或所在国的原材料混合,再出口或向所在国国内市场出售。

由于各国情况不同,有些规定也有所不同。例如,在加工和制造方面,瑞士规定储存在区内的外国商品不得进行加工和制造,如要从事这项业务,必须取得设立在伯尔尼的瑞士联邦海关厅的特别许可方可进行。但是,第二次世界大战后,许多国家为了促进经济与对外贸易的发展,都在放宽或废除这类规定。

(三)禁止和特别限制的规定

许多国家通常对武器、弹药、爆炸品、毒品和其他危险品以及国家专卖品,如烟草、酒、盐等禁止输入或凭特种进口许可证才能输入;有些国家对少数消费品的进口要征收高关税;有些国家对某些生产资料在港内或区内使用也缴纳关税,例如,意大利规定在的里雅斯特自由贸易区内使用的外国建筑器材、生产资料等也包括在应征关税的商品之内。

世界上自由港、自由贸易区有很多,中国拥有世界上最大的自由港——香港。1841 年,香港开始成为自由港,这与其资源条件和地理位置有着紧密的关联,生活、生产资料甚至水资源,几乎全部依靠进口。香港自由开放的政策吸引着大量的外国资本的进入,促进了香港作为贸易转口、物流、金融中心的地位的建立。2007 年,香港的对外货物贸易总额达到 7 195 亿美元,进口额和出口额分别居世界第 12 位和第 13 位,服务进口为 410 亿美元,出口为 827 亿美元,分别居世界第 19 位和第 12 位。

二、保税区

有些国家如日本、荷兰等,没有设立自由港或自由贸易区,而是实行保税区制度。保税区（Bonded Area）又称保税仓库区，是海关所设置的或经海关批准注册的，受海关监督的特定地区和仓库，外国商品存入保税区内，可以暂时不缴纳进口税，如再出口，不缴纳出口税；如要运进所在国的国内市场，则需办理报关手续，缴纳进口税。运入区内的外国商品可进行储存、改装、分类、混合、展览、加工和制造等。此外，有的保税区还允许在区内经营金融、保险、房地产、展销和旅游业务。因此，许多国家对保税区的规定与自由港、自由贸易区的规定基本相同，起到了类似自由港或自由贸易区的作用。

一般来说，在保税区的仓库，有的是公营的，有的是私营的；有的货物储存的期限为1个月到半年，有的期限可达3年；有的允许进行加工和制造，有的不允许进行加工和制造。现利用日本保税区的情况加以说明。

日本规定外国货物运入或运出各种保税区，可暂时免征关税，但应预先向日本海关呈交申报单，由海关人员的监督，如以后运入日本国内市场时再行纳税。保税区的外国货物如作为样品暂时运出，须经海关批准；保税区的外国货物废弃时，应预先向海关申报；保税区的外国货物丢失时，除经海关特别批准者外，均应缴纳关税。按照保税区职能的不同，日本保税区可分为以下五种形式。

（一）指定保税区

指定保税区（Designated Bonded Area）是为了在港口或国际机场简便、迅速地办理报关手续，为外国货物提供装卸、搬运或暂时储存服务的场所。指定保税区是经财务大臣的指定而设置的。在这个区内的土地、仓库与其他设施都属于国家所有，并由国家所设立的机构进行管理。因此，指定保税区是公营的。指定保税区的主要目的在于使外国货物简便和迅速地办理报关手续。因此，在该区内储存的商品的期限较短、限制较严，运入的货物不得超过1个月。

（二）保税货棚

保税货棚（Bonded Shed）是指经海关批准，由私营企业设置的用于装卸、搬运或暂时储存进口货物的场所。可见，保税货棚的职能与上述的指定保税区相同，它是补充指定保税区的不足、便利外国货物办理报关的场所。两者的区别在于，指定保税区是公营的，保税货棚是私营的。由于保税货棚是经海关批准的，因此必须缴纳规定的批准手续费，储存的外国货物如有丢失，须缴纳进口关税。

（三）保税仓库

保税仓库（Bonded Warehouse）是经海关批准，外国货物可以不办理进口手续和连续长时期储存的场所。

指定保税区和保税货棚，都是为了货物报关的方便和短期储存而设置的，而保税仓库却是为了使货物能在较长时间内储存和暂时不缴纳关税而建立的，如进口货物再出口则不必缴纳关税，这就便于货主把握交易时机出售货物，有利于业务的顺利进行和转口贸易的发展。在保税仓库内储存货物的期限为2年，如有特殊需要还可以延长。

（四）保税工厂

保税工厂（Bonded Factory）是经海关批准，可以对外国货物进行加工、制造、分类以及检修等保税业务活动的场所。保税工厂和保税仓库都可储存货物，但储存在保税工厂中的货物可作为原材料进行加工和制造。因此，许多厂商广泛地利用保税工厂，对外国材料进行加工和制造，以适应市场的需要，同时减少关税的负担。

外国货物储存在保税工厂的期限为 2 年，如有特殊需要可以延长，如有一部分外国货物需要在保税工厂以外进行加工制造，必须事先取得海关的批准和在不妨碍海关监督的情况下进行，提交保税工厂以外进行加工和制造的货物，由保税工厂负责。

（五）保税陈列场

保税陈列场（Bonded Exhibition）是经海关批准在一定期限内用于陈列、展示外国货物的保税场所。这种保税场所通常设在本国政府或外国政府、本国企业组织或外国企业组织等直接举办或资助举办的博览会、展览会和样品陈列所中。

1984 年，我国提出设立保税区的设想。1990 年，我国决定开发上海浦东新区，确定在上海外高桥设立保税区。1992 年又批准在大连、海南省的洋浦等地设立保税区。之后，青岛、张家港、宁波、福州、广州、深圳等地的保税区陆续建立，截至 2011 年 9 月，中国的保税区数目已达到 49 个。

 **知识链接**

上海外高桥保税区

1990 年 6 月，经中央批准，在上海创办了中国第一保税区——上海外高桥保税区。1992年以来，国务院又陆续批准设立了 14 个保税区和一个享有保税区优惠政策的经济开发区，即天津港、大连、张家港、深圳沙头角、深圳福田、福州、海口、厦门象屿、广州、青岛、宁波、汕头、深圳盐田港、珠海保税区以及海南洋浦经济开发区。全国 15 个保税区隔离设施已全部经海关总署验收合格，正式投入运营。

1992 年，各保税区纷纷加快了实质性启动，基本建设进展迅速，初步形成了招商引资的软硬环境，海内外客商投资踊跃，大多数保税区首期开发区域的土地已批租或出让完毕，并在进一步开发二期工程，吸引外资工作也出现了可喜的局面。

经过多年的探索和实践，全国各个地区的保税区已经根据保税区的特殊功能和依据地方的实际情况，逐步发展成为当地经济的重要组成部分，集中开发形成的功能有保税物流和出口加工。

随着中国加入 WTO，全国保税区逐步形成区域性格局，南有以广州、深圳为主的珠江三角洲区域，中有以上海、宁波为主的长江三角洲区域，北有以天津、大连、青岛为主的渤海湾区域，三个区域的保税区成为中国与世界进行交流的重要口岸，并形成独特的物流运作模式。

资料来源：上海招商网

三、出口加工区

出口加工区是一个国家或地区在其港口或邻近港口、国际机场的地方,划出一定的范围,新建和扩建码头、车站、道路、仓库和厂房等基础设施以及提供免税等优惠待遇,鼓励外国企业在区内投资设厂,生产以出口为主的制成品的加工区域。

出口加工区是 20 世纪 60 年代后期和 70 年代初,在一些发展中国家或地区建立和发展起来的。其目的在于吸引外国投资,引进先进技术与设备,促进本地区的生产技术和经济的发展,扩大加工工业和加工出口的发展,增加外汇收入。

出口加工区脱胎于自由港或自由贸易区,采用了自由港或自由贸易区的一些做法,但它又与自由港或自由贸易区有所不同。一般说来,自由港或自由贸易区以发展转口贸易、取得商业方面的收益为主,是面向商业的;而出口加工区以发展出口加工工业、取得工业方面的收益为主,是面向工业的。

虽然出口加工区与自由港、自由贸易区有所不同,但是由于出口加工区是在自由港、自由贸易区的基础上发展起来的,因此,目前有些自由港或自由贸易区以从事出口加工生产为主,但仍然袭用自由港或自由贸易区的名称。例如,马来西亚开辟的一些以发展出口加工业为主的区域仍称为自由贸易区。

(一) 出口加工区的类型

1. 综合性出口加工区

综合性出口加工区即在区内可以经营多种出口加工工业,如菲律宾的巴丹出口加工区所经营的项目包括服装、鞋类、电子或电器产品、食品生产、光学仪器和塑料产品等。目前世界各地的出口加工区大部分是综合性出口加工区。

2. 专业性出口加工区

专业性出口加工区是指在区内只准经营某种特定的出口加工产品。例如,印度在孟买的圣克鲁斯飞机场附近建立的电子工业出口加工区,专门发展电子工业的生产和增加这类产品的出口。在区内经营电子工业生产的企业可享有免征关税和国内税等优惠待遇,但全部产品必须出口。

目前许多国家和地区都选择一个运输条件较好的地区作为设区地点。这是因为在出口加工区进行投资的外国企业所需的生产设备和原材料大部分依靠进口,生产的产品全部或大部分输出到外国市场销售。因此,出口加工区应该设在进出口运输方便、运输费用最节省的地方,通常选择在国际港口或在港口附近、国际机场附近设区最为理想。

(二) 出口加工区的主要规定

为了发挥和提高出口加工区的经济效果,吸引外国企业投资设厂,许多国家或地区制定了具体的措施,主要包括以下几个方面:

1. 对外国企业在区内投资设厂的优惠规定

1) 关税的优惠规定

对在区内投资设厂的企业,从国外进口生产设备、原料、燃料、零件、元件及半制品一律免征进口税。生产的产品出口时一律免征出口税。

2) 国内税的优惠规定

出口加工区为外国投资的企业提供减免所得税、营业税、贷款利息税等优惠待遇。

3) 放宽外国企业投资比率的规定

出口加工区放宽对外国企业的投资比率限制。例如,菲律宾规定,外资企业在区外的投资比率不得超过企业总资本的40%,但在区内的投资比率不受此项法律的限制,投资比率可达100%。

4) 放宽外汇管制的规定

在出口加工区,外国企业的资本、利润、股息可以全部自由汇回本国。

5) 投资保证规定

许多国家或地区不仅保证各项有关出口加工区的政策、规定长期稳定不变,而且保证对外国投资不予没收或征用,如因国家利益或国防需要而征用时,政府将给予合理的赔偿。此外,对于报关手续、土地仓库和厂房等的租金、贷款利息、外籍职工及其家属的居留权等都给予优惠待遇。

2. 对外国投资者在区内设厂的限制规定

许多国家和地区虽然向外国投资者提供种种优惠待遇,但并不是任其自由投资,随意作为,而是既有鼓励又有限制,引导外国企业按照本国的经济和对外贸易发展的需要投资设厂。限制主要体现在以下几个方面:

1) 对投资项目的规定

许多国家或地区往往限制投资项目。例如,菲律宾对巴丹出口加工区可设立哪些产业都做出规定,划出范围。它规定第一期轻工业部门包括陶瓷或玻璃器皿、化妆品、食品生产、电子或电器产品、光学仪器、成衣、鞋类、塑料和橡胶产品等轻型的、需要大批劳工的、供出口的产业部门。第二期重工业包括综合性纺织厂、汽车厂、机器厂以及其他确有外国市场、需用大批劳工、进口原料加工再出口的产业。

2) 对投资审批的规定

为了保证投资与加工出口的收益,要求外国投资者必须具备一定的条件。例如,菲律宾在审批投资设厂的出口企业时掌握两项基本标准:一是在经营管理、出口推销和技术、财务管理方面具有一定的基础和经验;二是具有输出商品赚取外汇、吸收劳动力的能力,并能采用国内的原料。

3) 对产品销售市场的规定

许多国家或地区规定区内的产品必须全部或大部分出口,甚至对次品或废品也禁止或限制在当地国内市场出售。即使准许在本国市场上销售,其数量一般不超过总产量的10%。

为了防止区内产品与区外的同类的本国产品在国外市场上竞争,往往采用禁止该产品在区内投资或者对出口市场加以限制的办法。例如,斯里兰卡规定,不准区内生产的服装向西欧共同市场出口,以排除该产品在西欧共同市场上同本国同类产品的竞争。

4)对招工和工资的规定

有些国家或地区对此做了统一规定,以解决就业、工资和劳资纠纷等问题。例如,菲律宾规定区内工人的最低年龄为14岁,不同的工种按其技术的熟练程度规定工资标准,并随着生产和生活指数调整工资水平。

3. 对出口加工区的领导和管理办法的规定

有些国家或地区专门设立出口加工区管理委员会。在这个委员会的领导下,设立专门的办事机构,负责办理区内的具体事务。

截至2011年9月,中国有出口加工区60个,但功能都比较单一,主要服务于出口加工贸易,区内实施封闭管理,提供快捷的通关便利,基本实现"一次申报、一次审单、一次查验"的通关要求。

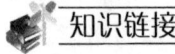 知识链接

中国出口加工区的有关规定

一、对区内企业设置和业务经营范围的要求

(一)对区内企业设置的要求

出口加工区内可设置出口加工型企业、专为区内加工企业生产提供服务的仓储企业和经海关核准专门从事区内货物进、出的运输企业。

(二)对区内企业管理的要求

区内不得建立营业性的生活消费设施。除安全保卫人员和企业值班人员外,其他人员不得在区内居住。

(三)对区内企业经营范围的要求

出口加工区内企业可以开展与产品出口有关的生产、仓储和运输业务,不得经营商业零售、一般贸易、转口贸易及其他与出口加工无关的业务。

国家禁止进出口的货物、物品,不得进入出口加工区。

二、出口加工区实行的税收政策

(1)从境外进入出口加工区的货物,其进口关税和进口环节税,除法律、行政法规另有规定外,按照下列规定办理:①区内企业生产所需入境的机器、设备、模具及其维修用零配件,区内生产性的基础设施建设项目所需进境的机器、设备和建设生产厂房、仓储设施所需的基建物资,区内企业、行政管理机构进境自用的办公用品,均予以免税。②区内企业为加工出口产品所需入境的原材料、零部件、元器件、包装物料及消耗性材料,予以全额保税。③区内企业加工的制成品及其在加工生产过程中产生的边角料、余料、残次品、废品等销往

境外时,除法律、行政法规另有规定外,免征出口关税。④区内企业和行政管理机构从境外购买的自用交通运输工具、生活消费用品,予以照章征税。

(2) 货物从境内进入出口加工区视同出口,除法律、行政法规另有规定外,出口退税政策按照以下规定办理:①从境内进入出口加工区,供区内企业使用的国产机器、设备、原材料、零部件、元器件、包装物料,以及加工企业和行政管理部门所需合理数量的办公用品和建筑材料等,按有关规定和程序办理出口退税手续。②区内企业和行政管理机构从区外购买的职工所需生活消费品、交通运输工具,不予办理退税。③从境内进入出口加工区的已办理进口征税手续的机器、设备、原材料、零部件、元器件、包装物料、基建物资等,使用单位应当向海关提供上述货物或物品的清单,并办理出口报关手续,经海关查验后放行。上述货物或物品,已经缴纳的进口关税和进口环节增值税、消费税,不予退还。④因国内技术无法达到产品要求,必须将国家禁止出口或统一经营的商品运至出口加工区内进行某道工序加工的,应报经外经贸主管部门批准,海关比照出料加工的管理办法进行监管。其运入出口加工区的货物,海关不签发出口货物报关单退税联,税务部门不予办理退税。

(3) 出口加工区生产的产品销往境内区外,按以下规定办理。出口加工区销往境内区外的货物,应由区外企业按进口货物的有关规定报经外经贸主管部门批准后,办理进口报关手续,海关一律按制成品征税。涉及许可证(件)管理的商品,应向海关出具有效的进口许可证(件)。

(4) 出口加工区的国内税收政策。国家对区内加工出口的产品和应税劳务免征增值税、消费税。其他国内税收(如所得税、地方税等),按国家现行有关税收政策规定办理。

资料来源:摘自《中华人民共和国海关对出口加工区监管的暂行办法》。

四、海关对出口加工区的管理

根据设立出口加工区的指导原则,海关在区内实行新的加工贸易监管模式,简化有关手续,方便企业通关,实现出口加工区货物在主管海关"一次申报、一次审单、一次查验"的通关要求。

为企业创造良好的经营环境,为出口加工区的健康发展提供优质服务。海关对出口加工区管理的具体措施包括以下几个方面:

第一,对出口加工区采取全封闭、卡口式管理,海关实行24小时工作制度。卡口分别设立货物和人员进出通道。

第二,对出口加工区采用计算机管理的模式,海关与区内企业实行计算机联网,进行电子数据的传输和办理通关手续;出口加工区主管海关与口岸海关实行计算机联网。

第三,对区内企业开展的加工贸易业务,不实行加工贸易银行保证金台账制度,取消《登记手册》,改用电子账簿进行管理,海关对企业实行每半年一次的总量扣减核销制度。

第四,对区内与境外之间进、出的货物,实行"备案制"管理:区内与区外之间进出的货物,实行正常"报关制"管理。

第五,出口加工区与口岸、出口加工区与出口加工区之间进出的货物、物品,采取直通式或转关运输的监管模式,一律在出口加工区主管海关报关并在卡口查验、放行。实现报关、审单、查验"三个一次"的全新通关模式。

五、多种经营的经济特区

多种经营的经济特区也称综合性经营特区,是指一国在其港口或港口附近等地划出一定的范围,新建或扩建基础设施和提供减免税收等优惠待遇,吸引外国或境外企业在区内从事外贸、加工工业、农畜业、金融保险和旅游业等多种经营活动的区域。我国所设立的经济特区就属于这一类。1979年以来,我国先后在深圳、珠海、汕头、厦门和海南省设立这种经济特区。这是我国贯彻与实行对外开放政策所采取的一系列重要措施的组成部分。

综合性经济特区的特点,以中国为例,主要表现在以下几个方面:

第一,它是综合性多种经营的经济特区,包括工业、农业、商业、房地产、旅游、金融、保险和运输等行业。

第二,经济特区的经济发展资金主要依靠利用外资,产品主要供出口。

第三,对前来投资的外商,在税收和利润汇出等方面给予特殊的优惠和方便,改善投资环境,以便吸引较多外资,促进特区的经济与对外贸易的发展。

第四,实行"外引内联",加强特区与非特区之间的协调与合作,共同促进市场经济与建设的发展。

六、自由边境区

自由边境区过去也称自由贸易区,这种设置多见于拉丁美洲少数国家。一般设在本国的一个省或几个省的边境地区。对于在区内使用的生产设备、原材料和消费品可以免税或减税进口,如从区内转运到本国其他地区出售,则须照章纳税。外国货物可在区内进行储存、展览、混合、包装、加工和制造等业务活动,其目的在于利用外国投资开发边区的经济。

自由边境区与出口加工区的主要区别在于,自由边境区的进口商品加工后大多是在区内使用,只有少数是用于再出口。故建立自由边境区的目的是开发边区经济,因此有些国家对优惠待遇规定了期限。在这些边区生产能力得到发展后,就逐渐取消某些商品的优惠待遇,直至废除自由边境。例如,墨西哥在美墨边境设立的一些自由边境区期限已满时,就取消了原有的优惠待遇。中国在中俄边境、中越边境也设立有自由边境区。

七、过境区

沿海国家为了便利内陆邻国的进出口货运,开辟某些海港、河港或国境城市作为货物过境区。过境区规定,对于过境货物,简化海关手续,免征关税或只征小额的过境费用。过境货物一般可在过境区内作短期储存,重新包装,但不得加工。

八、科学工业园区

科学工业园区,又称工业科学园、科研工业区、新产业开发区、高技术园区、科学城等,是一种在第二次世界大战后科技革命背景下出现的新兴工业开发基地。它将智力和资金高度集中起来,专门从事新技术研究、试验和生产,以加速新技术研制及其成果应用,为本国或本地区工业的现代化服务。与侧重于扩大制成品加工出口的出口加工区不同,科学工业园区旨在扩大科技产品的出口和扶持本国技术产业的发展。

第三节 出 口 管 制

出口管制是指一国政府通过建立一系列审查、限制和控制机制,以直接或间接的方式防止本国限定的产品或技术通过各种途径流通或扩散至目标国家,从而实现本国的安全、外交和经济利益的行为。许多国家,特别是发达国家,为了达到一定的政治、军事和经济的目的,往往对某些产品(尤其是战略物资与技术产品)实行管制、限制或禁止出口。

一、出口管制的目的

出口管制的目的主要包括以下几点:

第一,政治原因往往是实行出口管制的主要原因,出口管制也是各国实行国别政策的重要手段之一,一些西方国家经常对与自己敌对或不友好的国家实行出口管制。

第二,军事原因,为了保证世界的和平与安全,国际社会通过了《核不扩散条约》,各国都有义务对可能用于核武器制造的技术与装置、原料的出口实行出口管制。

第三,经济原因,许多国家为了避免本国相对稀缺产品的过量出口而造成不利的影响,通常会对该类产品实行出口管制,以保证国内需要。

第四,其他原因,例如,为了人权目的,禁止劳改产品的出口;为了保护地球生态环境和濒危动植物,对一些物资进行全球性的贸易禁运;为了保护历史文物,对一些特殊产品的出口实行管制。

二、出口管制的产品类型

需要实行出口管制的产品一般有以下几类:

第一,战略物资和先进技术资料,如军事设备、武器、军舰、飞机、先进的计算机和通信设备、先进的机器设备及其技术资料等。对这类产品实行出口管制,主要是从国家安全和军事防务的需要出发,以及从保持科技领先地位和经济优势的需要考虑。

第二,国内生产和生活紧缺的物资。其目的是保证国内生产和生活需要,抑制国内该产品价格上涨,稳定国内市场。例如,西方各国往往对石油、煤炭等能源产品实行出口管制。

第三,需要自动限制出口的产品。这是为了缓和与进口国的贸易摩擦,在进口国的要求下或迫于对方的压力,不得不对某些具有很强国际竞争力的产品实行出口管制。

第四,历史文物和艺术珍品。这是出于保护本国文化艺术遗产和弘扬民族精神的需要而采取的出口管制措施。

第五,本国在国际市场上占主导地位的重要产品和出口额大的产品。对于一些出口产品单一、出口市场集中且该产品的市场价格容易出现波动的发展中国家来讲,对这类产品的出口管制,目的是稳定国际市场价格,保证正常的经济收入。例如,欧佩克(OPEC)对成员的石油产量和出口量进行控制,以稳定石油价格。

第六,为保持生态平衡而受到保护的某些动植物。

三、出口管制的形式

(一) 单方面出口管制

单方面出口管制是指一个国家根据本国的出口管制法案,设立专门的执行机构,对本国某些产品的出口实行管制。从单方面出口管制来看,出口国通常采取以下一些措施来控制本国的产品出口。

1. 国家专营

对于一些敏感性产品的出口实行国家专营的方式,由政府指定专门的机构和组织直接控制与管理,可以起到比较理想的管制效果。例如,澳大利亚、加拿大对小麦出口就实行国家专营。

2. 征收出口税

政府对出口管制范围内的产品根据不同情况课征出口税,并使关税税率保持在一个合理的水平上,这样可以达到控制出口的目的。这种措施的使用相当广泛。

3. 实行出口许可证制

实行出口许可证制使政府能够有效地控制出口产品的国别和地区、数量和价格。这种措施也是目前各国常用的出口控制办法,如芬兰对原木、澳大利亚对矿产都实行出口许可证制。

4. 实行出口配额制

实行出口配额制是一种非常有效的出口控制措施,它往往与出口许可证结合起来使用,如美国对糖、日本对稻谷和小麦的出口都实行出口配额制。

5. 出口禁运

出口禁运是出口控制措施中最严厉的一种。实行出口禁运的产品一般都是国内紧缺的原材料或初级产品,如许多国家禁止本国废钢出口。

需要注意的是,一国的出口管制政策有时是针对产品的,有时却是针对国家或地区的。目前,有许多国家在同种产品的出口上实行歧视政策,即只对某些国家或地区实行出口管制,而对其他国家或地区则不实行这种管制。上面提到的各种出口管制措施都可用来实行歧视性的出口政策。为了有效地制定和实现出口控制政策,许多国家都设有专门的机构、颁

布了专门的法律。例如,美国商务部专设贸易管制局,专门管理出口管制事务。早在 1917
年,美国就颁布了《1917 年与敌对国家贸易法案》;1949 年通过了《出口管制法案》,该法案经
过多次修改,形成《1979 年出口管制法》,后者对美国出口贸易的管制起着十分重要的作用。
英国颁布了《1970 年货物出口管制条令》和《1976 年战略物资管制条令》,对本国出口贸易进
行管制。

(二) 多边出口管制

一些国家为了协调彼此的出口管制政策和措施,通过达成共同管制出口的协议,建立了
国际性的多边出口管制机构,共同制定多边出口管制的集体措施,以期达到共同的政治和经
济目的。

巴黎统筹委员会是实行多边出口管制的主要国际组织之一,它是在美国的操纵下于
1950 年成立的。其目的是建立对社会主义国家实行出口管制的国际性网络,共同防止战略
物资和先进技术输往社会主义国家,遏制社会主义发展。它的具体工作是编制和增减多边
禁运货单,规定受禁运的国别和地区,确定禁运的审批程序,加强转口管制,讨论例外程序和
交换情报等。巴黎统筹委员会在成立初期的政治色彩十分鲜明,随着国际政治经济形势的
变化,巴黎统筹委员会逐渐放宽了对社会主义国家的出口管制。

多边出口管制机构或组织原则上只负责编制、修订和审批多边出口管制的货单,确定多
边出口管制的一般规则,而具体的出口管制则由各成员按上述规定自行贯彻执行。

四、出口管制措施

一国控制出口的方式有很多种,但出口管制最常见和最有效的手段包括以下几种:

(1) 出口税。海关就某些出口产品对本国出口商征收出口税。

(2) 出口工业的产业税。有些国家对某些生产资源密集型产品的产业征收产业税,这
些产业往往是出口产业。

(3) 出口配额。出口国政府规定一定时期内某种产品出口的数量或金额,超过这一额
度不准出口。

(4) 出口许可证。出口许可证是某些国家对本国出口产品实行全面管制的一种措施,
出口许可证又包括一般许可证和特种许可证两种。一般许可证又称普通许可证,这种许可
证相对较易取得,出口商无须向有关机构专门申请,只要在出口报关单上填写这类产品的普
通许可证编号,在经过海关核实后就办妥了出口许可证手续。出口属于特种许可范围的产
品,必须向有关机构申请特殊许可证。出口商要在许可证上填写清楚产品的名称、数量、管
制编号以及输出用途,再附上有关交易的证明书和说明书报批,在获得批准后方能出口,如
不获批准就无法出口。

(5) 出口禁运。出口禁运是贸易制裁的一种手段,是指出口国为迫使被制裁国做出某
种让步,禁止本国出口商向该国出口产品。

(6) 出口卡特尔。出口卡特尔是指某些产品的主要出口国组成的国际性垄断组织,它

们采取联合行动,主宰国际市场的价格。

　　一般来说,一国实施贸易政策的目的是扩大出口和减少进口,但一些国家出于政治和经济的考虑而实施出口管制政策。出口管制是一国对外实行通商和贸易的歧视性手段之一,实施出口管制将对被管制国家和实施该政策的国家经济造成负面影响。20世纪70年代以来,各国的出口管制有所放松,特别是出口管制的政治倾向有所减弱,但它仍作为一种重要的经济手段和政治工具而存在。

课 堂 测 试

班级_____ 姓名_____ 学号_____ 成绩_____

一、单项选择题(本大题共 10 小题,每题 4 分,共 40 分)

1. 由出口方银行直接向进口厂商或进口方银行提供的贷款称为(   )。
   A. 卖方信贷　　　　 B. 买方信贷　　　　 C. 商业信贷　　　　 D. 进口信贷

2. 进口商接受的买方信贷必须用于购买(   )。
   A. 债权国的商品　　　　　　　　 B. 债务国的商品
   C. 债权国或债务国的商品　　　　 D. 第三国的商品

3. 约束性贷款是指(   )。
   A. 卖方信贷　　　　　　　　 B. 买方信贷
   C. 出口信贷国家担保制　　　 D. 外汇倾销

4. 出口信贷国家担保制对经济风险的承保金额一般为合同金额的(   )。
   A. 100%　　 B. 110%　　 C. 85%～90%　　 D. 70%～80%

5. 出口退税属于出口补贴中的(   )。
   A. 直接补贴　　 B. 间接补贴　　 C. 现金补贴　　 D. 现金优惠

6. 外汇倾销是一种(   )。
   A. 关税壁垒　　　　　　　　 B. 非关税壁垒
   C. 鼓励出口措施　　　　　　 D. 管制出口措施

7. 外汇倾销是出口企业夺取国外市场的特殊手段,它利用的是(   )。
   A. 本国货物降价的机会　　　　 B. 本国发生通货膨胀的机会
   C. 本国货币对外贬值的机会　　 D. 本国货币对外升值的机会

8. 当一国货币对外贬值后,可起到的双重作用是(   )。
   A. 促进出口和促进进口　　　　 B. 限制出口和限制进口
   C. 促进出口和限制进口　　　　 D. 限制出口和促进进口

9. 划在关境以外,对进出口商品全部或大部分免征关税,并且准许在港内或区内开展商品自由储存、展览、拆散、改装、重新包装、整理、加工和制造等业务活动。下列各项中,符合题干说法的是(   )。
   A. 过境区　　 B. 保税区　　 C. 自由贸易区　　 D. 出口加工区

10. 海关所设置的或经海关批准注册的,受海关监督的特定地区和仓库,可以暂时不缴纳进口税;如再出口,不缴纳出口税;如要运进所在国的国内市场,则需办理报关手续,缴纳进口税。下列各项中,符合题干说法的是(   )。

  A. 过境区   B. 自由边境区   C. 出口加工区   D. 保税区

二、多项选择题(本大题共 5 小题,每题 6 分,共 30 分)

1. GATT/WTO《补贴与反补贴协议》把补贴分为( )。
  A. 禁止使用的补贴   B. 不可申诉的补贴   C. 可申诉的补贴   D. 出口补贴
  E. 出口退税

2. 商品倾销是指以低于国内市场的价格,甚至低于生产成本的价格,在国际市场上大量抛售商品的一种占领市场的手段,其主要形式有( )。
  A. 外汇倾销   B. 偶然性倾销   C. 长期性倾销   D. 掠夺性倾销
  E. 反倾销

3. 在国际贸易中,常见的出口管制形式有( )。
  A. 出口税   B. 出口许可证   C. 单边出口管制   D. 多边出口管制
  E. 出口禁运

4. 下列各项中,属于出口管制的主要手段的有( )。
  A. 出口税   B. 出口配额   C. 出口许可证   D. 出口禁运
  E. 出口卡特尔

5. 下列各项中,属于出口管制的商品的有( )。
  A. 战略物资及其有关的先进技术和资料   B. 国内紧缺的商品
  C. "自动"出口配额范围内的商品   D. 历史文物和艺术珍品
  E. 本国出口量大的商品

三、判断题(本大题共 10 小题,每题 3 分,共 30 分)

1. 卖方信贷是由出口国银行提供的贷款,买方信贷是由进口国银行提供的贷款。 ( )
2. 出口信贷国家担保制中,担保机构承保的出口风险项目与私人商业保险公司相同。
                                        ( )
3. 由于出口信贷是由出口国银行提供的,因而出口信贷国家担保制是对出口国银行的担保。
                                        ( )
4. 由于出口信贷国家担保制中,担保机构承保的出口风险项目风险很大,因而所收取的费用也较高。   ( )
5. 外汇倾销是国家利用本国货币对外升值的机会向国外倾销商品的一种特殊措施。
                                         ( )
6. 一国只要实行货币贬值,即可起到扩大出口的作用。   ( )
7. 不论是出口大国还是出口小国,实施出口补贴都会导致国民福利的净损失。 ( )
8. 对于允许自由进出自由港或自由贸易区的外国商品,不必办理报关手续,免征关税。
                                        ( )
9. 海关对出口加工区采取全封闭、卡口式管理。   ( )
10. 过境区是指沿海国家为了便利内陆邻国的进出口货运,开辟某些海港、河港或国境城市作为货物流通的区域。   ( )

第八章　区域经济一体化

知识导航

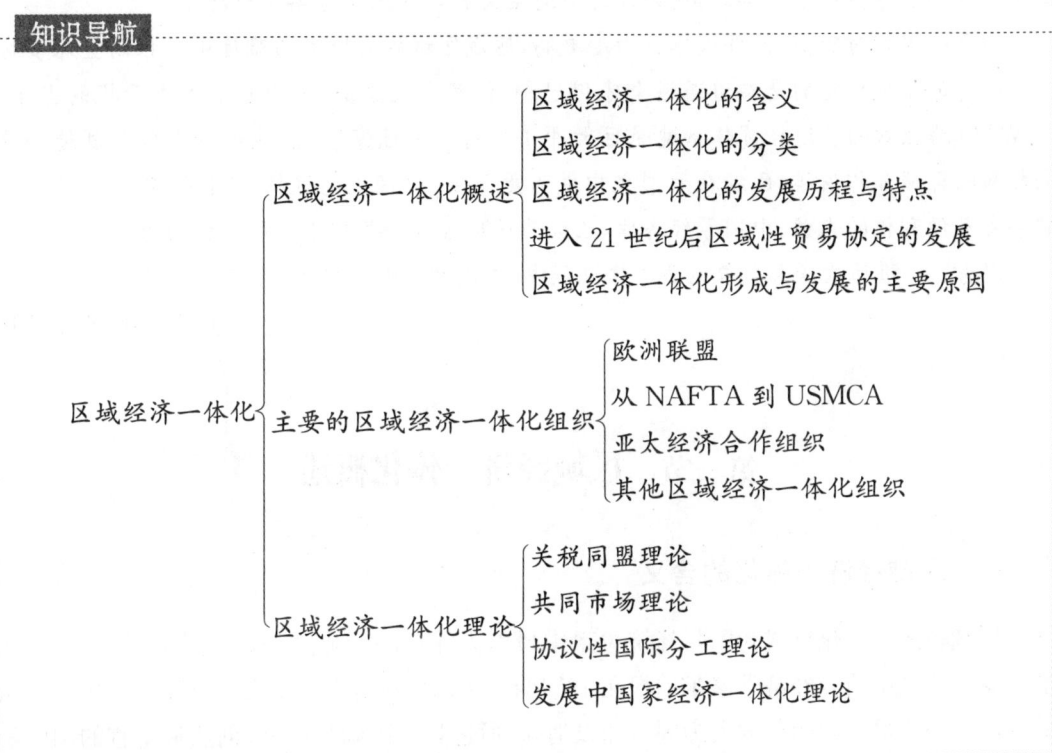

区域经济一体化

├ 区域经济一体化概述
│　├ 区域经济一体化的含义
│　├ 区域经济一体化的分类
│　├ 区域经济一体化的发展历程与特点
│　├ 进入21世纪后区域性贸易协定的发展
│　└ 区域经济一体化形成与发展的主要原因
│
├ 主要的区域经济一体化组织
│　├ 欧洲联盟
│　├ 从NAFTA到USMCA
│　├ 亚太经济合作组织
│　└ 其他区域经济一体化组织
│
└ 区域经济一体化理论
　　├ 关税同盟理论
　　├ 共同市场理论
　　├ 协议性国际分工理论
　　└ 发展中国家经济一体化理论

学习目标

1. 理解区域经济一体化的含义和分类。

2. 了解区域经济一体化发展的历程、特点及影响因素。

3. 熟悉区域经济一体化的主要理论和观点。

思政课堂

2020年11月15日区域全面经济伙伴关系协定(RCEP)签署,标志着东亚地区对于区域一体化路径的新探索取得重大突破。

RCEP的意义显而易见。对于东亚地区来说,RCEP统合了5个"东盟＋1"自由贸易协定(FTA),大大消除了东亚地区自贸协定网络相互重叠交织的状态,能够大幅降低贸易成本。它为占全球总量约30%的总人口、经济体量和东亚区域内最重要的中间品贸易提供了一个一体化大市场,还首次将中日这两个经济体直接纳入一个自贸区框架中。这些无疑使得 RCEP 成为区域经济一体化的重要里程碑,极大提振了全球范围内区域合作的信心。

更重要的是,RCEP 涵盖发达国家和发展中国家,囊括发达经济体与新兴经济体,为部分处于国际产业链低端的国家提供过渡期,充分考虑了成员间经济规模和发展水平差异,帮助发展中成员特别是最不发达成员充分共享经贸合作成果。它表现出的多元性、包容性,为南北型贸易合作提供了新模式,也为促进多边主义和地区发展增添了新动能。

由于范围相对较小、伙伴选择自由度更高,达成区域贸易协定的难度小于推动全球多边经贸合作的难度。特别是在遭遇逆全球化思潮、保护主义抬头、地缘政治因素干扰的当下,以 WTO 为核心的多边经贸体系遭受巨大冲击。对部分国家来说,能够带来贸易创造和贸易转移的区域合作安排,已经在无形之中成为更重要、更保险的选择。同时,致力于区域合作和贸易便利化的东盟、中国等经济体,已成为区域经济一体化中的积极推动力量。

思考:在推动构建人类命运共同体过程中,中国做了哪些努力?

资料来源:北京日报

第一节 | 区域经济一体化概述

一、区域经济一体化的含义

区域经济一体化已成为国际经济关系中最引人注目的趋势之一。据考证,经济一体化的概念最早是由荷兰经济学家丁伯根在 1954 年提出的,并给出了定义:经济一体化就是将有关阻碍经济最有效运行的人为因素加以消除,通过相互协调与统一,创造最适宜的国际经济结构。其后,该术语被经济学界广泛接受和运用,但关于经济一体化的定义却众说纷纭。其中,最具代表性的定义是美国经济学家巴拉萨在 1961 年提出的,他说:我们建议把经济一体化定义为既是一个过程,又是一种状态,就过程而言,它包括旨在消除各国经济单位之间差别待遇的种种举措;就状态而言,则表现为各国间各种形式差别待遇的消失。巴拉萨的定义是从行为或手段的角度来描述经济一体化的,但没有指出经济一体化的目的或效果是什么。为此,另一位美国经济学家柯森将经济一体化是"过程"解释为"导向全面一体化的成员间生产要素再配置";将一体化是"状态"解释为"业已一体化的国家间生产要素的最佳配置"。

20 世纪 90 年代,经济学界对经济一体化的内涵基本形成共识,即两个或两个以上的国家或地区,通过协商并缔结经济条约或协议,实施统一的经济政策和措施,消除产品、要素、金融等市场的人为分割和限制,以国际分工为基础来提高经济效率和获得更大经济效果,把各国或地区的经济融合起来,形成一个区域性经济联合体的过程。因此,区域经济一体化包含着两层含义:

一是指成员之间经济活动中各种人为限制和障碍逐步被消除,各国市场得以融为一体,企业面临的市场得以扩大。

二是指成员之间签订条约或协议,逐步统一经济政策和措施,甚至建立超国家的统一组织机构,并由该机构制定及实施统一的经济政策和措施。

区域经济一体化的基本特征表现为成员之间在经济政策上实现一定程度的统一,实质上是成员经济主权在一定程度上的限制和让渡。区域经济一体化通过区域性合作,实现共建、共享、共有的多赢效应。20世纪90年代以后,区域经济一体化组织如雨后春笋般在全球涌现,形成了一股强劲的新浪潮,这股新浪潮推进之迅速、合作之深入、内容之广泛、机制之灵活、形式之多样,都是前所未有的。区域经济一体化浪潮不仅反映了经济全球化深入发展的新特点,而且反映了世界多极化曲折发展的新趋势。

关于区域经济一体化内涵的界定,争论也颇多。保罗·斯特里坦(Paul Streeten)认为,一体化不应该按照手段如自由贸易、统一的大市场、货币的可兑换性等来定义,而应该依循目的、平等、繁荣进行定义。丁伯根(Tinbergen)将一体化划分为消极与积极两种形式,消极一体化是指消除各国对货物、资金、人员流动的障碍,积极一体化是指通过建立新制度对市场进行纠偏、加强自由市场的一体化力量。巴拉萨(Balassa)则认为,"经济一体化既被定义为一个过程,又被定义为事物的一种状态。作为一个过程,它旨在消除不同国家经济单位之间的歧视;作为事物的一种状态,它表示各国民经济之间不存在各种形式的歧视"。根据这一定义,经济一体化有以下两个重要特征:

第一,一体化的最终目标是要在成员之间建立单一的经济空间,实现经济的完全联合。

第二,经济一体化通过一定的方式,有步骤、分阶段地实现其最终目标,是一个由低级向高级发展的过程,在不同阶段采取不同的形式,具有不同的特点,发挥不同的作用。

本书更倾向于巴拉萨的观点,认为区域经济一体化是指两个或两个以上的国家或地区通过签订协议或条约,相互消除阻碍经济贸易发展、经济融合的障碍,进行不同程度的政策和制度合作以促进彼此之间经济与贸易的发展。

二、区域经济一体化的分类

(一) 按照经济一体化程度的不同分类

按照经济一体化程度的不同,可以把区域经济一体化组织分为六种类型:优惠贸易安排、自由贸易区、关税同盟、共同市场、经济同盟、政治联盟。

1. 优惠贸易安排(Preferential Trade Arrangement,PTA)

优惠贸易安排又称特惠关税区,是指在优惠贸易安排中的成员间,通过协定或其他形式,对全部商品或一部分商品相互给予削减关税的优惠待遇,而对区外各国仍然维持原有的关税水平,实行独立的关税政策,如第二次世界大战前的英帝国关税特惠制(Empire Preference),第二次世界大战后的东南亚国家联盟等。

优惠贸易安排是层次最低、最松散的区域经济一体化形式,成员经济还看不出整合为一体的迹象,但成员已经开始以降低关税为手段整合区域性商品市场。

2. 自由贸易区(Free Trade Area)

自由贸易区由签订自由贸易协定的国家组成,在成员间对相互流动的商品免除关税和数量限制,使区域内各国之间的商品可以完全自由移动,但同时保留各自对非成员的贸易政策,如欧洲自由贸易联盟、拉丁美洲自由贸易协会等。

作为区域经济一体化的一种形式,自由贸易区的一体化程度仍然较低,经济联合主要涉及商品交换领域。自由贸易区内关税与限额的消除,使各国原本分离的商品市场合并为一个新的大市场,成员之间通过商品市场的扩展、商品流通量的扩大,推动各自经济的发展。

3. 关税同盟(Customs Union)

关税同盟是指两个或两个以上的国家通过缔结协定或条约结成同盟,相互间完全取消关税和其他贸易壁垒,对区外非成员实行统一的关税税率,并通过实施某些共同的对外贸易政策,使同盟国的商品在统一关境以内的市场上处于有利的竞争地位。

欧洲经济共同体于 1968 年实现关税同盟,比计划提前了一年半。欧洲经济共同体对非成员实施的统一关税税率做如下安排:对于来自非洲、加勒比和太平洋地区、欧洲经济共同体联系国的产品适用特惠税率;对于来自欧洲自由贸易联盟、地中海沿岸国家的产品适用协定关税;对于来自普惠制下发展中国家的产品适用普惠税率;对于来自关税与贸易总协定缔约方的产品适用最惠国税率;来自除上述国家之外的国家或地区的产品适用普通税率。税率水平由低到高的排列顺序为特惠税率、协定税率、普惠税率、最惠国税率、普通税率。

关税同盟在一体化程度上比自由贸易区更进了一步,商品交换领域整合的内容和范围扩大了,对外统一的关税政策和部分统一的对外贸易政策的实施要求有一个强有力的管理机构来监督与协调组织内外的贸易关系,从而使得超国家机构变得必要,在关税同盟阶段要求建立超国家机构,如欧洲经济共同体的执行委员会。

世界上其他的关税同盟还包括新的安第斯条约组织,其成员包括玻利维亚、哥伦比亚、厄瓜多尔、秘鲁、委内瑞拉。安第斯条约组织成员之间已经实现了自由贸易,但对来自非成员的商品征收 5%到 20%不等的进口关税。

4. 共同市场(Common Market)

共同市场是指在成员之间完全废除关税与数量限制,建立统一对外关税,允许生产要素跨国界自由流动,即除商品自由流动之外,资本、服务、人员均可以不受阻碍地在成员之间自由流动。欧洲经济共同体 1992 年年底实现的"大市场"基本达到了这一层次的经济一体化。

共同市场一体化整合的内容已经超出商品自由流动的范围,具有非同一般的意义。除商品市场一体化、资本市场一体化、服务市场一体化、劳动力市场一体化之外,生产过程一体化的动力和潜能大大提高,势必刺激经济的增长,创造更多的就业机会,增强企业的竞争能力,提高效率和效益,降低成本等。

建立共同市场要求成员在财政、货币、就业政策方面高度协调和合作,这充分表明成员之间的一体化已经上升到经济政策的协调,甚至一些共同的经济政策制定与执行的高度。

由阿根廷、巴西、巴拉圭、乌拉圭组成的南美共同市场的终极目标是建立共同市场。

5. 经济同盟(Economic Union)

经济同盟是指在实施商品、服务和生产要素自由流动的同时,统一各成员的货币或实现成员间不可逆转的固定汇率,并且对包括货币金融、财政在内的各种经济政策通过共同的权力机构进行协调和统一。经济同盟使成员经济一体化的范围从商品交换,扩展到生产、分配乃至整个国民经济,形成一个庞大的经济实体。

货币统一和经济政策一体化要求共同的决策机构必须具备一定程度的超国家权力与经济一体化的运行相适应,这必然涉及国家主权的让渡,使其成为真正的超国家权力,并以各成员共同操纵的方式存在。欧盟初步实现了经济同盟,但还需要进一步完善。

6. 政治联盟(Political Union)

在政治联盟一体化形式中,成员在经济、金融、财政等政策方面实行统一化,完全废除在商品、服务、资本、劳动力等自由流动上的人为障碍,建立起拥有更多权力的超国家机构,在各经济领域推行完全一致的经济政策,使各成员变为一体化区域内的各个地区,从而在经济上达到一体化的最高程度。同时,经济一体化高度发展也要求成员在政治上的联合,以确保经济联合的持久性,并且历史发展也证明,共同的经济利益必将演化为共同的政治利益。因此要求超国家机构进一步全面协调成员的社会及对外政策。《马斯特里赫特条约》的实施使欧盟朝着这一目标努力。自20世纪70年代起,欧洲议会开始由欧盟各国公民直接选举产生,欧盟的决策机构部长理事会由各国部长组成,欧盟已经开始向国外(如中国)派驻大使。欧盟正在试图以一个声音、一体的形象出现在世界政治、经济舞台上。

在理论及内容上,区域经济一体化的六种形式有较强的前后逻辑联系。但在实践中,各种形式并无必然的前后继起关系。区域经济一体化的起点并不一定从最初级的优惠贸易安排开始,而是可以从自由贸易区或关税同盟开始,如欧洲自由贸易联盟;建立自由贸易区或关税同盟后也并不一定要向更高级的经济一体化形式发展,也可能实现商品的自由流动就是一些一体化组织的最高目标。

区域经济一体化的六种形式之间存在的这种承继或层递关系,依照一体化程度由低向高排列的顺序为优惠贸易安排、自由贸易区、关税同盟、共同市场、经济与货币同盟、政治联盟。

(二) 按经济一体化的范围分类

按经济一体化的范围分类,经济一体化可分为部门一体化、全盘一体化。

1. 部门一体化(Sector Integration)

部门一体化是指区域内各成员就一种或几种产业(或商品)形成内部市场,如欧洲煤钢共同体(European Coal and Steel Community,ECSC)、欧洲原子能共同体(European Atomic Energy Community,EAEC)。

2. 全盘一体化(Overall Integration)

全盘一体化是指将区域内各成员的所有经济部门一体化的做法,欧洲经济共同体和已经解体的经济互助委员会(简称经互会)属于此类。

（三）按参加国的经济发展水平分类

按参加国的经济发展水平分类，区域经济一体化可分为水平一体化、垂直一体化。

1. 水平一体化（Horizontal Integration）

水平一体化又称横向一体化，它是由经济发展水平相同或接近的国家所形成的经济一体化组织。目前世界上存在的经济一体化，多数属于此种形式的一体化。

2. 垂直一体化（Vertical Integration）

垂直一体化又称纵向一体化，是由经济发展水平不同的国家形成的一体化组织。

三、区域经济一体化的发展历程与特点

（一）区域经济一体化的发展历程

1. 区域经济一体化的发展时期（20 世纪 50 年代至 60 年代）

第二次世界大战之后，世界经济领域发生了一系列的重大变化，世界政治经济发展不平衡，大批发展中国家出现，区域经济一体化组织开始形成。

1948 年建立的包括比利时、荷兰、卢森堡在内的比荷卢关税同盟向欧洲经济一体化迈出了第一步。1951 年 4 月 18 日，比利时、法国、意大利、卢森堡、荷兰和联邦德国六国签署了《欧洲煤钢联营集团条约》，1952 年，六国议会批准条约，设立超国家机构——欧洲煤钢联营高级机构，建立欧洲煤钢共同体，最终目标是实现煤钢共同市场。1958 年，法、意、德、荷、比、卢六国签署《关于共同市场和欧洲原子能共同体的政府间会议最后文件》《建立欧洲经济共同体条约》《建立欧洲原子能共同体条约》等文件，总称《罗马条约》，由此建立欧洲经济共同体和欧洲原子能共同体。1959 年，英国、奥地利、丹麦、葡萄牙、瑞典、瑞士六国签署条约，1960 年，欧洲自由贸易联盟建立，初级目标是 1970 年建成工业自由贸易区，终极目标是经济一体化。此外，以苏联为首的社会主义国家于 1949 年年初建立了经互会集团；发展中国家也在进行经济一体化的尝试，如拉丁美洲自由贸易协会（1960 年）、西非关税同盟（1959 年）、中美洲共同市场（1960 年）、亚洲的东南亚国家联盟（1967 年）等。

2. 区域经济一体化的停滞时期（20 世纪 70 年代至 80 年代中期）

20 世纪 70 年代初，西方国家开始出现的经济衰退使区域经济一体化的发展步伐缓慢下来，经济一体化进程转入低潮时期。以欧洲经济共同体为例，两次石油危机、布雷顿森林体系崩溃、全球经济衰退、日美欧贸易摩擦上升等因素使其成员经济遭受沉重打击，各成员广泛实施非关税壁垒措施进行贸易保护，导致第一阶段关税同盟的效应几乎丧失殆尽，欧洲经济共同体国家的经济增长速度急速下降。

区域经济一体化的减速对地区经济的发展未能起到预期的促进作用，欧洲经济共同体原定的一体化计划并未完全实现，而发展中国家的一体化尝试没有一个是完全成功的。因此，在这一时期，区域经济一体化未能成为一种全球性的重要趋势。

3. 地区经济一体化的迅速发展时期（20 世纪 80 年代中期以来）

20 世纪 80 年代中期以来，特别是进入 90 年代，世界经济政治形势发生了深刻变化，西

方发达国家在抑制通货膨胀、控制失业率等方面取得成功,1973—1983 年,西欧国家通货膨胀率年均达到 11.2%,1983—1993 年降到 4.6%,1993—1998 年进一步降到 2.2%。经济增长率明显提速,1986—1989 年,欧洲经济共同体 GDP 年均增长达到 3.2%,高于 1981—1985 年的 1.5%,经济的发展推动区域经济联合,区域经济一体化的趋势明显增强。

值得强调的是,这一时期,美国态度的转变也对地区主义的快速发展产生了重大的推动作用。美国的态度和行动使得越来越多的国家担心自己被屏蔽在区域性市场之外,纷纷参与、组建各种区域性一体化组织,作为防御性措施。这样,对没有加入的国家构成了更大的压力,促使新成员不断加入,新的区域性经济组织不断出现。

1994 年 1 月 1 日,美、加、墨三国签署的《北美自由贸易协定》开始生效,北美自由贸易区正式启动。北美自由贸易区是目前世界上最大的自由贸易区,同时也是一例典型的南北结合的区域性经济贸易集团。尽管目前北美自由贸易区的贸易额不如欧洲经济区,但是其整体经济实力仍居于世界首位。

北美自由贸易区的建立以 1989 年的《美加自由贸易协定》为基本框架,涉及商品贸易、劳务、运输、通信、金融、投资、知识产权保护、环境保护等各个领域。其宗旨是取消贸易壁垒、创造公平竞争的条件、增加投资机会、对知识产权提供适当的保护、建立执行协定和解决争端的有效程序,以及促进三边的、地区的以及多边的合作。最终目标是到 2008 年建成一个取消三国间所有贸易障碍的自由贸易区,实现所有生产要素在区域内的完全自由流通。

在此基础上,美国于 1994 年在迈阿密美洲首脑会议上又提出了创建美洲自由贸易区的建议。

欧洲统一大市场于 1992 年年底宣布建成,成员之间基本实现了商品、服务、资本、人员的四大自由流通。1995 年,欧盟成员扩大到 15 个国家。目前,欧盟有 27 个成员。

1989 年 11 月,亚太地区 12 个国家参加了在澳大利亚堪培拉举行的第一届部长级会议,在这次会议上宣布亚太经济合作组织(APEC)正式成立。1994 年 11 月在印度尼西亚茂物举行的亚太地区领导人非正式会议达成协议,发表《茂物宣言》,确定了亚太地区经济合作的道路和方向,确定发达国家在 2010 年前、发展中国家在 2020 年前实现区域内贸易与投资自由化。同时要求部长会议及有关机构对于与贸易、投资自由化相关的关税、认证标准、投资原则、妨碍进入市场的行政障碍等问题提出改善原则。各国一致同意在人力资源开发、基础设施建设、科学与技术、环境保护、中小企业发展等方面加强合作。

APEC 是在 20 世纪 60 年代以来有关亚洲、太平洋地区经济合作的诸多构想和实践的基础上形成的。80 年代以来,亚太地区成为世界上最具经济增长活力的地区,先是"亚洲四小龙",其后是"亚洲四小虎",再后是中国经济的起飞。亚太地区经济的快速发展促使欧洲迈向统一市场,也推进了北美地区的一体化进程,同时其他地区的经济联合又反过来推动了亚太地区国家或地区的一体化进程,要求亚太地区的国家必须联合起来,促进经济的共同发展以增强其在世界上与其他国家或地区抗衡的能力。

鉴于 APEC 成员间经济发展水平、制度、文化、宗教等经济社会方方面面的差异性较大,

APEC 一体化进程中严格遵循开放、灵活、渐进的原则。

（1）开放原则是指坚持非歧视原则，APEC 内部的贸易和投资自由化成果原则上适用于外部非成员。因此，APEC 在推进内部自由化的同时，也将推进与非 APEC 成员间的贸易与投资的自由化。

（2）灵活性原则是指 APEC 成员可以根据各自的经济发展水平、市场开放程度和经济承受能力对具体部门的贸易和投资自由化进程做出灵活、有序的安排。

（3）渐进原则是指 APEC 贸易与投资自由化目标的实现是一个渐进的过程，在这一过程中，各成员应有时间和机会逐步调整自己的政策以适应不断开放的需要。这一点明显区别于欧盟、北美自由贸易区、东盟等封闭性区域性经济贸易集团的做法，它们往往是通过签署协定对成员的行为进行约束，并要求成员以完全相同的方式和速度推进内部的自由化进程。APEC 的运作方式也不同于其他的封闭性区域合作组织，它是通过自上而下的方式来推进内部的自由化的。APEC 重大的贸易与投资自由化举措的出台都是由亚太经济领导人非正式会议通过各国最高领导人协商一致采取承诺的方式完成的，无须签署任何协议，速度和成效都极为显著。

亚太经济合作组织的启动标志着区域经济一体化进程进入了又一高潮时期。一些新的区域性经济一体化组织纷纷建立，而原有的地区组织也加快了发展步伐。以美国、德国、日本等最发达的工业国家为核心的北美洲、欧洲和亚太三大经济圈正在形成；区域经济一体化组织的形式越来越灵活多样，覆盖面也越来越广，不同层次的地区性组织成员纵横交错；国家之间经济的相互依赖日益加深，开放性地区主义的倾向越来越明显。区域经济一体化成为一种具有重要战略意义的全球性发展趋势。

（二）区域经济一体化发展的特点

处于迅速发展时期的区域性经济一体化组织，其发展呈现出以下几个重要特点：

1. 发展中国家经济一体化趋势加强，但一体化进程缓慢

为增强自身的竞争力，加强谈判地位，加快本国的经济发展，保护本国的利益，发展中国家间的经济一体化趋势也在加强，如拉丁美洲的阿根廷、巴西、巴拉圭和乌拉圭四国于 1991 年 3 月签署条约，成立南美共同市场；1990 年，《安第斯条约》现存成员委内瑞拉、哥伦比亚、厄瓜多尔、秘鲁和玻利维亚发表《加拉帕戈斯宣言》，宣布经历 5 年过渡，到 1995 年建成共同市场；西亚的伊朗、巴基斯坦、土耳其与中亚 5 国于 1992 年 2 月建立经济合作组织等。

由于发展中国家组成的区域性经济一体化组织其大多成员面临众多的、各不相同的经济和政治问题，成员之间的政策难以协调，因此多数一体化停留在自由贸易区，甚至更低层次，终极目标无法按计划实现，如安第斯条约组织原计划到 1995 年实现共同市场，实际上其关税同盟的实现都推迟了半年。由于成员之间巨大的差异，如委内瑞拉的人均 GNP 是玻利维亚的 4 倍，而厄瓜多尔弱小的制造业根本无法与哥伦比亚、委内瑞拉先进的工业相竞争，一个真正的共同市场所要求的政策协调根本无从实现，一体化进程被搁置。南美共同市场在 1998 年遇到困难，经济的衰退致使一些成员恢复已经削减或消除的关税，中止对外统一

关税,2003年,南美共同市场走向完全关税同盟的步伐重新开始启动。成立于1973年的加勒比共同体一直未能在一体化方面取得进展,它曾于1991年宣布创建关税同盟,但最终没能实现。

2. 发达国家与发展中国家间的区域性经济一体化组织开始出现

20世纪80年代以来,面对世界经济的全球化,越来越多的发展中国家开放国内市场,积极引进外资,努力扩大出口,发展外向型经济,南北经济关系有了新的发展,相互之间的依赖程度在逐步提高,南北经济一体化成为一种必然的趋势。面对发达国家日益加强的贸易保护主义和激烈的国际竞争,争取加入区域性经济贸易集团、加强区域性的南北经济合作、实现区域贸易的自由化成为发展中国家的一种现实的战略选择。发达国家则出于全球战略的考虑,也希望通过有选择地将一些发展中国家纳入其体系,增强其对发展中国家经济的渗透力,获取在发展中国家的竞争优势地位。

北美自由贸易协定就是南北地区经济一体化的一次成功尝试。正处于协议之中的美洲自由贸易区、亚太自由贸易区以及未来的大欧洲经济区(包括中东、北非、海湾地区)都是南北经济一体化的形式。

3. 区域性经济一体化突破了国土相邻的限制

区域性经济一体化出现跨洲、跨洋的区域性经济联合体,多数采取自由贸易区的形式。除陆地相邻国家之间建立各种形式的区域性经济一体化组织外,一些跨洲、跨洋、陆地本不相邻的国家之间通过签署协议,组建了一体化程度不同的经济共同体,如以色列与美国建立的自由贸易区,中国与智利签署的自由贸易协定。2004年,南方共同市场开始与欧盟进行谈判,准备建立一个跨大西洋自由贸易区。日本与墨西哥就建立自由贸易区达成了协议。美国与澳大利亚、美国与新加坡分别签署了自由贸易区协议。

目前存在、仍在运行的区域性经济一体化组织多采取自由贸易协定的形式。依照WTO的数据,截至2012年11月,正在实施的319个区域性贸易安排中,自由贸易协定占70%以上。

4. 区域经济一体化组织成员交叉,身份重叠

目前,除中国的三个单独关税区香港、澳门、台湾尚未正式签署区域性贸易协议之外,WTO成员均至少参加一个区域性贸易协议,而多者则达30个以上。

现实中,一些大的区域性经济一体化组织往往包含着次一级区域性经济联合组织,比较典型的如亚太经济合作组织内存在着北美自由贸易区、东南亚联盟、澳新自由贸易区、美国与智利的自由贸易协定等多个区域性经济一体化组织或协定。这样就使得一些国家同时为多个区域性经济联合体的成员,在不同的区域性组织中享受着不同的权利,承担着不同的义务。

5. 区域性经济一体化组织迅猛发展与多边贸易体制职能强化并存

20世纪80年代中期后,第二次区域性经济一体化浪潮在世界范围内掀起,以欧共体建成统一大市场为先导,美加自由贸易协定、亚太经合组织等相继启动。进入90年代,区域经

济一体化浪潮不仅势头未减,反而出现了强劲的发展态势,美国政府也一反冷漠的做法,积极投入区域性经济一体化事务,与其他国家、经济贸易集团频繁展开双边自由贸易协议谈判,这在很大程度上增强了一体化的发展势头,扩大了区域性经济一体化组织对世界经济和多边贸易体制的影响。

与此同时,多边贸易体制的发展也进入了新的历史阶段。世界贸易组织建立,协调领域从货物贸易扩展到服务贸易、知识产权保护和与贸易有关的投资措施等新领域,新的多边贸易体制威信与职能空前强化。

蓬勃发展的区域经济一体化组织与多边贸易体系实现并行发展、相互促进的局面。

四、进入 21 世纪后区域性贸易协定的发展

(一)欧洲

欧洲的欧盟和欧洲自由贸易联盟是两个重要的区域性贸易协定。两个区域内的 30 个国家占据全球贸易量的 20%。随着欧盟成员的不断增加,欧洲区域内现存的 RTA 数量在不断减少。按照稳定协定(Stability Pact)的倡议,东南欧的几个国家正在建立欧洲大陆上第三大贸易集团,2006 年 12 月,稳定协定中的比利时、克罗地亚和罗马尼亚签署了中欧自由贸易协定,这个次区域集团和欧盟的经济联系正在不断加深,欧盟已于 2005 年启动克罗地亚的入盟谈判,与塞尔维亚和黑山的谈判正在进行中。在地中海地区,欧盟与地中海国家建立自由贸易区的谈判取得了诸多进展,在 2006 年 3 月欧盟—地中海国家第五次贸易部长会议上,正式宣布启动服务贸易自由化谈判,同意在农产品贸易自由化中继续努力,加强双方法律体系的建设。

欧盟与海湾合作委员会、非洲加勒比海地区和太平洋地区的国家、印度、韩国、部分东南亚国家、安第斯集团、中美洲共同市场分别启动了自由贸易协定的谈判,取得了丰硕成果,已经分别与黑山、黎巴嫩、韩国、约旦、叙利亚、埃及、智利、加勒比共同体成员等签署并实施了自由贸易协定。

欧洲自由贸易联盟国家也在积极进行各种区域贸易协定的谈判。它们与突尼斯、韩国、黎巴嫩、加拿大的自由贸易协定分别于 2005 年、2006 年、2007 年、2009 年生效,2005—2008 年分别开启与泰国、海湾合作委员会、秘鲁、印度的自由贸易协定谈判,与哥伦比亚、秘鲁签署的自由贸易协定分别都于 2011 年生效。2012 年 10 月 1 日起,EFTA 与中国香港的贸易适用自由贸易协定。

(二)美洲

北美自由贸易区的建立产生了强烈的"多米诺"骨牌效应,许多国家开始进行区域贸易协定的谈判。美国成为活跃的贸易协定的组织者和参与者。它与哥伦比亚、秘鲁、五个中美洲国家、多米尼加签署了自由贸易协定,与巴拿马 2007 年 6 月签署的自由贸易协定于 2012 年10 月 31 日开始生效。它与一些北非国家、中东国家签订协议,为建立中东自由贸易区打下坚实的基础;与摩洛哥、巴林、阿曼的自由贸易协定分别于 2005、2006 年、2009 年生

效,与阿拉伯联合酋长国的谈判正在进行过程中。在亚太地区,美国已经同韩国建立自由贸易区,2010 年马来西亚加入 TPP(跨太平洋伙伴关系协议)。2007—2008 年加拿大启动了与韩国、加勒比共同体、哥伦比亚、秘鲁、多米尼亚、约旦的自由贸易区协定谈判。加拿大与萨尔瓦多、洪都拉斯、危地马拉、尼加拉瓜及新加坡始于 2001 年的谈判仍在进行中。加拿大于 2008 年 1 月与欧洲自由贸易联盟签署了自由贸易区协定。2009 年加拿大与秘鲁的协定生效,2011 年与智利的协定生效。墨西哥正在不断地扩展其自由贸易区的网络,它同日本的自由贸易协定已经生效,与韩国的谈判正在进行中。

在南美,巴拿马分别与新加坡、智利、秘鲁签署并运行自由贸易协定,加勒比共同市场已经批准与古巴和哥斯达黎加的协定。除与美国的自由贸易区外,秘鲁已和智利、中国、韩国、墨西哥、新加坡运行自由贸易协定。哥伦比亚和厄瓜多尔与美国达成了自由贸易区协定。作为南美最大的经贸集团,南锥体已经和海湾合作委员会、印度、以色列、埃及、南非发展委员会达成建立自由贸易区的框架协议。智利在不断扩展其自由贸易协定的网络,和新西兰、文莱、新加坡签订的泛太平洋战略经济合作伙伴关系于 2006 年 11 月生效,与中国签订的自由贸易区协定分别于 2006 年(货物)和 2010 年(服务)生效,和印度、日本签订的建立自由贸易区的协定分别都于 2007 年开始实施,并与泰国通过全球发展中国家间的优惠贸易安排来推进货物贸易的自由化。

(三) 亚太地区

亚太地区国家签订的区域贸易协定正在迅速增加。日本全力投入亚洲地区和跨洲的自由贸易区协定的谈判和签署,和墨西哥的自由贸易协定生效后,2000 年至今,日本分别与印度尼西亚、马来西亚、秘鲁、菲律宾、新加坡、瑞士、泰国、越南、智利、东南亚国家联盟、印度签署并实施了自由贸易协定,并与澳大利亚、海湾合作委员会、韩国进行自由贸易区协定的谈判。韩国除了和智利、东南亚国家联盟、印度、新加坡、美国、欧洲自由贸易联盟、欧盟签署区域性贸易协定外,已经和加拿大、日本、墨西哥开始建立区域性贸易协定的谈判。中国已经同智利、巴基斯坦、新西兰、新加坡等建立并实施自由贸易协定,目前正在和海湾合作委员会、挪威等进行谈判。

东南亚国家联盟与日本的自由贸易协定于 2008 年生效,与澳大利亚、新西兰签署的自由贸易协定,与印度的签署自由贸易协定分别都于 2010 年 1 月开始运行,与韩国的自由贸易协定分两步走,先是 2009 年 5 月签署服务贸易协定,之后是 2010 年 1 月签署货物贸易协定;同时正在考虑与欧盟建立区域贸易协定的可能性。一些东南亚国家,如新加坡、泰国、马来西亚等国,正在签署独立的国家间的自由贸易协定,以新加坡为例,它和约旦、印度、韩国、巴拿马、中国、秘鲁间的自由贸易协定已经生效,正在与哥斯达黎加、加拿大、欧盟、乌克兰进行自由贸易区的谈判。

(四) 非洲

泛阿拉伯自由贸易协定目前已正式生效。海湾合作委员会已将其自身建设成为一个共同市场,并以集团的身份和许多国家签署自由贸易协定。

五、区域经济一体化形成与发展的主要原因

(一) 外部原因

1. 科技与社会生产力的迅速发展

科技与社会生产力的迅速发展使各国间经济相互依赖、相互依存加深,贸易、投资自由化成为经济发展的内在要求。科技的迅猛发展和社会生产力的极大提高,使生产的专业化和协作化进一步发展,国际分工不断深化。现代信息技术的广泛应用和运输条件的极大改善为商品、服务及生产要素在全球范围的快速流动创造了条件。世界经济的全球化趋势使各国经济之间的相互依存、相互制约和相互渗透日益加深,贸易与投资的自由化成为一种客观上不可逆转的趋势。然而由于各国经济发展水平不同,社会、历史文化背景不同,民族利益的存在使得全球范围的自由化成为一个漫长的过程,因此,在条件成熟的国家之间先行实现自由化成为一种可行的现实选择,区域性经济一体化成为最终实现全球经济一体化的前期阶段。

2. 欧洲经济恢复与重建需要

第二次世界大战使世界经济遭受了严重的破坏。作为战争的主战场,欧洲各国经济凋敝,政治动荡不定,国际影响力大大降低,1944 年战争结束时,法国工业生产只相当于1938 年的 20%,农业为 50%,法郎价值仅为 1/6。意大利损失国民财富的 1/3,并丧失了全部海外殖民地。德国在战争结束时,30%～40% 的工厂不能生产。在这样的历史背景下,对和平和繁荣的渴望使西欧的联合思潮达到高潮,消除战争隐患,实现经济、政治、防务上的独立,恢复强大欧洲,不沦为超级大国的附庸成为欧洲社会各阶层的追求目标。但这一目标的实现要求清除欧洲国家之间在经济、政治等方面存在的障碍和阻隔,调动共同的资源和力量重建欧洲、发展欧洲,也就是说,一个强大欧洲实现的前提是一个联合欧洲的出现。

同时,随着战后冷战局面的出现,苏联对中、东欧的控制,加上历史上的扩张倾向,苏联对西欧构成了实质上的威胁,只有联合起来的欧洲才能在苏联强大的军事威慑下生存。美国也认为,一个强大、繁荣的欧洲才可能在美苏冲突中帮助美国抗衡苏联。为使欧洲实现复兴,美国推出"马歇尔欧洲复兴计划",给欧洲经济恢复提供经济援助,但先决条件是欧洲的经济合作,由欧洲国家联合起来设计马歇尔计划经济援助的分配和实施方案,因而,美国的马歇尔计划对欧洲经济一体化启动产生了重大影响。

3. 各国经济与政治势力非均衡发展加速了区域性经济一体化组织的发展

冷战结束后,经济发展成为主旋律。历史发展到 20 世纪 80 年代,西欧和日本成为美国经济最强有力的竞争对手,美、日、欧对世界经济中心地位的争夺激化。欧洲国家政治和经济一体化的加强无疑将增强欧洲的整体实力。而美国为巩固和加强其在全球经济中的地位,不得不积极组建自己的区域性经济贸易集团,以此与欧洲和日本相抗衡。

4. 维持与发展民族经济利益及政治利益促使发展中国家走向联合

为了发展民族经济,实现工业化战略,防御外来力量的干涉,以维护政治经济的独立性,

发展中国家之间努力加强彼此之间的经济合作,走经济一体化的道路,兴起了一股区域经济合作的浪潮。在短短几年内,拉美地区出现了大小不等20多个区域性经济合作组织,如安第斯集团、中美洲共同市场、拉美自由贸易协会等。

一体化的经济联合,可以成为政治联合的基础;有的一体化联盟不仅可以成为一个经济集团,而且可以成为一个政治集团。因此,一些在国际经济、政治斗争中所处地位相近的国家就会在共同利益的基础上结成一体化集团,来维护它们自身的经济和政治利益。

5. 以GATT为基础的多边贸易体制的局限性使区域性经济合作获得发展

由于多边贸易体制在某些涉及成员内重大政治和经济利益的领域,并不能全面满足其他成员的需要,因而拥有地缘政治、经济发展模式与发展水平类似、成员数目少、想法容易协调一致等优势的区域性经济贸易合作安排就成为许多国家的选择。区域性经济贸易合作作为地区的"多边贸易体系",对多边贸易体制形成了有力的补充。

此外,多边贸易体制也对区域性经济贸易组织的发展提供了有利条件。一方面,它承认区域性贸易协定与其全球贸易自由化目标是并行不悖的,因而同意缔约方或成员之间组建自由贸易区或关税同盟;另一方面又做出约束性规定,为限制区域性贸易安排的排他性,规定建立起来的关税同盟和自由贸易区或相关的临时协定,对非成员的贸易实施的关税和其他贸易规章大体上不得高于或严于为建立同盟或临时协定各组成领土所实施的关税和贸易规章的一般限制水平,并规定了通报和磋商、接受监督的措施。WTO接受了GATT的这一原则和规定。

(二) 内部原因

1. **市场扩大及获取规模经济利益**

区域性经济一体化可以使成员狭小的市场实现不同程度的融合,由此产生以下三个方面利益。

第一,刺激竞争,防止垄断力量的形成。在区域性贸易协议下,成员企业所面对的不是单一的民族国家的国内市场,而是通过协议联合起来的大市场,在这个市场中各国的企业都在为市场份额进行角逐。为了在激烈的竞争中取胜,企业必须增加研究与开发投入、向市场不断地推出新产品、改进技术、改进管理、提高生产效率等,其客观效果将有助于区域内的各成员的经济发展、技术进步和消费者福利增加。

第二,规模经济利益。在市场狭小和规模经济存在的条件下,一国政府需要在规模经济和竞争之间做出选择。鼓励企业扩大生产规模、获取规模经济利益有可能损失竞争,导致一些企业对市场形成垄断。如果市场范围扩大,那么竞争者数目就会增加,竞争就会加剧,企业为加强竞争力,就要降低成本,实现途径之一就是扩大生产规模,实现规模效益,但相对于单一民族市场情形,它不易于构成垄断;同时,规模利益的实现也有助于其他相关产业的发展和竞争能力的提高。

第三,市场的扩大有助于资源或生产要素的充分流动,使生产要素实现从边际生产率比较低的国家向边际生产率比较高的国家转移,从边际生产率比较低的产业向边际生产率比较高的产业转移,使资源和生产要素的使用更加合理,从而提高资源的配置效率,同时通过生产要素的跨界自由流动,缩小成员之间经济发展水平的差异。

2. 促进投资增加,加速区域内成员经济的发展

投资的增加来源于两个方面:一是成员企业投资增加。随着成员之间贸易壁垒的削减和消除,市场机会增加了,竞争加剧了,在新形势下,企业会增加投资,扩大生产规模,改进技术,进行创新。二是区域外资本的流入。由于区域性经济贸易组织对成员与非成员实施不同的经济贸易政策,事实上对非成员企业的产品和服务构成了进入壁垒,在这种情况下,为绕过贸易保护壁垒,非成员就必须通过在成员内投资,实现当地生产、当地销售。

投资的增加,直接促进了成员经济的增长和发展,这种增长或发展的推动力源于两方面,一方面增加经济发展所需资本的投入;另一方面区域内外企业投资增加将促进技术创新和新技术的使用。

3. 成员间的联合有助于提高对外谈判力量

在欧洲经济共同体成立之前,共同体各成员在处理与美国的双边经济贸易关系中,由于经济实力悬殊,均处于不利的谈判地位。随着欧洲经济共同体的建立和发展,各自的经济实力都在提高,并且由于成员经济的联系日益密切,共同的经济与政治利益使它们成为一个实体,改变了与美国或其他贸易伙伴在双边贸易谈判中的不利地位。欧洲经济一体化使欧盟具备了能够与美国抗衡的经济与政治实力,在世界政治和经济舞台中与美国构成鼎立局面。

GATT/WTO多边贸易体制的演变历程也表明,有着共同利益的谈判集团或区域贸易集团更有利于维护其成员的利益。例如,在东京回合谈判期间,石油输出国组织作为以产品为基础组织起来的联合体出现;在乌拉圭回合期间,正是来自凯恩斯集团的配合,才使得美国能抵挡欧盟的压力,推动农产品贸易的自由化,最终达成《农业协议》。

当然,区域性经济贸易组织要想有效发挥其影响力,前提是成员之间有着共同的政治或经济利益,能够形成统一的谈判立场。最典型的例子是加勒比共同体和共同市场,这些由加勒比海岛组成的小国,本身的利益不在于实现区域内的经济一体化,而是通过联合,采取共同行动。正是基于这种正确的认识和判断,它们最终联合非洲、加勒比海和太平洋的前欧洲殖民地国家,与欧洲经济共同体(前殖民国家)进行谈判,签订了《洛美协定》,使其工业品和96%的农产品在不限量的条件下免税进入欧洲经济共同体市场。

4. 区域经济贸易一体化也是相关利益集团游说的产物

建立一种自由贸易制度需要做出相应的政策调整,由于区域经济贸易一体化带来的利益或竞争压力在不同利益集团之间存在较大的差异,一些利益集团尤其是获益者将会尽最大努力通过不同方式游说政府决策者,以便通过有利于自己的区域贸易协议或相关的政策措施。但是,有些利益集团的利益会受到损害,因此一国政府的最终决策也是不同利益集团各方竞争的结果,如1994年北美自由贸易协定生效后,美国和加拿大的一些雇用低成本、低技术劳动力的产业,如纺织行业,工人大量失业,因为美国和加拿大纺织企业纷纷搬迁到墨

西哥。1993—2001年,美国纺织业就业人数减少了近60万,占就业总数的60%,同期,墨西哥出口到美国的服装从16亿美元增加到89.5亿美元。

总的来说,对于多数生产企业而言,在区域性贸易安排下,区域内企业之间的竞争在加剧的同时,区域内市场相对于非成员是被保护起来的,一定程度上屏蔽了来自非成员产品的竞争,有利于生产企业利益的增加。对于消费者,利益的取舍需要具体分析,如果产品与服务是竞争激化的产物,消费者获利是明显的,如果是保护壁垒下的结果,消费者可能会承担经济利益的损失。

 知识链接

"金砖+"带动全球发展合作进入新境界

"金砖+"是金砖国家完善合作机制建设的要求。金砖国家注重与其他新兴国家和发展中国家之间的合作,2013年南非在担任主席国期间邀请来自12个非洲国家的领导人和非盟委员会主席参加与金砖国家领导人的对话会,开创了金砖国家举办与地区国家领导人对话会的传统。此后,金砖国家领导人先后与南美、上合组织和欧亚经济联盟成员、环孟加拉湾多领域经济技术合作倡议成员领导人举行对话会。"金砖+"模式立足金砖国家与地区国家领导人对话会,并进一步完善了这一机制。厦门会晤期间,中国作为主席国将按照"金砖+"的模式,开创性地邀请拉美地区代表墨西哥、阿盟总部所在地埃及、非盟轮值主席国几内亚、东南亚大国之一泰国、中亚国家代表塔吉克斯坦几国领导人参加对话会,进一步完善金砖国家领导人会晤第二阶段的机制化建设,让广大发展中国家甚至不发达国家都有机会通过"金砖+"的模式反映自身诉求,体现金砖国家作为广大发展中世界身份代表和利益保护者的发展属性。

"金砖+"为世界上其他新兴大国参与和加强同金砖国家合作提供了有效路径。除金砖国家之外,世界不同地区也有一批新兴大国正在快速成长,诸如"薄荷四国"(墨西哥、印尼、尼日利亚、土耳其四国)、"灵猫六国"(哥伦比亚、印尼、越南、埃及、土耳其、南非六国)等各种概念层出不穷,墨西哥、阿根廷、印尼、埃及、哈萨克斯坦等国的地区和国际影响力明显提升,这些新兴国家认识到金砖国家已经成为发展中国家就全球重大政治经济事务进行长期和全方位协调的最重要平台,有强烈愿望同金砖国家建立更密切的伙伴关系,甚至更深度地参与金砖合作。"金砖+"模式规划了其他新兴国家逐步深入参与金砖合作的路径,避免新兴国家群体的内部分化。

"金砖+"作为金砖合作发展的一个创新性理念,正式提出只有半年多的时间,仍然需要在实践中发展完善。作为金砖"中国年"的重要理论贡献和实践突破,其深刻内涵可以从四个层面来理解。

金砖国家合作根植于发展中世界的整体利益,这是"金砖+"模式提出的根本出发点。金砖国家将通过"金砖+"模式进一步加强同其他新兴大国和广大发展中世界的合作与团

结,立足于发展中国家,代表发展中国家利益,打造南南合作的最重要平台,推动全球发展,是"金砖+"模式的重要使命。

金砖国家合作是开放的、发展中的进程,这是"金砖+"模式永葆生命力的保障。"金砖+"赋予金砖合作更强的生命力,随着金砖国家自身和全球形势的变化进行改革和调整,逐步拓展新的合作领域,发展新的合作伙伴,打造新的合作方式。除了巩固与其他新兴经济体和发展中国家的伙伴关系,"金砖+"模式也有助金砖国家加强与发达国家的合作,通过"金砖+议题合作"的方式,在联合国安理会改革、多哈回合谈判、全球气候变化、全球发展等多个议题下沟通交流,巩固作为南北合作桥梁的重要作用。

"金砖+"模式的提出,既可以加强与其他新兴市场和发展中国家的协调交流,将金砖国家打造成为南南合作的最重要平台,又可以凭借金砖国家联系发达国家和其他发展中国家的特殊优势,在推动南北合作的进程中发挥桥梁作用。"金砖+"模式的提出,是在金砖国家合作开启第二个"金色十年"的关键节点,是针对金砖国家未来发展定位及合作方向提出的创新性理念。

资料来源:光明日报

第二节 | 主要的区域经济一体化组织

区域经济一体化已成为当代世界经济发展的一大特点。各类区域经济一体化组织遍布世界各地。在众多的区域性组织中,最有代表性、规模最大的区域经济一体化组织是欧洲联盟、北美自由贸易区和亚太经济合作组织。

一、欧洲联盟

欧洲联盟(European Union, EU)的前身是欧洲经济共同体(European Economic Community, EEC)。1951 年 4 月,西欧六国(法国、德国、意大利、荷兰、比利时、卢森堡)在法国巴黎签订了《欧洲煤钢联营条约》(又称《巴黎条约》),建立了欧洲煤钢共同体。在欧洲煤钢共同体建立后,西欧六国认为可以把《巴黎条约》的原则扩大到其他领域。1957 年 3 月 25 日,西欧六国政府在意大利罗马签订了《建立欧洲原子能共同体条约》和《欧洲经济共同体条约》,这两个条约合在一起统称《罗马条约》。《罗马条约》于 1958 年 1 月 1 日生效,与此同时,欧洲原子能共同体和欧洲经济共同体正式成立。《罗马条约》的主要内容有:建立全面的关税同盟,即内部取消各种产品的关税,对外采用统一关税;对外实行共同的贸易政策;内部实施共同的农业政策;逐步协调经济和社会政策,实现产品、人员、劳务和资本的自由流通。

按照《罗马条约》的规定,应在 1958—1969 年实现关税同盟,这 12 年的过渡期分三个阶段,每个阶段为 4 年,各阶段逐步削减成员之间的关税以实现自由贸易,调整成员的对外关税以实现共同的对外关税,但实际上实现关税同盟只花了 10 年的时间。至 1968 年,西欧六国就提前达到了《罗马条约》的预定目标,完成了关税同盟的建设,实现了对内取消关税、对外统一关税。在这 10 年里,各成员之间的贸易和对其他国家的贸易得到了飞速发展。各成员之间的贸易额翻了两番,成员之间贸易的增长速度是对其他国家贸易增长速度的两倍;同一时期,共同体国家的国内总产值的年均增长率达到 5%,高于同期英国、美国等国家的经济增长速度。在关税同盟建设差不多完成的同时,欧洲煤钢共同体、欧洲原子能共同体、欧洲经济共同体三个机构合并为一个机构,统称欧洲共同体(European Communities,EC),简称欧共体。

进入 20 世纪 70 年代后,由消除关税壁垒而建立起来的欧共体统一市场被日益盛行的非关税壁垒所分割,产品流通遭到阻碍。据分析,其主要原因在于:经济危机使欧共体经济发展出现了滞胀,共同体内部市场和外部市场相对缩小,贸易竞争加剧,导致贸易保护主义浪潮汹涌。欧共体成员领导人经过长期磋商,决定建立欧洲统一大市场,以振兴经济,与美、日争夺世界市场的主导权。自 1985 年起,欧共体执行委员会主席雅克·德洛尔相继组织起草了三份重要文件:《关于完善内部市场的白皮书》《欧洲一体化文件》和《为一体化文件的成功而奋斗:欧洲的新边界》。在这三份文件中,德洛尔提出了在 1992 年年底建成统一大市场的具体计划。该计划不仅得到各成员首脑的批准,而且实施得也比较顺利。到 1992 年年底,各国基本撤除了各种阻碍产品和要素自由流动的壁垒,一个统一大市场基本形成。这也意味着欧共体从关税同盟进入了共同市场。

在建设欧洲统一大市场的计划确定之后,欧共体又不失时机地把经济同盟的建设提上议事日程,以实现《罗马条约》的最终目标。1991 年 12 月,在荷兰马斯特里赫特城举行了成员首脑会议,决定正式签署《马斯特里赫特条约》(以下简称《马约》),又称《欧洲联盟条约》。这个条约由《欧洲经济与货币联盟条约》和《政治联盟条约》组成,前者的最终目标是实现欧洲统一货币和成立欧洲中央银行;后者的目标是建立共同外交、防务、社会政策等方面的国家联盟。《马约》须提交各成员国内批准,等所有成员批准后,条约方可生效。条约生效日期原定于 1993 年 1 月 1 日,旨在与统一大市场相衔接。由于 1992 年 9 月欧洲爆发了一场金融风暴,《马约》在有些成员国内的批准过程遇到波折。一直到 1993 年 11 月,《马约》才被所有成员批准通过。从此,欧洲共同体改名为欧洲联盟。

西欧经济一体化的发展可以从两个方面来看:一方面,其内涵不断深化。从关税同盟、共同市场发展到现在的经济同盟,成员之间的产品、劳务、资本、人员实现了自由流动,有了统一的货币(欧元)和中央银行,内部和外部的经济政策也实现了高度的统一。另一方面,其外延也在不断扩大。西欧经济一体化组织的成员数量不断增加。20 世纪 70 年代,英国、爱尔兰和丹麦成为成员;20 世纪 80 年代,希腊、葡萄牙和西班牙成为成员;20 世纪 90 年代,芬兰、奥地利和瑞典加入了欧盟;2004 年 5 月,东欧 10 国波兰、捷克、匈牙利、斯洛伐克、斯洛文尼亚、拉脱维亚、爱沙尼亚、立陶宛、塞浦路斯和马耳他正式加入欧盟;2007 年 1 月 1 日,罗马尼亚与保加利亚正式加入欧盟。2013 年 7 月 1 日,克罗地亚入盟。至此,欧盟由最初的 6 国发展成现在的 28 个国家。当然,欧盟的扩展也遇到一些新问题。2013 年 1 月 23 日,英国前首相卡梅伦首次提及脱欧公投。2017 年 3 月 16 日,英国女王伊丽莎白二世批准"脱欧"法案,授权特雷莎·梅正式启动脱欧程序。2020 年 1 月 30 日,欧盟正式批准了英国脱欧。同年 12 月,经过多轮激烈谈判,欧盟与英国终于就包括贸易在内的一系列合作关系达成协议,为英国按照原计划在 2020 年结束"脱欧"过渡期扫清障碍。

欧盟总部设在比利时的首都布鲁塞尔,主要管理机构有部长理事会、执行委员会、欧洲议会、欧洲法院和欧洲理事会。

二、从 NAFTA 到 USMCA

(一) NAFTA

北美地区的经济一体化是在 20 世纪 80 年代兴起的。北美自由贸易区(North American Free Trade Area,NAFTA)的前身是由美国和加拿大两国建立的美加自由贸易区。进入 20 世纪 80 年代后,美、加之间的经济关系获得了进一步发展,双方在贸易和投资上相互渗透、相互依赖的关系更加深入。然而,两国在经济上的矛盾又频频发生并不断扩大,以致危及双方的经济利益。因此,两国逐步认识到,只有通过双边自由贸易才能避免矛盾的进一步激化,并获得自由贸易的好处,求得最佳的经济利益。这是促成《美加自由贸易协议》签订的内在动因。美、加两国经过 23 轮,历时一年零四个月的谈判,拟订了双边自由贸易协议的草案。1988 年 1 月 2 日,美国总统和加拿大总理签署了《美加自由贸易协议》,该协议在 1989 年 1 月 1 日分别获得了美国国会和加拿大议会的批准,正式生效。

《美加自由贸易协议》规定 10 年内取消产品进口关税和非关税壁垒,两国产品关税分三批陆续于 1989 年、1993 年和 1998 年降至零。该协议为防止转口避税,制定了原产地规则。另外,该协议对农产品、能源、汽车、劳务、金融服务贸易做了规定。关于两国的贸易纠纷,则由一个处理争端的机构负责。美国在签订了《美加自由贸易协议》后,马上又在 1990 年 6 月与墨西哥磋商美墨自由贸易事宜。双方在磋商中感到加拿大也应参加谈判。1990 年 9 月,加拿大宣布参加谈判。三国于 1991 年 6 月正式开始谈判。经过 14 个月的讨论和协调,1992 年 8 月 12 日美、加、墨三国签订了《北美自由贸易协议》,该协议在 1994 年 1 月 1 日正式生效。《北美自由贸易协议》规定 15 年内建成自由贸易区,三国的产品关税取消分三批进行:50% 的产品关税立即取消;15% 的产品关税在 5 年内取消;其余产品在第 6~15 年内逐步取消。在原产地规则方面,《北美自由贸易协议》比《美加自由贸易协议》更为严格,如它要求包含 62.5%(《美加自由贸易协议》是 50%)以上北美部件的车辆才有资格享受免税待遇;纺织品及服装必须在北美自由贸易区内生产主要部分,才能享受关税减免待遇。另外,协议对服务、投资、知识产权、政府采购等方面都做了规定,在较为棘手的汽车、农产品、纺织品、能源、运输、文化及环境等方面还专门列了细则加以说明。

在美、加、墨三国决定开展《北美自由贸易协议》谈判后,美国政府提出了美洲倡议,意在把自由贸易范围扩至美国的"后院"拉丁美洲,建立美洲自由贸易区。在《北美自由贸易协议》生效后,1994 年 12 月,由美国召集,在美国迈阿密举行了由北美、南美和加勒比海地区(除古巴外)共 34 个国家参加的美洲首脑会议,讨论建立美洲自由贸易区。会上通过了"原则声明"和"行动计划",决定在 2005 年完成美洲自由贸易区的谈判。此后,这些国家在圣地亚哥和魁北克又召开过两次首脑会议和多次贸易部长级会议。到 2003 年年底,美洲自由贸易区的谈判已历经九年,但进展甚微,在消除产品和服务贸易壁垒这个主要目标方面几乎没有达成任何有意义的协议,谈判一直停留在议程和框架层面上无从深入。2003 年 11 月 19 日至 21 日,美洲第 8 次部长级会议在美国佛罗里达州的迈阿密举行。在此次会议上,各成员均采取了较为灵活、务实的态度。经过四天讨论,会议达成以下几点共识:

第一,美洲自由贸易区谈判将尊重成员间不同的经济发展水平和各自的敏感产品及服务,允许就开放本国市场做出不同程度的承诺。

第二,参与谈判的区域组织将就自由贸易区的基本权利和义务达成协议,但成员可通过双边或区域协定取得某些领域内更大程度的开放。

第三,成员的农产品补贴和反倾销问题以及投资、知识产权保护、政府采购等问题将在世界贸易组织或双边、多边框架下商谈;2005 年 1 月启动美洲自由贸易区。

《北美自由贸易协议》成员还在酝酿建立共同市场,实现三国间统一货币以及人员和资金的自由流动。

(二) USMCA

2018 年 10 月 1 日,美国、加拿大和墨西哥经过长达 13 个月的贸易谈判,终于在截止日前达成了新版贸易协定 USMCA(The UnitedStates-Mexico-Canada Agreement,《美、墨、加三国协议》)。USMCA 既有对 NAFTA 的保留,也包含诸多新内容。

该协议强调:USMCA 为三国的工人、农民和公司提供高标准的贸易协议,促成更加自由的市场、更加公平的交易以及更可持续的经济增长,加强中产阶级,创造高薪就业机会,并为大约 5 亿人带来新机遇。在具体内容上,加拿大所坚持的日落条款- NAFTA 第 19 章争端解决机制得以保留;加拿大放松对美国乳制品交易的限制,同意取消"class7"乳品定价协议,向美国开放约 3.5% 的乳品市场份额,同时向受影响的奶农提供补偿;美国保留落实对进口汽车加征 25% 关税威胁的能力,同时对从加拿大和墨西哥进口的乘用车、皮卡和汽车零件豁免关税。这个协议在美国需要得到国会审查批准后才能生效。

三、亚太经济合作组织

亚太经济合作组织(Asia Pacific Economic Cooperation,APEC)是 20 世纪 80 年代在澳大利亚的建议下设立的。1989 年 11 月,亚太地区的 12 个国家(美国、日本、澳大利亚、加拿大、新西兰、韩国、马来西亚、泰国、菲律宾、印度尼西亚、新加坡、文莱)在澳大利亚堪培拉举行第一届部长会议,拉开了亚太地区广泛开展区域经济合作的序幕。此后,该经济组织在 1992 年吸收了中国以及中国台北、中国香港,在 1993 年增加了墨西哥、巴布亚新几内亚,在 1994 年又增加了智利,现已达到 21 个正式成员和三个观察员(东盟秘书处、太平洋经济合作理事会和太平洋岛国论坛）。亚太经济合作组织每年举行一届部长级会议，从 1993 年起，该组织每年举行一次领导人非正式会议。领导人非正式会议不仅扩大了亚太经济合作组织的国际影响，而且为今后亚太经济合作组织向贸易投资和技术一体化方向发展注入了政治推动力。

亚太经济合作组织除了领导人非正式会议和部长级会议，还有高官会议、委员会、工作组和秘书处等多个活动层次。亚太经济合作组织也有一些常设组织机构，如 1992 年 9 月曼谷第四届年会决定设在新加坡的秘书处。该秘书处的主要职能是协调组织一年一度的部长级会议和 10 个合作小组的具体事务性工作。再如，1993 年 11 月西雅图第五届部长级会议上决定设立的贸易和投资委员会。该委员会的主要职能是协调和促进亚太地区及全球的贸易和投资活动。亚太经济合作组织的宗旨和目标是由 1991 年 11 月亚太经济合作组织韩国汉城年会通过的《汉城宣言》正式确立的，其内容为"相互依存，共同利益，坚持开放的多边贸易体制和减少区域贸易壁垒"。由于亚太地区各国在政治体制、经济体制、经济发展水平、社会文化等方面的差异较大，因此在短时期内不可能成立比较紧密的经济一体化组织。

亚太经济合作组织只是一个松散的经济合作论坛，其合作的实质性内容尚处于讨论和制定阶段。亚太经济合作组织自 1989 年成立以来已召开了 30 届部长级会议；从 1993 年以来召开了 26 次领导人非正式会议，在推动亚太地区贸易投资自由化和便利化、经济技术合作等方面取得了一定进展。

四、其他区域经济一体化组织

（一）亚洲

1. 东南亚国家联盟（以下简称"东盟"）

东盟的前身是 1961 年由马来西亚、菲律宾和泰国三国建立的东南亚联盟（ASA）。1967 年 8 月 8 日，东南亚联盟三国加上新加坡、印度尼西亚共 5 国在泰国曼谷举行会议，发表了《东南亚国家联盟宣言》（又称《曼谷宣言》），成立了东南亚国家联盟。1984 年，文莱加入了东盟。1995 年，越南成为东盟的第 7 个成员。1997 年 7 月，缅甸、老挝入盟。1999 年 4 月 30 日，柬埔寨加入东盟。截至 2019 年，东盟成员共有 10 个。

东盟是一个政治与经济合作并重的综合性区域组织。东盟成立的最初 10 年，其合作内容主要集中在政治领域，目标是促进本地区的和平以及在国际社会中用一个声音说话。进入 20 世纪 70 年代后期，随着新兴工业化经济体的崛起以及世界范围内兴起的经济体制改革浪潮，经济因素在国际关系中的地位日益重要，东盟的合作从政治与经济并重转向了以经济合作为主。1977 年 6 月，5 国签订了关于成员对产品实行优惠贸易安排的协议。1978 年 6 月，东盟 5 国又达成协议，把优惠产品扩大到 755 种。1979 年的东盟首脑会议达成了将优惠贸易安排从关税领域扩展至非关税领域的协议，使东盟贸易自由化有了发展。

到了 20 世纪 80 年代末 90 年代初，东盟在经历了优惠贸易安排的 10 年实施后，感到仅仅在局部范围内实施优惠贸易安排是不够的。1992 年 10 月，东盟签署了《新加坡宣言》《东盟加强经济合作框架协定》和《有效普惠关税协定》,决定从 1993 年起逐步削减关税,在15 年内(即在 2008 年前)建立东盟自由贸易区。1994 年 9 月,东盟又决定把建立自由贸易区的时间从 15 年缩短至 10 年,并在 2003 年把内部工业和农产品的关税税率降至 0.5%。

另外,东盟还积极与亚洲其他国家开展区域经济合作。其中,最令人瞩目的是东盟与中国 2010 年建立的自由贸易区。

2. 南亚区域合作联盟(以下简称"南盟")

南盟是在 1985 年 12 月成立的,成员有印度、孟加拉国、巴基斯坦、斯里兰卡、马尔代夫、尼泊尔、不丹 7 个国家。1993 年 4 月,南盟就 7 国间优惠贸易安排达成了协议,并以此作为今后贸易谈判的基础。自 1994 年 11 月起,南盟实施了 1993 年 4 月形成的优惠贸易安排。2005 年 11 月,阿富汗加入南盟,成为南盟的第八个成员。南盟成立 30 多年来,区域经济合作进展不大,主要原因是各成员之间存在严重的政治分歧和边界争端,加上印、巴两个南亚大国之间就该地区禁止核武器问题上存在不可调和的矛盾。这从一个方面说明,政治关系是影响区域经济一体化发展的重要因素。

3. 海湾合作委员会

海湾合作委员会于 1965 年成立,成员有沙特阿拉伯、科威特、巴林、阿曼、卡塔尔、阿联酋 6 国。1992 年年底,海湾合作委员会宣布,从 1993 年 3 月起建立共同市场,统一进口关税,以保证进口货物在 6 国间自由流动。

4. 经济合作组织

经济合作组织于 1985 年成立,成员有伊朗、巴基斯坦、土耳其。1992 年又增加了 7 个国家,即阿富汗、阿塞拜疆、哈萨克斯坦、乌兹别克斯坦、吉尔吉斯斯坦、土库曼斯坦、塔吉克斯坦。经济合作组织在 1993 年制订了行动计划,确定了 2000 年前的经济合作目标,即最终建立伊斯兰共同市场。

(二) 欧洲

1. 欧洲自由贸易联盟

1959 年 7 月,英国、瑞士、丹麦、挪威、瑞典、奥地利、葡萄牙 7 国在瑞典首都斯德哥尔摩举行了部长级会议,会上通过了《成立欧洲自由贸易联盟的计划草案》,同年 11 月又签订了《欧洲自由贸易联盟条约》。1960 年 5 月 3 日,欧洲自由贸易联盟正式成立。此后,芬兰、冰岛、列支敦士登相继加入。但是随着英国、丹麦、瑞典、奥地利、葡萄牙、芬兰加入了欧洲经济共同体,现在欧洲自由贸易联盟仅剩下挪威、瑞士、冰岛和列支敦士登 4 个国家。

欧洲自由贸易联盟的宗旨是实现成员之间工业品贸易的自由化。《欧洲自由贸易联盟条约》规定,自 1960 年 7 月起,在 10 年内逐步削减直至完全取消成员之间的工业品贸易关税和数量限制,这个目标已提前于 1966 年年底实现,但贸易自由化不涉及农产品。欧洲自由贸易联盟建立的最初原因是对抗欧洲经济共同体,但后来随着欧洲经济共同体力量的加强,该联盟自感实力虚弱便转而希望与欧共体加强合作。1972 年 7 月,该联盟终于与欧共体签署了建立自由贸易区的协定,决定逐步取消这些国家之间的工业品关税,把自由贸易制度扩大到这两大经济集团内的所有国家。

2. 独联体经济联盟

由于苏联解体、东欧剧变,经济互助委员会于 1991 年 6 月 28 日解体。以俄罗斯为首的 12 国组成了独联体经济联盟。起初是俄罗斯、乌克兰和白俄罗斯三国在 1991 年 12 月 8 日首先签署经济联盟条约,而后在 1992 年 9 月 24 日又有 9 国签署了经济联盟条约。由于独联体 12 国的经济在转轨过程中很长时间没有走出低谷,尤其是影响大的俄罗斯在 20 世纪 90 年代末出现经济大滑坡,导致自身难保,无力顾及成员。尽管 1994 年 12 国首脑会议强调要加强各国的经贸往来,但由于各国都缺少资金,而投资环境又不太理想、国外投资甚少,因此经济恢复缺少活力。

3. 黑海经济合作组织

黑海经济合作组织是根据 1992 年 6 月在伊斯坦布尔签署的《黑海经济合作宣言》而正式成立的。该宣言表明,参加国将通过双边或多边合作网,逐步加强成员之间的经济合作,取消或削减不利于扩大贸易和投资的一切障碍,为产品、劳务和资金的自由流动创造条件。目前,该组织共有 11 个正式成员,即罗马尼亚、保加利亚、土耳其、阿尔巴尼亚、希腊、俄罗斯、亚美尼亚、摩尔多瓦、格鲁吉亚、乌克兰、阿塞拜疆。

(三) 拉丁美洲

1. 南方共同市场

1991 年 3 月 26 日,阿根廷、巴西、乌拉圭、巴拉圭 4 国总统在巴拉圭首都亚松森签署了《亚松森条约》,决定建立由 4 国参加的南方共同市场。经过近 4 年的艰苦谈判,于 1994 年 12 月 17 日签署了《黑金城协定》,宣布 1995 年 1 月 1 日南方共同市场正式启动运转。智利(1996 年)、玻利维亚(1997 年)和南非(2000 年)是南方共同市场的联系国。智利已就成为正式成员同南方共同市场开始进行谈判。

南方共同市场主要有以下几方面内容:

第一,成员内部贸易相互免税。从 1995 年 1 月 1 日起,确定 9 000 种产品中的 85％内部关税为零,其余 15％的产品到 1999 年逐步降为零。对于那些敏感性产品,包括资本货物、机械设备、计算机和通信设备的关税,2001—2006 年再决定如何增减税率。

第二,实施共同对外关税政策的问题。从 1995 年 1 月 1 日起,共同对外关税制度开始生效,对来自第三国的占总数约 85％的一般产品实行共同对外关税,税率在 20％以内。考虑到成员间发展水平存在差异,协议允许成员各保留一定数量的产品作为例外,直到 2001 年前暂不实行共同对外关税,巴拉圭则推迟到 2006 年。

第三,关于原产地规则的规定。享有区域内优惠关税的非资本品,其当地成分不低于 60％(巴拉圭为 50％),资本货物为 80％。此外,协议内容还包括取消一切非关税措施,建立贸易委员会和技术与政策工作组,以及鼓励出口、解决争端和保障行动方面的措施。

2. 中美洲共同市场

中美洲共同市场的前身是根据 1956 年《中美洲自由贸易协议》成立的中美洲自由贸易

区。1962 年 8 月,由中美洲的危地马拉、萨尔瓦多、洪都拉斯、尼加拉瓜和哥斯达黎加 5 国在尼加拉瓜首都马那瓜共同签署了《中美洲经济一体化条约》,成立中美洲共同市场。进入 20 世纪 80 年代后,由于 5 国经济状况恶化,加之政治动荡和内战不断,特别是债务负担异常沉重,成员间又重新构筑了非关税壁垒,致使关税取消所带来的贸易利益在一定程度上被抵消。为抑制区内贸易保护主义和确保共同市场取得的已有成果,1993 年 5 国达成《最终多边协议》,给共同市场的发展重新注入了活力,并建立了关税同盟。另外,中美洲共同市场在 1993 年与哥伦比亚、墨西哥、委内瑞拉就自由贸易签订了《加拉加斯协议》。巴拿马也表示了加入中美洲共同市场的意向。

3. 安第斯集团

1966 年,玻利维亚、智利、哥伦比亚、厄瓜多尔、秘鲁 5 国签订了《安第斯条约》,以开展自由贸易和加强成员之间的经济合作。不久,委内瑞拉加入,智利退出。《安第斯条约》规定,各成员在 1980 年前建立自由贸易区,并实施共同对外关税政策,为最终建立关税同盟创造条件。但是原定的时间表并未实现。1990 年 11 月,集团首脑在玻利维亚的拉巴斯决定,1992 年初建立自由贸易区和 1993 年建立共同关税同盟。自由贸易区按时生效运转,但在实施共同对外关税政策时遇到困难,秘鲁要求保持 15% 的平均关税,而其他成员则各有不同的目标。迫于分歧,秘鲁从 1992 年 8 月中止了其《安第斯条约》成员的资格。1994 年,《安第斯条约》成员就四级(5%、10%、15%、20%)共同对外关税结构达成了一致,并于 1995 年 1 月正式对外实施。

4. 拉美一体化联盟

拉美一体化联盟的前身是拉美自由贸易联盟。1960 年 2 月,阿根廷、玻利维亚、巴西、智利、墨西哥、巴拉圭、秘鲁、乌拉圭 8 国在乌拉圭签订了《蒙得维的亚条约》,成立了拉美自由贸易联盟。此后,哥伦比亚、厄瓜多尔和委内瑞拉相继加入了该联盟,成员发展到 11 个。该联盟计划在 12 年内实现贸易自由化,但目标未能实现。1980 年 6 月签订了新的《蒙得维的亚条约》,对原有的机构进行改革,建立了拉美一体化联盟,以推动这一地区的经济一体化进程。新条约的目标是通过签订双边和多边协议,促进新联盟成员之间及其与第三国的贸易增长。在新联盟的框架下,成员之间的贸易自由化在部门基础上通过以下两个途径实现:一是区域范围协议,即在区域内全部成员之间相互给予优惠贸易待遇;二是小组范围协议,即新联盟成员中愿意签署该协议的国家之间相互提供优惠贸易待遇。

(四)非洲

1. 西非国家经济共同体

1975 年 5 月,15 个西非国家在尼日利亚首都拉各斯举行首脑会议,签署了《拉各斯条约》,成立了西非国家经济共同体。初始成员包括贝宁、科特迪瓦(原象牙海岸)、几内亚、布基纳法索(原上沃尔特)、马里、毛里塔尼亚、尼日尔、塞内加尔、多哥、冈比亚、尼日利亚、加纳、利比里亚、塞拉利昂、几内亚比绍。1977 年佛得角加入,成员曾增至 16 国。西非国家经济共同体的目标是,在条约生效后 15 年内分阶段消除成员之间的关税及其他一些贸易障

碍,建立关税同盟。1993年7月,在共同体第16届首脑会议上签订了《西非国家经济共同体修正条约》,条约规定:

第一,建立共同体超国家机构,如共同体的经济和社会委员会、仲裁法院等。

第二,实现货币一体化,决定成立西非货币局,由该机构负责实现西非统一货币。由于政治等原因,几内亚、尼日尔、科特迪瓦3国被中止成员资格。另外,毛里塔尼亚于2000年12月31日退出西非国家经济共同体。截至2010年12月,西非国家经济共同体共有12个成员。

2. 西非经济共同体

西非经济共同体是西非法语国家的经济合作组织,其前身是1959年成立的西非关税同盟。1959年,贝宁(原达荷美)、科特迪瓦(原象牙海岸)、马里、毛里塔尼亚、尼日尔、塞内加尔、布基纳法索(原上沃尔特)共同签署了一项关于建立西非国家关税同盟的公约。该公约的6个成员(除马里外)拥有共同的中央银行并采用同样的货币,货物在成员间自由流动。该组织事实上保留了成员独立时就存在的一个次区域安排问题,即对从第三国征收的关税所得如何进行分配的问题。经过谈判,最后同意采取平均分配的办法。从西非关税同盟生效后运转的实践来看,它从未全面实施。1973年4月,上述7国签订了议定书,宣布成立西非经济共同体。该共同体规定了对成员的工业品进口实行地区合作税的特惠待遇,同时规定了对外关税和实行财政税收政策协调的问题。

3. 南部非洲发展共同体

南部非洲发展共同体的前身是南部非洲发展协调会议,成立于1980年4月。其成员有安哥拉、博茨瓦纳、莱索托、马拉维、莫桑比克、纳米比亚、坦桑尼亚、赞比亚、斯威士兰、津巴布韦10国。1992年8月举行了成员首脑会议,将协调会议改组为南部非洲发展共同体,其目的是在平等、互利和均衡的基础上,建立开放型经济,打破关税壁垒,促进相互投资、贸易、人员、货物和劳务的自由往来,逐步统一货币,最终实现区域经济一体化。南部非洲发展共同体近年来在发展区域经济合作方面取得了一些进展。1993年7月31日,它通过决议,准许本地区的公民无须签证就可自由出入各成员边境。1996年8月24日,在莱索托的首都马塞卢举行首脑会议,签署了争取在8年内实现地区贸易自由化的重要文件,并同意南非、毛里求斯两国加入该组织。此后,刚果(金)、塞舌尔和马达加斯加相继加入该组织。截至目前,该组织有15个成员。

4. 阿拉伯马格里布联盟

阿拉伯马格里布联盟由北非5国(阿尔及利亚、利比亚、毛里塔尼亚、摩洛哥和突尼斯)在1989年2月成立,其目标是到1995年建成关税联盟,到2000年建立一个共同市场。自联盟成立以来,在建立马格里布农业共同市场、实现粮食自给方面做了一些工作,但在其他方面未取得实质性进展。这主要是由于成员之间在经济政策(如对外贸易安排)方面分歧较大。

5. 大阿拉伯自由贸易区

大阿拉伯自由贸易区是由阿拉伯联盟经济一体化委员会与阿拉伯各国财政、海关关长于1997年10月共同签订《大阿拉伯自由贸易区协议》后建立的。该协议规定:自1998年1

月 1 日起,阿拉伯各国海关对阿拉伯国家本地生产的产品征收的关税每年降低 10％,并逐步取消非关税贸易障碍;10 年后(即 2008 年),阿拉伯国家间实现零关税。

目前,22 个阿拉伯联盟国家中已有 14 个同意全面执行这个减税计划,它们是约旦、阿联酋、苏丹、伊拉克、阿曼、沙特阿拉伯、巴勒斯坦、卡塔尔、叙利亚、巴林、突尼斯、科威特、埃及、摩洛哥。这 14 国相互间的贸易占阿拉伯国家间产品贸易总额的 80％。阿盟的金融机构和阿拉伯伊斯兰开发银行也从金融上大力支持该协议,并帮助一些不发达的阿拉伯联盟国家发展民族经济。阿拉伯信贷贸易管理委员会计划由阿拉伯国家金融机构每年拿出 3 亿美元,向阿拉伯国家间的贸易提供信贷。

(五) 大洋洲

澳新自由贸易区是 1965 年由澳大利亚和新西兰两国政府签署了自由贸易协议后建立的。该自由贸易协议生效近 20 年后,于 1983 年被《澳新紧密经济关系协议》取代。这样,澳新区域经济合作进入了一个空前的发展阶段。1965 年协议被取代的原因是,贸易自由化的产品范围不符合实质上所有贸易的要求,协议只涉及关税减让,而未就非关税措施问题做出规定。因此,这样的自由贸易区对于促进两国贸易发展的作用是极其有限的。从《澳新紧密经济关系协议》的主要内容看,该协议不仅包括了所有贸易产品,而且规定在 1990 年 7 月 1 日前,所有关税及非关税措施全部取消,并对反倾销、反补贴等做了规定。1992 年,澳、新对协议又做了修改,修改了双方对协调统一商业法规和竞争政策做出的承诺,使双方产品相互免除反倾销行动。所以,澳新自由贸易区是当前众多自由贸易区中贸易自由化程度最高、最彻底的一个。

第三节 | 区域经济一体化理论

一、关税同盟理论

系统提出关税同盟理论的是美国学者瓦伊纳(J. Viner)和利普西(R. G. Lipsey)。按照瓦伊纳的观点,完全形态的关税同盟应具备以下三个条件:

第一,完全取消参加国间的关税。

第二,对来自非成员国或地区的进口设置统一的关税。

第三,通过协商方式在成员之间分配关税收入。

瓦伊纳和利普西关于关税同盟的建立对成员及非成员影响的分析结论可以归纳为两个方面:一是关税同盟的静态效应;二是关税同盟的动态效应。

(一) 关税同盟的静态效应

关税同盟的静态效应包括贸易创造效应、贸易转移效应、贸易扩大效应。

1. 贸易创造效应(Trade Creation Effect)

贸易创造效应由生产利得和消费利得构成。关税同盟成立以后,成员之间取消关税壁垒,商品实现自由流动,从而促使成员在比较优势基础上进行专业化生产,这样,成员国或地区内企业生产的一些成本较高、价格较高的产品将被其他成员生产的成本较低、价格较低的产品所替代,来自成员的低价进口商品将取代昂贵的国内生产,贸易在国家间得以创造,需要注意,这种由于关税取消带来的进口被称为贸易创造(Trade Creation)。贸易创造的效应是促进成员资源流向有效率、有竞争力的产业,从而提高资源的使用效率,扩大生产利益;同时,低价商品进口使本国该项产品的消费开支减少,需求增大,贸易量增加,社会福利水平提高。

下面我们举例说明贸易创造的经济意义。

假定在给定汇率下,X产品的价格在A国为35美元、在B国为26美元、在C国为20美元,现在进一步假定A、B两国结成关税同盟,相互取消关税,B国的X产品在A国的价格也为26美元(不考虑由于出口到A国而需要支付的商品运输、保险等费用)。

在缔结关税同盟前,A国凭借关税来保护自己生产X商品,需要征收75%以上的关税。现在假定A国针对X产品进口征收100%的进口关税。在这一条件下,A、B、C三国X产品在A国国内市场的价格如表8-1所示。A国消费者从价格因素的角度考虑将选择购买本国生产的产品。

表 8-1 　　　　　　　　　　　　　 贸易创造效应

建立关税同盟前,A、B、C三国 X产品在A国国内的价格	建立关税同盟后,A、B、C三国 X产品在A国国内的价格
A:35(美元)	A:35(美元)
B:26×(1+100%)=52(美元)	B:26(美元)
C:20×(1+100%)=40(美元)	C:20×(1+100%)=40(美元)

在A国同B国组成关税同盟、相互取消关税后,假定100%成为A、B两国针对从非成员进口X产品的共同关税。此时,A、B、C三国X产品在A国国内市场的价格仍如表8-1所示。A国的消费者从价格因素的角度考虑转向购买从B国进口的X产品,只需要支付26美元,低于本国生产的产品35美元的价格。此时,A国X产品的生产停止(除非在成本可变的情况下,生产商将X的生产成本直至价格减到26美元或以下)。在本例中,建立关税同盟后,A、B两国对来源于非成员的X产品的进口关税税率必须保持在30%以上的水平,否则A国的消费者将选择购买C国的X产品。这样,组建关税同盟前,A国对X产品设有保护关税,虽然B、C两国都生产X产品,并且价格都低于A国,但A国与B、C国之间没有X产品的贸易。关税同盟建立后,则创造出A国从B国进口X产品的新贸易,X产品的贸易在A、B两个国家之间得到创造。这时候,A国消费者可以用低于国内的价格即26美元买到X产品,减少了消费支出,提高了福利水平。同时,由于X产品的生产从高成本的A国转向了低成本的B国,A国原来生产X产品的生产资源或投入转向了A国富有效率、具有竞争力的产业部门,提高了资源使用效率;对B国而言,充分发挥了比较优势,扩大了X的生产和出

口,可以获取生产方面的利益;而对 C 国而言,无福利影响。但如果把组建关税同盟国家增加的收入可能用来增加进口的动态效应计算进去,C 国也可能会有利可得,因此,贸易创造对 A、B、C 三国都是有利的。上述的各种利益都源于 A、B 两国 X 产品贸易创造的结果或效果,贸易创造产生了积极效应。

2. 贸易转移效应(Trade Diversion Effect)

假定关税同盟组建之前,A 国不生产 X 产品,而是从世界上生产效率最高、成本最低的国家进口;关税同盟成立以后,成员对外实行统一的保护关税,关税同盟国 A 的该项产品转由从同盟内生产效率最高的国家进口,贸易发生转移,从外部世界转向关税同盟成员。但如果同盟内生产效率最高的国家不是世界上生产效率最高的国家,则原来从外部世界进口的较低廉的 X 产品就变为来自成员的较昂贵的 X 产品的进口,该国进口成本较之前增加,同盟国 A 的社会福利水平下降,从全球资源配置的角度讲,由于一部分 X 产品从高效率国家转到低效率国家生产,因此降低了资源的配置效率,这就是贸易转移的效果。

我们仍运用例子说明。假定缔结关税同盟前 A 国不生产 X 商品,而采取从外国进口的做法,假定进口关税为 40%,那么 A 国的消费者当然选择从价格最低的供给者 C 国进口,如表 8-2 所示。

表 8-2　　　　　　　　　　　　　贸易转移效应

建立关税同盟前,B、C 两国 X 产品在 A 国国内的价格	建立关税同盟后,B、C 两国 X 产品在 A 国国内的价格
B:26×(1+40%)=36.4(美元)	B:26(美元)
C:20×(1+40%)=28(美元)	C:20×(1+40%)=28(美元)

在 A 国同 B 国缔结关税同盟后,A、B 两国组成的关税同盟按照 C 国 20 美元与 B 国 26 美元的价格差距,仍需要对 X 产品进口征收 30% 以上的统一关税,假定仍然保持 40% 的进口关税税率。此时,B、C 两国 X 产品在 A 国国内的价格水平如表 8-2 所示。于是,A 国消费者将 X 产品的进口从关税同盟以外的 C 国换为同盟内的 B 国,这种 X 产品的进口从低价格的供给来源向高价格的供给来源的转换,就是贸易转移。我们分析一下贸易转移带来了什么。首先,A 国消费者为 X 产品支付的价格从 28 美元减少到 26 美元,消费支出减少,福利有所增加;但是,从一个国家整体来看,为获得一单位 X 产品所花费的支出却增加了。因为,建立关税同盟前,A 国进口一单位 X 产品只需要向 C 国出口商支付 20 美元,A 国消费者支付的 28 美元的价格中,有 8 美元的进口关税被 A 国政府作为财政收入拿走了。在关税同盟建立后,由于 A、B 两国间取消关税,消费者转向 B 国 26 美元的 X 产品,个人支付减少了,但从整个国家来看,为一单位 X 产品的进口所花费的支出从 20 美元增加到了 26 美元。其次,贸易转移使 A 国需要的这部分 X 产品的生产从高效率的 C 国转移到了 B 国,本来没有优势的 B 国却在扩大 X 产品的生产,而有生产优势的 C 国却在缩减生产,降低了世界的

资源配置效率。从以上可以看出,贸易转移更多地带来消极影响。

3. 贸易扩大效应(Trade Expansion Effect)

如前两例,成立关税同盟后的 A 国消费者购买 X 产品所支付的价格一般会比关税同盟成立前要低。因此,如果 A 国对 X 产品存在价格需求弹性,则 A 国对 X 产品的需求就会增加,从而 A 国对 X 产品的进口就会增加,这就是贸易扩大效应。贸易扩大是从需求方面形成的概念。关税同盟无论是在贸易创造还是在贸易转移条件下,一般都能产生贸易扩大的效果。从这个意义上,关税同盟的建立可以促进贸易的扩大,增加贸易国的经济福利。

组建关税同盟对成员还可以产生其他方面的积极影响,具体包括以下几个方面:

第一,减少行政支出。关税同盟成立后,彼此之间废除关税,故可以减少征收关税的行政支出。

第二,减少走私。关税同盟建立后,商品可以在关税同盟国间自由流动,消除了产品走私的根源。它不仅可以减少查禁走私的费用支出,还有助于提高社会的道德水准。

第三,增加同盟的对外谈判力量。关税同盟建立以后,整体经济实力增强,可以统一对外进行关税减让谈判,这有利于关税同盟国贸易地位的提高和贸易条件的改善。

(二)关税同盟的动态效应

关税同盟的动态效应主要表现在以下几个方面:

1. 提高专业化分工程度,强化竞争,提高资源使用效率

关税同盟建立后,商品实现自由流动,由此可以提高成员的专业化分工程度,并且可以通过刺激竞争来消除垄断,提高资源的使用效率,提高成员的经济福利。但也有人认为,关税同盟的建立会有助于规模经济的实现,反而容易形成垄断。

2. 实现规模经济

关税同盟成立以后,成员市场成为一体,市场范围的扩大使企业可以获取专业化与规模经济的利益。

3. 刺激投资与技术创新

关税同盟建立以后,市场扩大了,企业生产的风险与不稳定性降低,从而会吸引成员厂商增加投资。关税同盟建立以后,商品的自由流动会提高竞争的激烈程度。为提高产品的竞争能力,企业将增加各类投资,特别是研发的投入,不断地推出新产品、改进产品品质、降低生产成本,推进企业的技术创新活动。

关税同盟成立后,成员之间关税完全免除,对外统一关税。其结果会吸引关税同盟以外国家的企业到同盟国内设立避税工厂,以求获得关税豁免的利益。这也是欧洲共同体成立后,美国、日本等国在欧共体国家的投资激增的主要原因。

4. 提高生产要素的自由移动程度,合理配置区内生产要素

关税同盟成立后,市场趋于统一,生产要素可在各成员间自由移动,因此会提高要素的流动性,促进要素的合理配置,降低要素闲置的可能性。

二、共同市场理论

共同市场理论的基础是超越静态关税同盟理论、动态的大市场理论。这一理论认为,以前各国之间推行狭隘的、只顾本国利益的保护贸易政策,把市场划分得过于细小又缺乏弹性,因而只能提供狭窄的市场,无法实现规模经济和大批量生产的利益。共同市场的目的就是把那些被保护主义肢解得分散孤立的小市场统一起来,结成大市场,通过大市场内的激烈竞争,实现大批量生产的技术利益。共同市场理论的主要代表人物是西托夫斯基(T. Scitovsky)和德纽(J. F. Deniau)。

大市场理论的核心有以下两点:

第一,其目的是通过扩大市场来获得规模经济,从而实现技术利益。

第二,依靠因市场扩大化而竞争激化的经济条件,实现上述目的。两者的关系是目的与手段的关系。

西托夫斯基提出一个西欧的"高利润率恶性循环"或者说"小市场与保守的企业家态度的恶性循环"的命题来论述其大市场理论。西托夫斯基认为,西欧(与美国相比)陷入了高利润率、低资本周转率、高价格的矛盾之中。对这一情况的发生,西托夫斯基的解释是,由于人们处于狭窄市场、竞争消失、市场停滞和阻止新竞争企业的建立等,高利润率长期处于平稳停滞状态。因为价格高,耐用消费品等到不了大众之手,普及率很低,不能转入大量生产,因而陷入了高利润率、高价格、市场狭窄、低的资本周转率这样一种恶性循环之中。能够打破这个恶性循环的是共同市场或贸易自由化条件下的激烈竞争。如果竞争激化,价格下降,那么就会迫使人们转向大量生产。多数产业都这样做,还会产生以企业家之间交易的相互依存性为基础的外部经济。同时随着消费者实际收入水平的提高,过去只供少数人消费的高档商品将会转为多数人的消费对象。也就是形成大市场化→向大生产方式转换(以及其他的合理化)→成本下降→大众的大量消费(市场的扩大)→竞争进一步激化……这样一种积极扩张的良性循环。

德纽认为,机器的充分利用、大量生产、专业化、最新技术的应用、竞争的恢复,所有这些因素都会使生产成本和销售价格下降;取消关税也可能使价格下降一部分。这一切必将导致购买力和实际生活水平的提高。购买某种商品的人数增加之后,又可能使这种消费增加以及投资进一步增加。这样一来,经济就会开始其滚雪球式的扩张。消费的扩大引起投资的增加,增加的投资又导致价格下降、工资提高、购买力全面提高等。只有市场规模迅速增大,才能促进和刺激经济扩张。

最根本的问题是,实现规模经济这一目的与竞争激烈这一手段是否真能导致共同市场内部贸易的创造与和谐地扩大。对此,德纽予以百分之百地肯定,而西托夫斯基却是相当怀疑的。西托夫斯基认为,关税同盟原理所说的静态的贸易创造效应,即使有也很小。共同市场的有利效果大部分可能是竞争激烈所产生的动态效果。

如果说大市场的利益是生产技术上的规模经济恢复并促进经济竞争,那么世界范围的自由贸易当然更好些。既然如此,那么偏好共同市场的理由或者说必须搞共同市场的理由是什么呢? 一种解释就是世界范围的自由贸易是不稳定的,其实现是渺茫的,相比之下,在狭小的地理范围内建立一个统一体,确实是一种次优的解决办法。

另一种说法是,要开展自由贸易,就要求与之有关的各种条件具有一定的一致性,具备这种一致性的特定地区必须是能够和谐地重新改组这些条件的地区,是地理上接近,发展阶段、收入水平、文化水平等大致相等的国家所构成的地区。

三、协议性国际分工理论

日本学者小岛清认为比较优势论可能导致各国企业生产的垄断和集中,影响共同体内部分工和贸易的和谐、稳定发展,他提出了一种与比较优势论不同的国际分工理论,即协议性国际分工理论。

小岛清认为,以前的国际经济学所研究的只是在成本递增条件下通过比较优势形成国际分工,而对成本递减或成本不变的情况没有论及。但事实证明成本递减是一种普遍的现象,经济一体化的目的就是要通过大市场化来实现规模经济,这实际上也就是成本长期递减的问题。国家之间达成协议分工需要具备以下几个方面的条件:

第一,两个(或多数)国家资本劳动禀赋比例差异不大,工业化水平和经济发展阶段大致相等,协议性分工的产品在哪个国家都能生产。在这种条件下,互相竞争的各国之间扩大分工和贸易,既是关税同盟理论的贸易创造效应的目标,也是协议性国际分工理论的目标。而在要素禀赋比例和发展阶段差距较大的国家之间,某个国家可能由于比较成本差距很大而陷入单方面的完全专业化,比较优势论仍起主导作用,因而没有建立协议性的国际分工的必要。

第二,作为协议分工对象的商品,必须是能够获得规模经济的商品。

第三,不论对哪个国家来说,用于交换的商品应该没有很大差别,否则就不容易达成协议。

上述条件表明,经济一体化或共同市场更容易在同等发展阶段的国家之间建立。在发达工业国家之间,可以进行协议性分工的商品范畴的范围较广,因而利益也较大。另外,生活水平和文化等类似、接近的地区,容易达成协议,并且容易保证相互需求的均等增长。

四、发展中国家经济一体化理论

(一)联合国拉美经济委员会的经济发展战略思想

经历了1929年世界经济危机的沉重打击和第二次世界大战的深刻影响后,拉丁美洲以出口初级产品为主的经济严重受挫。战后主要资本主义国家忙于重建本国的经济,使拉美国家面临着一种不利于发展的外部经济环境,各国不得不将发展的立足点转移到国内,从而产生最初的工业化进程。

1948年联合国拉美经济委员会成立。从《1949年拉丁美洲经济概览》和《拉丁美洲的经济发展及其主要问题》开始,该委员会通过对拉美社会经济现状的分析,提出了一套具有拉美特点的发展主义思想和理论主张,主要内容包括以下三个方面。

1. 打破"中心—外围"的国际经济结构

由于制成品和初级产品劳动生产率的增长不同,原料出口国的贸易条件呈现出长期恶化的倾向。世界贸易使世界形成了一种由"中心"(西方工业大国)与"外围"(不发达国家)组成的国际经济体系。根据国际经济关系的规律,技术进步集中在工业化国家,"中心"国家从技术进步中获得好处,并利用贸易条件恶化这一机制,将"外围"国家通过出口而获得的生产率提高的成果据为己有。这种不合理的国际分工格局使"外围"国家的资本积累能力受到很大压制,同时,也使它们进口资本货的能力受到限制,妨碍了工业化的发展。结果工业化国家和不发达国家之间的差距越来越大。因此,像拉美国家这样的不发达国家要想取得经济发展,首先要打破"中心—外围"这种不合理的国际经济结构。

2. 工业化是拉美国家摆脱不发达状况的唯一手段

拉美国家依赖初级产品出口的贸易条件不断恶化,影响了它们的资本积累和发展。为取得发展,拉美国家应该以新的方式参与国际分工,实现工业化,最终实现经济增长。

一方面,拉美国家应集中更多的资源来发展现代工业,从而改变其在国际分工中的地位,并能较多地享受技术进步的成果。另一方面,拉美国家还必须找到新的发展方式,即转向"出口替代",促进工业制成品出口。

3. 建立拉丁美洲共同市场,促进拉美地区经济的繁荣

在拉丁美洲共同市场内部实行国际分工和专业化措施,发展各国经济,强调共同市场的主要目标是保证拉美国家的合理工业化,利用地区经济一体化解决拉美各国国内市场狭小与加快经济增长的矛盾。

(二) 联合国拉美经济委员会经济一体化的原则和主张

联合国拉美经济委员会关于经济一体化的理论,是拉美经济委员会发展主义理论的重要组成部分。它产生于20世纪40年代末,在一定程度上受到西方传统经济一体化理论和西欧一体化运动的影响,同时又具有其自身的特点。联合国拉美经济委员会的经济一体化思想的原则和主张可以归纳为以下几个方面:

1. 从拉美地区实际出发,坚持循序渐进、逐步过渡的原则

发展主义理论强调拉美国家应根据其各国发展水平不同的实际情况,通过渐进的方式达到建立拉美共同市场的最终目标。其具体步骤包括以下三个阶段:

第一阶段应该是建立互惠的自由贸易区,以促进各国产品的出口。第二阶段是成立关税同盟,对初级产品、消费品和资本品提供减免或取消关税。第三阶段是建立共同市场。

2. 普遍和广泛参与原则

"外围"不发达国家组成共同市场,不仅可以促进互惠贸易,还可以通过专业分工使工业化政策更加合理化。在一体化目标下联合形成一个广阔的地区市场,可以以集体力量与"中

心"国家抗衡。因此,优惠贸易区应有尽可能多的国家参加,应有足够的开放程度,以便让最初未参加的国家能够加入,反对任何形式的限制。

3. 有限度的"自由贸易"和"国家干预"相结合

发展主义理论的核心是要加速拉美地区的经济发展。它鼓励拉美企业家渗透生产的新领域去自由竞争。但同时,发展主义理论体系又起源于凯恩斯主义,它强调国家调节是实现一体化进程的唯一形式,在经济一体化进程中,赋予国家以谨慎的促进职能,采用对不同成员给予差别待遇并对互惠原则下的利益过分集中予以限制等措施。

4. 坚持平等互惠和差别待遇原则

拉美各国的经济发展水平悬殊,经济一体化既应坚持平等互惠原则,又应对经济发展程度不同的国家给予差别对待,使所有国家都能从工业化中获得好处,即应该给予更落后的国家更多优惠,避免利益过分集中在少数较发达国家一边。

5. 共同市场利益制衡原则

一体化工业的建立应该体现在成员之间新工业能力的均衡分配上,体现在所有国家通过一体化实现工业化上。给予经济比较落后的成员一定的照顾是保证一体化工业平衡发展和使现有工业活动合理化的重要手段。

课 堂 测 试

班级_____ 姓名_____ 学号_____ 成绩_____

一、单项选择题(本大题共 10 小题,每题 4 分,共 40 分)

1. 经济一体化程度最松散、最初级的形式是(   )。
   A. 优惠贸易安排　　 B. 自由贸易区　　 C. 关税同盟　　 D. 共同市场

2. 经济一体化发展的最高形式是(   )。
   A. 关税同盟　　　 B. 共同市场　　 C. 经济同盟　　 D. 政治联盟

3. 在成员之间取消贸易壁垒,使商品能够自由流动,但每个成员仍保留独立的对非成员的贸易壁垒的区域经济一体化形式是(   )。
   A. 自由贸易区　　 B. 关税同盟　　 C. 共同市场　　 D. 经济同盟

4. 成员之间完全取消关税或其他贸易壁垒,并对非成员实行统一的关税税率所结成的区域经济一体化形式是(   )。
   A. 自由贸易区　　 B. 关税同盟　　 C. 共同市场　　 D. 经济同盟

5. 成员相互间完全取消关税和其他贸易限制,建立对非成员的共同关税外,成员间的资本、劳动力等生产要素也可以自由流动的经济一体化形式是(   )。
   A. 关税同盟　　　 B. 共同市场　　 C. 经济同盟　　 D. 政治联盟

6. 成员间不但商品与生产要素可以完全自由移动,建立对外共同关税,而且要求成员制定和执行某些共同的经济政策和社会政策,逐步消除政策上的差异,形成一个有机的经济实体的区域经济一体化形式是(   )。
   A. 关税同盟　　　 B. 共同市场　　 C. 经济同盟　　 D. 政治联盟

7. 各参加国的商品、资本、劳动力在区内完全自由流动,在货币、财政、贸易等政策上完全一致,经济真正结合成一个整体,建立超国家的权力机构,并包含政治上的一体化的区域经济一体化形式是(   )。
   A. 关税同盟　　　 B. 共同市场　　 C. 经济同盟　　 D. 政治联盟

8. 区域内成员间实行一个或几个部门(或商品)的一体化的区域经济一体化形式是(   )。
   A. 部门的一体化　 B. 全盘一体化　　 C. 经济同盟　　 D. 政治联盟

9. 区域内成员间的所有经济部门实行一体化的区域经济一体化形式是(   )。
   A. 部门的一体化　 B. 全盘一体化　　 C. 经济同盟　　 D. 政治联盟

10. 关税同盟与自由贸易区的不同之处在于(   )。
   A. 商品能够在区内自由流动
   B. 对非成员实行统一的关税税率
   C. 资本、劳动力等生产要素可以自由流动
   D. 制定和执行某些共同的经济政策和社会政策

二、多项选择题(本大题共 5 小题,每题 6 分,共 30 分)

1. 区域经济一体化根据经济上结合程度的不同,可分为(   )。
   A. 优惠贸易安排   B. 自由贸易区   C. 关税同盟   D. 共同市场
   E. 经济同盟

2. 共同市场与关税同盟的相同之处在于(   )。
   A. 商品能够在区内自由流动
   B. 对非成员实行统一的关税税率
   C. 资本、劳动力等生产要素可以自由流动
   D. 制定和执行某些共同的经济政策和社会政策
   E. 包含政治上的一体化

3. 经济同盟与共同市场的相同之处在于(   )。
   A. 商品能够在区内自由流动
   B. 对非成员实行统一的关税税率
   C. 资本、劳动力等生产要素可以自由流动
   D. 制定和执行某些共同的经济政策和社会政策
   E. 包含政治上的一体化

4. 实现了商品自由流动并对非成员实行统一的关税税率的区域经济一体化形式包括(   )。
   A. 自由贸易区   B. 关税同盟   C. 共同市场   D. 经济同盟
   E. 政治联盟

5. 实现了商品和生产要素自由流动的区域经济一体化形式包括(   )。
   A. 自由贸易区   B. 关税同盟   C. 共同市场   D. 经济同盟
   E. 政治联盟

三、判断题(本大题共 10 小题,每题 3 分,共 30 分)

1. 优惠贸易安排和自由贸易区都实现了商品在区内的自由流动。   (   )

2. 自由贸易区、关税同盟、共同市场、经济同盟、政治联盟都实现了商品在区内的自由流动。   (   )

3. 贸易创造效应说明,建立关税同盟后对整个世界都是有利的。   (   )

4. 共同市场的目的就是把那些被保护主义肢解得分散孤立的小市场统一起来,结成大市场,通过大市场内的激烈竞争,实现大批量生产的技术利益。   (   )

5. 成员相互间完全取消关税和其他贸易限制,建立对非成员的共同关税外,成员间的资本、劳动力等生产要素也可以自由流动的经济一体化形式称为自由贸易区。   (   )

6. 共同市场与关税同盟的不同之处在于资本、劳动力等生产要素可以自由流动。   (   )

7. 在关税同盟内部实行自由贸易后,国内成本高的产品为伙伴国成本低的产品所代替,这种效应称为贸易转移效应。   (   )

8. 北美自由贸易区由美国、加拿大和墨西哥组成。   (   )

9. 拉美一体化联盟的前身是拉美自由贸易联盟。   (   )

10. 区域性经济一体化已经突破了国土相邻的限制。   (   )

第九章　贸易条约与协定和世界贸易组织

知识导航

贸易条约与协定和世界贸易组织
- 贸易条约与协定
  - 贸易条约与协定的概念
  - 贸易条约与协定的种类
  - 贸易条约与协定中所适用的主要法律待遇条款
- 关税与贸易总协定
  - 关税与贸易总协定的产生背景
  - 关税与贸易总协定的主要内容
  - 关税与贸易总协定主持下的多边贸易谈判
- 世界贸易组织
  - 世界贸易组织的产生
  - 世界贸易组织的宗旨
  - 世界贸易组织的法律地位和基本职能
  - 世界贸易组织的基本原则
  - 世界贸易组织的组织结构与运行机制
  - 世界贸易组织面临的问题和改革方向

学习目标

1. 理解国际贸易条约与协定的含义。
2. 熟悉最惠国待遇与国民待遇法律条款。
3. 了解 GATT 与 WTO 的关系。
4. 理解 WTO 的宗旨和职能。
5. 理解 WTO 面临的挑战和改革方向。

 思政课堂

2021 年是中国加入世界贸易组织 20 周年。尼日利亚资深经济媒体人《非洲中国经济》杂志总编艾梅乌(Ikenna Emewu)认为,中国加入世贸组织 20 年来,对世界经济贸易产生了重要影响,发挥了重要作用。

艾梅乌长期从事经济新闻观察与报道,他通过中国加入世贸组织 20 年来,占世界贸易额比重的大幅增长等一系列数据分析认为,中国的加入对世贸组织产生了巨大的影响,而世贸组织过去 20 年间对中国经济也产生了积极影响。中国获得市场准入资格也使其对国际贸易作出更大贡献,中国的加入既有利于世贸组织,也有利于中国。

加入世贸组织 20 年来,中国国内生产总值(GDP)占世界比重超过 17%,成为世界第二大经济体、第一大货物贸易国,利用外资稳居发展中国家首位。艾梅乌认为,中国加入世贸组织以来,对世界经济贸易发挥了重大作用,"中国庞大而充裕的市场帮助世界从 2008 年经济大衰退的冲击中恢复过来。值得祝贺的是,作为世贸组织的重要成员,中国对这一组织充满信心,也真正成为其遵守世界贸易规则的核心成员"。

在艾梅乌看来,中国帮助尼日利亚等非洲国家实现工业化,有助于让世贸组织鼓励非洲国家在非洲区域贸易的基础上,将来更好地面对世界市场。他认为:"世贸组织应鼓励非洲国家在非洲大陆自贸协定的平台或框架下工作,以帮助、鼓励和促进非洲国家内部的贸易。由于当前非洲还没有足够的产品生产能力,包括尼日利亚在内的非洲国家应该首先走拓宽区域内产品贸易之路,然后把目光投向更大的世界市场。这也是我要赞赏中国在帮助非洲工业化方面所做努力的原因。"

思考:中国加入世贸组织产生了怎样的影响?

资料来源:人民网

第一节 ｜ 贸易条约与协定

一、贸易条约与协定的概念

贸易条约与协定是两个或两个以上的国家、地区或贸易集团为了确定彼此的经济关系,特别是在贸易方面的权利和义务而缔结的书面协议。它反映了各国之间的贸易关系和各国的对外贸易政策。

贸易条约与协定按照参加缔约国家的多少,可以分为双边贸易条约与协定和多边贸易条约与协定。双边贸易条约与协定是两个主权国家之间所缔结的,多边贸易条约与协定是由两个以上主权国家缔结的。

广义的贸易条约与协定,是国家间(包括民间团体)在贸易关系方面缔结的各种书面协议的总称,如通商航海条约、贸易协定、换货协定、支付协定、贸易议定书、换文和各种公约、规则等,其内容、名称虽不同,但都具有法律效力。

狭义的贸易条约与协定,仅仅指以条约、公约及协定、协议名称缔结的关于贸易关系方面的书面协议,主要是大型的或综合性的贸易协议,并以国家或政府首脑的名义签订,按缔约国法律程序完成批准手续后才能生效。

二、贸易条约与协定的种类

(一) 通商航海条约

通商航海条约又称通商条约、友好通商条约,是全面规定两国间经济贸易关系的条约,涉及缔约方经济与贸易关系各个方面的问题,关系到国家的经济利益和国际主权,是两国间建立和发展经贸关系的基础。通商航海条约的正文主要包括商品的关税征收、公民和企业的经济权利、航行和港口的使用、铁路运输与过境、知识产权保护、进出口数量限制以及仲裁裁决等问题。一般来说,通商航海条约的期限比较长,到期之后还可以继续延长,是所有贸易条约与协定中最重要的条约。

(二)贸易协定

贸易协定是缔约国之间为巩固和发展彼此经济、贸易关系而签订的一种书面协议,其内容通常包括贸易额、双方出口单、作价办法、使用的货币、支付方式、关税优惠等,在具体执行过程中,这些内容可通过双方协商加以协调。贸易协定内容比较具体,签订的程序也比较简单,有效期较短,经签字国的行政首脑或其代表签署即可生效,不需要国际立法机构的批准。

贸易协定可分为双边贸易协定(即由两国签订的贸易协定)和多边贸易协定(即由三个或三个以上的国家通过谈判而签订的贸易协定)。此外,贸易协定按时间划分,可以分为年度贸易协定和长期贸易协定。一般来说,大多数国家选择签订双边的、年度的贸易协定。

(三)贸易协定书

贸易协定书是缔约国就发展贸易关系中某项具体问题所达成的书面协议,是作为贸易协定的补充、解释或修改而签订的。在当前的国际贸易中,通常表现为在长期贸易协定下,关于年度贸易的具体事项通过贸易协定书方式加以规定;也有的在两国间未达成贸易协定时,先签订贸易协定书,并将其作为进行贸易的暂时依据。贸易协定书的内容和签订程序比贸易协定更为简单,一般由签字国有关行政部门的代表签署后即可生效。

(四)支付协定

支付协定是两国间关于贸易和其他方面债权与债务结算办法的一种书面协定。支付协定是外汇管制的产物。在实行外汇管制的条件下,一种货币不能自由兑换成另一种货币。对一国所有的债权不能用来抵偿对第三国的债务。结算只有在双边基础上进行,故须通过缔结支付协定的办法来解决两国之间的债权与债务问题。这样既有助于克服外汇短缺的困难,也有利于双边贸易的发展。

支付协定的主要内容包括:清算机构和清算账户;账户清算的项目和范围;清算货币;清算方法;清算账户差额处理等。

(五)国际商品协定

国际商品协定是指某项商品的主要出口国和进口国之间为了稳定该项商品价格和保证供销等所缔结的政府间多边协定。国际商品协定的主要对象是发展中国家的初级产品,发展中国家希望通过协定维持这些商品的合理价格,并保证这些产品正常的生产和销售。迄今为止,国际上仅就糖、锡、咖啡、橄榄油、小麦、可可、天然橡胶共 7 种商品签署了国际商品协定。绝大部分国际商品协定由序言、宗旨、经济条款、行政条款和最后条款等构成,通过设立缓冲库存、规定出口配额、签订多边合同等方法稳定价格。

三、贸易条约与协定中所适用的主要法律待遇条款

在贸易条约与协定中,通常所适用的法律待遇条款是最惠国待遇条款和国民待遇条款。

(一)最惠国待遇条款

1. 最惠国待遇条款的含义

最惠国待遇条款是贸易条约与协定中的一项重要条款,是指缔约一方现在和将来给予任何第三方的一切特权、优惠及豁免,也同样给予缔约对方。最惠国待遇原则是从国际法中的国家平等原则派生出来的,是国家平等原则在经济贸易中的体现。最惠国待遇条款使缔约国出口的商品在外国市场上获得与任何第三国同等的竞争条件,保障企业或船舶在国外享有不受歧视的地位。

2. 最惠国待遇条款的种类

最惠国待遇条款分为无条件的最惠国待遇条款和有条件的最惠国待遇条款两种。

(1)无条件的最惠国待遇条款是指缔约一方现在或将来给予任何第三方的一切优惠待遇,立即无条件地、无补偿地、自动地适用于对方。最惠国待遇条款早在12世纪就在欧洲各国的商贸交往中出现,18世界后期,成为欧洲商贸条约中的主流条款。现有的国际贸易条约大多采用无条件的最惠国待遇条款,但为了避免产生歧义,在该条款上仍要注明"无条件"字样。

(2)有条件的最惠国待遇条款是指如果一方给予第三方的优惠是有条件的,则另一方必须提供同样的补偿,才能享受这种优惠待遇。美国在其独立之后签订的第一个贸易条约(1778年的《美法友好通商条约》)中,第一次适用了有条件的最惠国待遇条款,直到1922年才改用无条件的最惠国待遇条款。因此,有条件的最惠国待遇又称美国式最惠国待遇。

3. 最惠国待遇条款的适用范围

最惠国待遇条款既可以适用于缔约方经济合作和贸易关系的各个方面,又可以只在贸易关系中的某几个具体问题上适用。在签订贸易条约与协定时,缔约方通常对最惠国待遇的范围加以列举,而最惠国待遇条款仅适用于列举范围内的事项。

最惠国待遇条款的适用范围很广,通常包括以下几个方面:

(1)有关进口、出口、过境商品的关税及其他各种捐税。

(2)有关商品进口、出口、过境、存仓和换船方面的海关规则、手续和费用。

(3)进出口许可证的发放、取得及其他限制措施。

(4)船舶驶入、驶出和停泊时的各种税收、费用和手续。

(5)关于移民、投资、商标、专利及铁路运输方面的待遇。

4. 最惠国待遇条款适用的限制和例外

在贸易条约与协定中,一般还规定了不适用最惠国待遇条款的限制或例外条款。最惠国待遇条款的限制,是指不适用该条款的范围,包括直接限制和间接限制。

(1)直接限制,即在贸易条约或协定中明确规定最惠国待遇适用范围的限制,通常从商

品范围、地区和商品来源上加以限制。

（2）间接限制，即未在贸易条约或协定中明确规定，而采用其他办法（如将税则精细分类等）限制缔约国的某些商品适用最惠国待遇条款的范围。

最惠国待遇的例外，是指某些具体的经济和贸易事项不适用最惠国待遇，如边境贸易、关税同盟、沿海贸易和内河航行。

（二）国民待遇条款

国民待遇条款是贸易条约与协定中的一项重要条款。它的基本含义是，缔约一方保证缔约另一方的公民、企业和船舶在某些事项上享受与本国公民企业和船舶同等的待遇。它一般适用于外国自然人从事商业、外国天然产物和制造品所应缴纳的国内捐税，利用铁路运输和转口过境的条件，船舶在港口的待遇，商标注册，著作权及发明专利权的保护等。但是本国人所享有的其他权利，如沿海贸易权、领海捕鱼权、土地购买权等通常都不包括在国民待遇条款的范围之内。

第二节 关税与贸易总协定

一、关税与贸易总协定的产生背景

关税与贸易总协定（General Agreement on Tariff and Trade，GATT），简称关贸总协定，是 1947 年 10 月 30 日由 23 个国家在日内瓦签订的关于协调和规范缔约方之间关税与贸易政策方面相互权利和义务的多边国际协定，于 1948 年正式生效，1995 年 1 月 1 日被世界贸易组织取代。

两次世界大战对各国经济造成重创，世界贸易秩序遭到了很大的破坏。二战后，各国面临着国际经济关系中三个亟待解决的问题：①在国际金融方面，各国需要重建国际货币制度，以维持汇率的稳定和国际收支平衡。②在国际投资方面，各国需要建立处理长期国际投资问题的国际组织。③在国际贸易方面，各国渴望重建国际贸易秩序，促进国际贸易自由化。

第二次世界大战结束前夕，以美国为首的同盟国于 1944 年 7 月在美国新罕布什尔州的布需顿森林召开了一个国际会议，即联合国货币金融会议（以下简称"布雷顿森林会议"），会议决定成立解决上述三个问题的国际组织。国际货币基金组织（International Monetary Fund，IMF）和国际复兴开发银行（International Bank for Reconstruction and Development，IBRD 简称世界银行）解决了前两个问题。拟议中的国际贸易组织（International Trade Organization，ITO）夭折，其职责由关贸总协定代行。

我国是关贸总协定的 23 个创设国之一。自关贸总协定生效起至 1994 年，已有 119 个国家或地区参加。它所通过的各种协议对世界贸易的发展有着重大的影响，成为有关缔约方为创造良好的贸易环境而进行多边贸易谈判和解决贸易争端的重要场所。关贸总协定与国际货币基金组织、世界银行一起，共同构成了现代经济体系的三大支柱。

二、关税与贸易总协定的主要内容

(一) 宗旨

关贸总协定的宗旨是：各缔约方政府在处理它们的贸易和经济事务的关系方面，应以提高生活水平、保证充分就业、保证实际收入和有效需求的巨大持续增长、扩大世界资源的充分利用以及发展商品生产与交换为目的。各缔约国政府希望通过关贸总协定达成互惠互利协议，大幅度地削减关税和其他贸易障碍，取消国际贸易中的歧视待遇，以谋求其经济发展。

(二) 基本原则

1. 非歧视原则

非歧视原则又称无差别待遇原则，是关贸总协定中最重要的原则。这一原则在关贸总协定中主要体现在最惠国待遇条款和国民待遇条款。

2. 关税保护和关税减让原则

关贸总协定规定一缔约方只能通过关税，而不应采取其他限制进口的措施来保护本国商品。关税透明度越高，越便于缔约方之间进行减让谈判，从而减少保护对贸易造成的扭曲。

3. 透明度原则

关贸总协定在条款中明确指出，缔约国有效实施的海关法令、条例及行政决定等都应迅速公布，以使各国政府及贸易商对它们熟悉。一缔约国政府或政府机构与另一缔约国政府或政府机构之间缔结的影响国际贸易的现行规定，也必须公布。这一原则提高了国际贸易法规的透明度，降低了国际贸易出口风险，保障各成员利益。

4. 公平竞争原则

公平竞争原则主要是针对倾销、出口补贴、非关税壁垒等贸易行为进行管理，从而减少不公平贸易现象，维护国际贸易公平，保证国家间经贸活动正常运转。

(三) 例外条款

关贸总协定的例外条款主要体现在以下几个方面。

1. 国际收支平衡例外

当一个国家遇到国际收支困难的情况时，可以实行进口限制，但是这种限制不能超过保护国际收支平衡所必要的限度。当国际收支改善后，应逐步减少直至取消。

2. 幼稚工业保护例外

为了建立一个新的工业或为了保护刚刚建立、尚不具备竞争能力的工业，可以实行进口限制。由缔约方审议批准予以确认的幼稚工业可采取提高关税、实行许可证、临时征收附加税等办法。

3. 保障条款例外

关贸总协定第19条允许缔约方在其某产业受到进口骤增的冲击并造成严重损害时（如

严重开工不足、工人失业、企业亏损），实行临时性进口限制或提高关税。根据保障条款采取的进口限制措施不应长久实施,应限制在必要时间之内。受影响的产业有义务尽快调整产业结构。

4. 关税同盟和自由贸易例外

关税同盟和自由贸易区成员之间相互给予的贸易优惠可以不必同时给予非成员,但对外的贸易壁垒不能高于关税同盟或自由贸易区建立以前的水平。

5. 安全例外

成员可以禁止进口火药、武器、毒品、淫秽出版物等违法产品,以维护国家安全稳定。

6. 对发展中国家的特殊优惠待遇例外

发达成员缔约方承诺,在谈判中对发展中成员做出的贸易减让,并不要求得到对等的回报。发展中成员可以享受发达成员缔约方提供的普惠制待遇。发展中成员之间进行关税减让时可以不给予发达成员。

三、关税与贸易总协定主持下的多边贸易谈判

(一) 历次多边贸易谈判概况

自关税与贸易总协定生效以来,一直是通过多边贸易谈判达成相应的条款。协议不断地根据出现的问题,进行补充和修订。从 1947 年至今,缔约国已完成了八轮多边贸易谈判,关贸总协定的法律框架逐步健全,内容覆盖面广,几乎涉及国际贸易的所有领域。直至1996 年,关税与贸易总协定失效,由世界贸易组织协议及其附件所替代。

八轮谈判的具体时间、地点和主要成果如表 9-1 所示。

表 9-1　　　　　　　　　关贸总协定八轮多边贸易谈判

届次	谈判时间和地点	参加方	谈判内容	谈判主要成果
第一轮	1947 年 4—1947 年 10 月 瑞士日内瓦	23	关税减让	达成 45 000 项商品的关税减让,占资本主义国家进口值 54% 的商品平均降低关税 35%,关贸总协定于 1948 年 1 月 1 日生效
第二轮	1949 年 4—1949 年 10 月 法国安纳西	33	关税减让	达成 147 项双边协议,增加 5 000 项商品的关税减让,使占应税进口值 56% 的商品平均降低关税 35%
第三轮	1950 年 9 月—1951 年 4 月 英国托奎	39	关税减让	签订双边关税减让协议 150 项,涉及产品 8 700 项,使占应税进口值 11.7% 的商品平均降低关税 26%
第四轮	1956 年 1—5 月 瑞士日内瓦	28	关税减让	达成近 3000 项商品的关税减让,使占应税进口值 16% 的商品平均降低关税 15%,相当于 25 美元的贸易额

（续表）

届次	谈判时间和地点	参加方	谈判内容	谈判主要成果
第五轮	1960 年 9 月—1961 年 7 月瑞士日内瓦（狄龙回合）	45	关税减让	达成 4 400 项商品的关税减让,使占进口值 20%的商品平均降低关税 20%,相当于 45 亿美元的贸易额
第六轮	1964 年 5 月—1967 年 6 月瑞士日内瓦（肯尼迪回合）	54	（1）关税减让;（2）清除非关税壁垒	涉及商品 3 万多项,6 万多种,经济合作与发展组织成员间工业品平均削减关税 35%,涉及的贸易额达 400 多亿美元;首次进行了非关税壁垒的谈判,通过了第一个"反倾销协议"
第七轮	1973 年 9 月—1979 年 4 月瑞士日内瓦（东京回合）	99	（1）关税减让;（2）清除非关税壁垒	以一揽子关税减让方式就影响世界贸易额约 3 000 亿美元的商品达成关税减让与约束,使关税水平下降 35%;世界 9 个主要工业市场上制成品的加权平均关税税率由 7%下降为 4.7%;达成多项非关税壁垒协议和守则;通过了给予发展中国家优惠待遇的"授权条款"
第八轮	1986 年 9 月—1993 年 12 月瑞士日内瓦（乌拉圭回合）	117	（1）货物贸易谈判;（2）服务贸易谈判	达成内容广泛的协议,共 45 个减税商品涉及贸易额高达 1.2 万亿美元;减税幅度近 40%,近 20 个产品部门实行了零关税;发达国家平均税率由 6.4%降为 4%;农产品非关税措施全部关税化;纺织品的歧视性配额限制在 10 年内取消;服务贸易制定了自由化原则;建立了 WTO 以取代关贸总协定

（二）历次多边贸易谈判的特点

1. 历次谈判都是在美国的策动下进行的,其作用呈下降趋势

美国是关贸总协定的积极倡导者和支持者,前五次谈判是在美国展延了《互惠贸易法》之后倡议召开的。1962 年美国通过了《扩大贸易法》,它倡议举行第六次肯尼迪回合谈判。第七次东京回合谈判是在美国尼克松总统的倡议下召开的,因此它又简称为"尼克松回合"。紧接着美国通过了《1974 年贸易法》,并根据这项法案参加谈判。在 20 世纪 80 年代初,美国竭力倡导召开新一轮的多边贸易谈判,以迫使其他国家进一步开放市场,特别是农产品市场和服务贸易市场。由此可见,多边贸易谈判是美国争夺国外市场和维护本国市场的重要手段。

自 20 世纪 70 年代末期以来,由于美国经济实力的衰退,一些区域经济组织和发展中国家经济实力的提升,美国的权威地位开始动摇,谈判实力不断削弱,如在东京回合的谈判过程中,美国提议的等比例关税削减方案就受到欧洲经济共同体的抵制。

2. 多边贸易谈判的内容和范围日益扩大

长期以来,关贸总协定的多边贸易是以传统的货物贸易谈判为核心的。随着国际经济与贸易关系的发展,多边贸易谈判的内容和范围日益扩大。在肯尼迪回合中,首次进行了非关税壁垒的谈判,通过了第一个"反倾销协议"。1986 年 9 月正式发起的乌拉圭回合的谈判,突破了总协定传统的货物贸易谈判的格局,首次对与贸易有关的知识产权、投资措施和服务贸易进行谈判,并把长期未解决的纺织品贸易、农产品贸易、保障条款和争端解决等问题列入谈判的议事日程。

3. 发达国家是关税与贸易总协定的主要受益者

虽然历次多边贸易谈判都是在"互惠互利"的基础上进行的,并根据总协定第四部分和东京回合通过的"授权条款"的原则给予发展中国家某些优惠待遇,但实际上总协定的多边贸易谈判是以经济实力为基础的。谈判的重点总是置于发达国家感兴趣的商品范围。例如,在肯尼迪回合谈判以前,对全部制成品的进口平均关税为 10.3%,而对进口发展中国家制成品征收的平均关税为 17.1%,在肯尼迪回合谈判以后,这两项税率分别下降到 6.5% 和 11.3%,但两项税率的差幅并未缩小。

第三节 世界贸易组织

世界贸易组织(World Trade Organization,WTO)简称世贸组织,它根据关贸总协定乌拉圭回合谈判达成的《建立世界贸易组织的马拉喀什协定》(简称《建立世界贸易组织协定》)于 1995 年 1 月 1 日建立。世贸组织的建立取代了关贸总协定,并按照乌拉圭回合谈判所达成的最后文件形成的一整套协定和协议的条款作为国际法律规则。世贸组织对各成员之间经济贸易关系进行监管,是维护世界多边贸易体制安全与稳定的重要国际经济组织。

一、世界贸易组织的产生

(一) 世界贸易组织产生过程

早在 20 世纪 40 年代,以美国为首的西方资本主义国家就积极推动世界贸易组织的建立,但因各种原因未能成功。作为《哈瓦那宪章》中的临时协定,关税与贸易总协定承担起了建立国际贸易秩序的历史使命,但其只是"临时适用",并未正式确立。在将近四十多年的时间里,关贸总协定虽然在促进国际贸易发展和推进贸易自由化方面做出了很大贡献,但它在法律地位、职能范围、管辖内容和运行机制等方面的局限性也日益暴露。

乌拉圭回合谈判启动时,拟定的 15 个谈判议题中没有关于建立世界贸易组织的问题,只是设立了一个关于修改和完善关贸总协定体制职能的谈判小组。到了乌拉圭回合谈判的后期,在对许多实质性重要议题基本上达成协议后,如何执行乌拉圭回合协议及国际贸易组织采取何种组织框架等问题渐渐提上议事日程。

1990 年年初,时任欧共体轮值主席国意大利首先提出了建立一个多边贸易组织的倡议,同年 7 月 9 日,欧共体把这倡议以 12 个国家的名义向乌拉圭回合体制职能谈判小组正式提出。欧共体建议的主要内容有:成立一个新的组织,以便作为最有效、最实用的体制来贯彻落实乌拉圭回合的成果；使这一新组织成为永久性的牢固体制，以便它与国际货币基金组织、世界银行一起，在制定全球经济政策中发挥更大的作用。欧共体的这一建议立即得到了美国、加拿大等西方大国的支持。经各成员反复磋商，1990 年 12 月，布鲁塞尔贸易部长级会议决定让关贸总协定体制职能小组负责《多边贸易组织协议》的谈判，并最终于 1993 年 11 月形成了《多边贸易组织协议》。1993 年 12 月 15 日，根据美国的建议，"多边贸易组织"更名为"世界贸易组织"。

1994 年 4 月 15 日，在摩洛哥马拉喀什部长级会议上，104 个缔约方政府代表（包括中国政府）通过并签署了《建立世界贸易组织的马拉喀什协定》，该协定规定世界贸易组织于 1995 年 1 月 1 日正式成立。从此，世界贸易组织取代关贸总协定，担负起调整国际贸易秩序和调节国际贸易关系及各国对外贸易政策措施的重大历史责任。

2001 年 12 月 11 日，中国正式加入世界贸易组织。截至 2020 年 5 月，世界贸易组织有 164 个成员，24 个观察员。

（二）世界贸易组织与关贸总协定的关系

1. 联系

关贸总协定从"准国际贸易组织"转化世贸组织负责实施管理的货物贸易协定。为区别二者，世贸组织建立后，将原关贸总协定称为关贸总协定 1947，将世贸组织负责实施管理的关贸总协定称为关贸总协定 1994。世贸组织和关贸总协定 1947 具有继承性。前者继承了后者的基本框架，包括其宗旨、职能、基本原则及规则等；关贸总协定 1947 有关条款成为关贸总协定 1994 的基础，成为成员间货物贸易关系的准则。

2. 区别

（1）对参与方称谓不同。参加关贸总协定的国家和地区称为缔约方，而参加世贸组织的国家和地区称为成员。

（2）机构性质提升。关贸总协定仅是临时适用的多边贸易协议，不具有法人地位；世贸组织是根据《维也纳条约法公约》正式批准成立的国际组织，具有独立法人资格。世贸组织是常设的、永久性存在的国际组织，与国际货币基金组织、世界银行法律地位相同。

（3）管辖范围扩大。关贸总协定仅处理货物贸易问题，世贸组织不仅要处理货物贸易问题，还要处理有关服务贸易以及贸易相关的知识产权问题。在平衡经济发展与环境保护和资源的可持续开发方面，世贸组织也发挥着重要作用。

（4）争端解决机制更加有效。关贸总协定的争端解决机制遵循协商一致的原则，对争端解决没有规定时间表。世贸组织的争端解决机制，采用反向协商一致原则，裁决结果除非所有成员一致反对，否则自动生效。其裁决具有自动执行的效力，同时明确了争端解决和裁决实施的时间表，限制了争端解决的时间，扩大了专家小组的权限。因此，世贸组织争端裁决的实施更容易得到保证，争端解决机制的效率更高，裁决的权威性和履行的有效性也大为增强。

二、世界贸易组织的宗旨

《建立世界贸易组织的马拉喀什协定》在其前言中就明确阐明了世界贸易组织的宗旨,即提高成员人民生活水平、保证充分就业、保证实际收入和有效需求的大幅度增长,以及扩大货物和服务的生产与贸易、可持续发展。开发世界资源并加以充分利用,寻求对环境的保护和维护,并根据成员不同经济发展水平下各自需要的方式,加强采取各种应对措施。此外,世界贸易组织应积极努力确保发展中国家,尤其是最不发达国家在国际贸易增长中获得与其经济发展需要相称的份额和利益。

三、世界贸易组织的法律地位和基本职能

1. 地位

(1) WTO 具有国际法人资格。

(2) WTO 每个成员方向 WTO 提供其履行职责时所必需的特权与豁免权。

(3) WTO 官员和各成员方代表在其独立执行与世界贸易组织相关的职能时,享有每个成员方提供的所必需的特权与豁免权。

(4) 每个成员方给予 WTO 的官员、成员方代表的特权与豁免权等同于联合国大会于1947 年 11 月 21 日通过的《联合国专门机构特权和豁免公约》所规定的特权与豁免权。

2. 基本职能

为实现世界贸易组织的宗旨,《建立世界贸易组织的马拉喀什协定》赋予该组织以下几个方面的主要职能:

(1) 促进世界贸易组织目标的实现,监督和管理其各项协议的贯彻实施。

(2) 组织实施各项多边贸易协议,为各成员方提供多边贸易谈判的场所,按一体化的争端解决规则与程序来主持解决各成员之间的贸易纠纷。

(3) 按照有关贸易政策审议机制,负责定期审议各成员方的贸易制度和与贸易相关的国内经济政策。

(4) 以适当的方式与国际货币基金组织和世界银行进行合作,保障全球经济决策的一致性。

(5) 向发展中国家和转型经济国家提供必要的技术支持和技术培训。

(6) 编写年度世界贸易报告和举办世界经济贸易研讨会。

 知识链接

《建立世界贸易组织的马拉喀什协议》

《建立世界贸易组织的马拉喀什协议》(Marrakech Agreement Establishing the World Trade Organization,WTO Agreement)简称《建立世界贸易组织的协议》,是关贸总协定乌

拉圭回合谈判达成的协议,由序言、正文16条和4个附件组成,于1995年1月1日生效。

协议的主要内容包括:①阐述了世界贸易组织的宗旨。②规定了世界贸易组织的多边贸易规则范围、职能。③规定了世界贸易组织的机构、地位及与其他国际组织的关系。④规定了世界贸易组织的预算和会费原则。⑤规定了世界贸易组织的决策程序和要求。⑥规定了对《建立世界贸易组织的协议》及其附件的修订原则和程序。⑦对成员资格、加入、特定成员之间互不适用多边贸易协议以及接受、生效和保存、退出等作了程序性规定。

协议的宗旨是提高世界范围内人民的生活水平,保证充分就业和大幅度稳步提高实际收入和有效需求,扩大货物与服务的生产和贸易,为持续发展扩大对世界资源的充分利用,保护和维护环境,并以符合不同经济发展水平下各自需要的方式,加强采取各种相应的措施,确保发展中国家尤其是最不发达国家在国际贸易增长中获得与其经济发展需要相应的份额和利益。

协议有4个附件,附件一包括:①多边货物贸易协议,即1994年关税与贸易总协定及其12个配套协议(农业协议、纺织品与服装协议、实施卫生与植物卫生措施的协议、技术性贸易壁垒协议、与贸易有关的投资措施协议、海关估价协议、装运前检验协议、原产地规则协议、进口许可程序协议、反倾销协议、补贴与反补贴措施协议、保障措施协议)。②服务贸易总协定。③与贸易有关的知识产权协定。附件二是关于争端解决规则与程序的谅解。附件三是贸易政策审议机制。附件四是4个诸边贸易协议,即国际牛肉协议、国际奶制品协议、政府采购协议、民用航空器贸易协议。

资料来源:摘自《建立世界贸易组织的马拉喀什协议》。

四、世界贸易组织的基本原则

(一) 非歧视原则

非歧视原则又称不歧视待遇或无差别待遇原则,是世界贸易组织全部规则体系的基础。它体现了贸易公平,符合各国主权平等的国际法原则。非歧视原则规定,成员方在实施某种优惠或限制措施时,不得对其他成员方采取歧视待遇。非歧视原则主要通过最惠国待遇条款和国民待遇条款予以体现。

(二) 贸易自由化原则

贸易自由化原则要求成员方降低贸易壁垒,包括削减关税和非关税贸易壁垒,扩大成员方之间的货物和服务贸易。世界贸易组织主张各成员方可以通过关税来保护国内产业和市场。关税保护原则在肯定关税保护是合法手段,限制、取消或禁止使用各种非关税措施的同时,要求各成员方在互惠基础上通过多边谈判削减关税。

(三) 透明度原则

透明度原则要求各成员方正式实施的有关进出口贸易的所有法律、法规、条例以及与其他成员方达成的所有影响贸易政策的条约与协定等都必须事先正式公布,否则不得实施。

世贸组织的具体规定为：成员方在互惠基础上迅速公布现行有效的贸易法律、法规、条例以及条约与协定等；成员方采取的按既定统一办法提高进口货物关税或其他税费的征收率或者对进口货物及其支付实施新的或更严格的规定、限制或禁止的普遍适用的措施，非经正式公布不得实施；成员方应以统一、公正和合理的方式实体所有应予公布的法律、法规，条例等。透明度原则的目的是保证各成员方在货物贸易、服务贸易和知识产权保护方面的贸易政策实现最大限度的透明。

（四）公平贸易原则

公平贸易原则又称公平竞争原则，是指各国在国际贸易中不应采用不公正的贸易手段进行竞争，尤其是不应以倾销或补贴方式出口商品。如果其他国家的出口商品存在倾销和补贴，就可以采取反倾销或反补贴措施，以维护贸易环境公平。此外，如发现侵权盗版可通过知识产权保护法来维护。

（五）对发展中国家特殊优惠原则

世界贸易组织 3/4 以上的成员是发展中国家和经济转型期国家，为此对发展中成员特别是最不发达成员设立特殊和差别待遇条款，给予他们更多的调整时间、更大的灵活性和特权，如普惠制是发达成员给予发展中成员的一种特权，对进口原产于发展中国家的工业制品、半制成品和某些初级产品给予降低或取消关税待遇的一种关税优惠。

五、世界贸易组织的组织结构与运行机制

（一）组织结构

1. 部长级会议

在世贸组织中，部长级会议是顶级决策者，也是各方成员进行贸易谈判的重要场所。部长级会议由所有成员方的代表参加，至少每两年举行一次会议。部长级会议应一个成员方的要求，有权按照《建立世界贸易组织协议》和相关的多边贸易协议列出的特殊要求，就任何多边贸易协议的全部事务作出决定。

2. 总理事会

在部长级会议之下是四个理事会以及两个分别负责贸易政策审查和争议解决的组织，由所有成员方的代表组成，在部长级会议休会期间承担其职能。总理事会可视情况的需要随时开会，自行拟定议事规则和议程，随时召开会议以履行其解决贸易争端和审议各成员方贸易政策的职责。

3. 理事会

理事会为总理事会下属机构。其中，货物贸易理事会、服务贸易理事会和知识产权理事会为最重要的理事会。理事会由所有成员方代表组成，每一理事会每年至少举行 8 次会议。

4. 委员会

部长级会议下设贸易和发展委员会，国际收支限制委员会，预算、财政和管理委员会。它们执行由世界贸易组织协定及多边贸易协议赋予的职能，执行由总理事会赋予的额外职

能。所有成员方代表都有权参加上述委员会。

5. 诸边贸易协议设置的机构

诸边贸易协议设置的机构的职能由诸边贸易协议赋予,并在世界贸易组织体制框架内运作,机构要定期向总理事会通告其活动。

6. 秘书处

秘书处为世界贸易组织的日常办事机构,由部长会议任命的总干事领导。总干事的权力、职责、服务条件和任期由部长会议通过规则确定。总干事有权指派其所属工作人员,在履行职务时,总干事和秘书处工作人员均不得寻求和接受任何政府或世界贸易组织以外组织的指示。各成员应尊重他们职责的国际性,不能对其施加有碍履行其职责的影响。

为了支持上述机构的运作,世界贸易组织每年准备预算约8 300万美元,这些预算金额以其成员在世界贸易总额中所占份额为基础进行计算,由各成员分别支付。

世贸组织全体成员可以参加所有理事会和委员会,但上诉机构、争端解决专家组、纺织品监督机构及诸边贸易协议委员会除外。

(二) 组织成员

1. 创始成员

根据《建立世界贸易组织协定》的规定,凡具备以下条件,即可成为该组织的创始成员。

(1)《建立世界贸易组织协定》生效时,已是关税与贸易总协定的缔约国。

(2) 签署参加并接受乌拉圭回合所有协议。

(3) 在乌拉圭回合中做出关税、非关税减让以及服务贸易减让。

2. 新加入的成员

在《建立世界贸易组织协定》生效后,任何国家或在对外商业关系上拥有充分自主权的单独关税地区,都可以向世界贸易组织提出申请加入,进行全面谈判,按谈妥的条件加入该组织,成为一般成员。加入世界贸易组织须经部长级会议2/3以上多数表决通过。

任何成员都可以退出世界贸易组织。退出需要递交退出通知,被总干事接受6个月后生效,权利与义务同时终止。

(三) 决策方式

世贸组织继续实行关贸总协定"经协商一致做出决定"的做法。协商一致是指在做出决定的会议上,如果任何一个与会的成员方对拟通过的决议不正式提出反对,就算达成合意。如通过协商未达成一致,则以投票方式决定。在部长级会议和总理事会上,世贸组织成员均有一票投票权,欧盟的票数则和其成员在世贸组织的成员数相同。

第一,任何多边贸易协议的解释和决议,必须由部长级会议和总理事会成员的3/4以上多数通过,才能生效。

第二,对有关条款的修订,须经2/3多数票通过。

第三,豁免某一成员所应承担的义务,须经3/4以上多数通过。但对有的义务在规定的过渡期内(如5年)可暂不履行,在过渡期后如要继续豁免,必须经所有成员一致同意。

(四) 历届部长级会议发展过程

自1995年1月1日成立至今,世界贸易组织先后召开了11次部长级会议,第一届部长级会议于1996年12月9日至13日在新加坡召开,会议主要审议了世界贸易组织成立以来的工作及上一轮多边贸易谈判即乌拉圭回合协议的执行情况,并决定成立贸易与投资、贸易与竞争政策、政府采购透明度3个工作组,同时将贸易便利化纳入了货物贸易理事会的职责范围。会议最后通过了《新加坡部长宣言》。

第二届部长级会议于1998年5月18日至20日在瑞士日内瓦举行,会议在多边贸易体制诞生50周年之际召开,主要讨论了已达成的贸易协议的执行情况、既定日程和未来谈判日程等问题,再次强调推进贸易自由化的决心。会议的主要目的是为第三届部长级会议启动新一轮多边贸易谈判做准备,并确定了第三届部长级会议的举办地点。

第三届部长级会议于1999年11月30日至12月3日在美国西雅图召开。由于非政府组织干扰所产生的压力以及成员间在一系列重大问题上的意见分歧,会议未能启动拟议中的新一轮多边贸易谈判,最终以失败告终。

第四届部长级会议于2001年11月9日至14日在卡塔尔首都多哈举行,142个成员方参加会议。在这次会议中,启动了被称为"多哈发展议程"即多哈回合的新一轮多边贸易谈判,中国大陆和中国台湾地区批准加入世界贸易组织,并通过了《多哈部长宣言》等3个文件。

第五届部长级会议于2003年9月10日在墨西哥坎昆举行,由于发达国家在削减农业补贴和农产品关税问题上不愿意做出实质性让步,南北双方僵持不下,导致会议彻底破裂,会议仅通过了《部长会议声明》。

第六届部长级会议于2005年12月13日至18日在中国香港举行。与会者围绕多哈回合议题经过6天谈判发表了《部长宣言》,在取消棉花出口补贴和农产品出口补贴以及向最不发达国家开放市场问题上取得了进展,但多哈回合谈判仍未全面完成。

第七届部长级会议于2009年11月30日在瑞士日内瓦举行。鉴于多哈回合谈判没有出现任何转机,会议没有依照惯例将推进多边贸易谈判作为重点,而是回顾和审议世界贸易组织的工作,以及在金融危机和不利经济形势的大背景下如何继续推动世界贸易组织和多边贸易体系的发展,探讨如何在逆境中扩大全球贸易,帮助世界经济走出困境。但与会的各方代表仍然就2010年结束多哈回合谈判做出了政治承诺。

第八届部长级会议于2011年12月15日至17日在瑞士日内瓦举行。会议就"早期收获"达成一致,同意为最不发达经济体在服务贸易、知识产权、加入便利等诸多方面提供支持。同时,会议还在政府采购方面取得了新进展,特别是扩大政府采购市场准入,从而进一步推进了公共采购市场的自由化程度。

第九届部长级会议于2013年12月在印度尼西亚巴厘岛举行。经过艰苦谈判,此次会议正式签署了世界贸易组织成立近20年以来的第一个多边贸易协议——《巴厘一揽子协定》。该协定的内容涵盖了贸易便利化、粮食安全问题和对最不发达国家贸易支持等。同时,该协定也被认为是世界贸易组织历史上推动全球贸易自由化的真正成果,鼓舞了世贸组织成员的士气。

第十届部长级会议于 2015 年 12 月 15 日至 19 日在肯尼亚首都内罗毕举行,通过了《内罗毕部长宣言》,162 个成员首次承诺全面取消农产品出口补贴,并就出口融资支持、棉花、国际粮食援助等方面达成了新的多边纪律;达成了近 18 年来世界贸易组织首个关税减让协议——《信息技术协定》扩围协议,涉及 1.3 万亿美元的国际贸易;在优惠原产地规则、服务豁免等方面切实给予最不发达国家优惠待遇。但是多哈回合的剩余议题还需要继续谈判,如何处理谈判中的不同观点,成为接续谈判的瓶颈。

第十一届部长级会议于 2017 年 12 月 10 日至 13 日在阿根廷布宜诺斯艾利斯举行,这是世界贸易组织高级别会议首次在南美国家举行。会议达成了渔业补贴部长决定、电子商务工作计划部长决定、小经济体工作计划部长决定、知识产权非违反之诉和前景之诉部长决定,关于设立南苏丹加入工作组的部长决定等一系列部长决定。会议并没有在粮食安全公共储备、农业国内支持、农业出口竞争、棉花、服务业规制等主要谈判议题上取得突破。

五、世界贸易组织面临的问题和改革方向

(一) 世贸组织面临的问题

当前,世贸组织正面临前所未有的生存危机,主要包括以下几个方面。

1. 世贸组织的权威性受到严重威胁

部分发达国家绕过世贸组织提供的磋商与争端解决机制,直接采用单边措施,利用本国法律法规对其他成员加征关税、建立各种非关税壁垒,这种做法违反了世贸组织的公平性原则。新冠疫情以来的各种贸易摩擦已经将战火从双边烧到多边。作为世贸组织创始成员的部分发达国家,本应该为维护世贸组织秩序,承担更多的责任,但是现在却成为世贸组织权威的挑战者。

2. 世贸组织的争端解决机制出现危机

世贸组织的争端解决机制是其重要职能之一,在解决成员方国际贸易纠纷、平衡成员方利益、促进协议的执行方面做出了重大贡献。但是,现在世贸组织的争端解决机制运行出现困难。世贸组织的争端解决机制的上诉机构成员原本有 7 位,由于美国一再行使否决权,阻止上诉机构补充人选,截至 2018 年年底,该机构的成员只剩 3 位。如果这一情况持续下去,上诉机制将无法运作,世贸组织的争端解决功能将会丧失。

3. 世贸组织制度存在局限性

(1) 谈判结构效率低。世贸组织所奉行的"协商一致"的原则要求所有多边协议必须获得所有成员同意才能通过,因此自其创建以来几乎没有再产生有意义的多边协议。

(2) 争端解决程序的局限性。虽然世贸组织争端解决机制的实践运行得到了成员方的普遍认可,但是其上诉机构裁决的一致性和连贯性却引发担忧,尤其是对判决的公平与合理

的问题多次遭到成员方的质疑。

（3）成员频繁钻制度漏洞。在世贸组织制度建成后,各成员都会寻找其制度中的漏洞。世贸组织的宗旨是降低关税壁垒,促进自由贸易,但是许多成员改用非关税壁垒等其他措施实行贸易保护。这样做虽然没有违反世贸组织的法律规则,但是同样会扭曲贸易,破坏多边贸易体系的稳定。

4. 逆全球化呼声增加

经济全球化是世贸组织存在和发展的基础,追求和参与经济全球化是成员参与多哈回合谈判的主要动力。由于资本主义不可调和的矛盾,金融危机时有发生,导致一国经济问题迅速波及其他地区,全球经济出现逆全球化和去全球化势头,各种形式的贸易保护主义和民族主义兴起。世贸组织的凝聚力减弱,要求重构贸易规则的呼声渐起,双边、区域经贸集团兴起,贸易区域化加深。

（二）世贸组织的改革方向

1. 维护多边贸易体制的核心价值

非歧视和开放是多边贸易体制最重要的核心价值,也是世贸组织成员在多边规则框架下处理与其他成员经贸关系的基本准则。世贸组织的改革应加强多边贸易体制的核心价值,推动其在全球经济治理中发挥更大的作用。

2. 保障发展中成员的发展利益

发展中国家在世贸组织成员的比例逐年增加,因此世贸组织在未来的改革发展中应该着重解决发展中成员在融入经济全球化方面的困难,赋予发展中成员实现其经济发展所需要的灵活性和政策空间,帮助实现联合国2030年可持续发展的目标,为缩小南北差距作出一定的努力。

3. 遵循协商一致的决策机制

改革的议题选择和最终结果应该通过协商一致的方式做出决策,改革的进程应该保证广大成员特别是发展中成员的共同参与,而不是由少数发达国家一家独大,也不能搞"小圈子",减少地区性贸易壁垒。

维护多边贸易体制的主渠道地位,维护多边贸易体制在全球贸易自由化、便利化进程中的主渠道地位,不能以所谓的新概念、新表述混淆并否定多边贸易体制的权威性。

优先处理危及世贸组织生存的关键问题。改革应该建立相应的奖惩制度,制约单边主义和保护主义的做法,尽快解决上诉机构成员遴选明显受阻这些紧迫的问题,确保其各项功能的正常运转。

解决规则的公平问题,并且顺应时代的需要进行制度革新。改革应该解决一些发达成员农业补贴过度的问题,对长期扭曲的国际农产品贸易,加以纠正,并限制贸易救济措施的滥用,特别是在反倾销调查中的替代国做法,该做法对正常的国际贸易秩序造成了严重干扰。推动世贸组织规则与时俱进,建立符合新时代背景下经济贸易现实的需要。

保证发展中成员的特殊与差别待遇。对世贸组织成员通过谈判、认可的发展中成员继续给予特殊和差别待遇。此外,对最不发达成员还要加强援助和支持,促进其改革和发展,提高其在世界贸易中的份额。

尊重成员各自的发展模式。改革应该取消一些成员在投资安全审查和反垄断审查中对特定国家企业的歧视,纠正一些发达成员滥用出口管制措施,阻挠正常技术合作的做法。力戒一些成员否认发展模式的多样性和对不同发展模式的歧视,不将发展模式问题和没有事实依据的指责纳入世界贸易组织改革的议题。

在新冠疫情背景下,世贸组织的核心成员更要重视其作为核心成员的责任与义务,为世界经济的稳定发展作出应有的贡献。

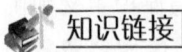 知识链接 ···

受新冠疫情影响,世贸组织部长级会议再度推迟

总部设在瑞士日内瓦的世界贸易组织27日凌晨宣布,由于最新宣布的国际旅行限制,许多国家的代表无法抵达日内瓦参会,原定于11月30日至12月3日举行的世贸组织第12届部长级会议推迟。

新的会议日期目前尚未确定。这已是世贸组织部长级会议第二次因新冠疫情推迟。本次会议最初定于2020年6月在哈萨克斯坦首都努尔苏丹举行,后因疫情推迟并改为在日内瓦举行。世贸组织总干事恩戈齐·奥孔乔-伊维拉在一份声明中说,再次推迟会议"不是一个容易做出的建议",但为了与会代表及公众的健康和安全,最好采取谨慎态度。

世贸组织部长级会议推迟意味着豁免新冠疫苗相关知识产权等议题的处理将推迟。印度、南非等国呼吁豁免新冠疫苗和治疗方法的知识产权,以助发展中国家获得相关资源。这一提议受到瑞士、英国、欧盟等方面反对。

美国总统拜登26日对豁免新冠疫苗知识产权表示支持。他在一份声明中说:"关于新变种的消息清楚表明,在我们实现全球接种前,疫情不会结束。"

不过,路透社指出,不少公共卫生专家指责美国只顾为本国公民接种加强针,却在为海外提供疫苗方面"做得不够"。

思考:1. 欧盟等国为什么反对豁免新冠疫苗和治疗方法的知识产权?
　　　2. 世贸组织部长级会议是什么地位?

资料来源:人民资讯

课 堂 测 试

班级_____　　姓名_____　　学号_____　　成绩_____

一、单项选择题(本大题共 10 小题,每题 4 分,共 40 分)

1. 国与国之间关于贸易和其他方面的债权、债务结算办法的书面协议是(　　)。
   A. 支付协定　　　　B. 贸易议定书　　　　C. 通商航海条约　　　D. 贸易协定

2. 有条件的最惠国待遇条款最先是(　　)采用的。
   A. 英国　　　　　　B. 法国　　　　　　　C. 德国　　　　　　　D. 美国

3. 无条件的最惠国待遇是指缔约国一方现在和将来给予任何第三国的一切优惠待遇(　　)。
   A. 立即无条件地、有同样补偿地、自动地适用对方
   B. 立即无条件地、无补偿地、经过一段时间后适用对方
   C. 立即有同样补偿地、自动地适用对方
   D. 立即无条件地、自动地、无补偿地适用对方

4. 贸易条约和协定与关税、非关税措施的主要区别是(　　)。
   A. 前者受国际法规范约束,后者属于国内法范畴
   B. 前者属于国内法范畴,后者受国际法规范约束
   C. 前者由超国家机构执行,后者由海关执行
   D. 前者比后者更能起到"奖出限入"作用

5. 目前协调各国贸易关系的主要国际经济组织是(　　)。
   A. 国际货币基金组织　B. 世界银行　　　　C. 关贸总协定　　　　D. 世界贸易组织

6. WTO 成立后,"GATT 1947"(　　)。
   A. 仍然是 WTO 的重要协定　　　　　　B. 修订为"关贸总协定 1994"
   C. 被完全废除　　　　　　　　　　　　D. 与"关贸总协定 1994"同时并存

7. 世界贸易组织于(　　)成立。
   A. 1994 年 1 月 1 日　　　　　　　　　B. 1995 年 1 月 1 日
   C. 1996 年 1 月 1 日　　　　　　　　　D. 1997 年 1 月 1 日

8. 贯穿于整个关贸总协定的最基本原则是(　　)。
   A. 自由贸易和非歧视原则　　　　　　　B. 自由贸易和磋商调解原则
   C. 自由贸易和公平竞争原则　　　　　　D. 自由贸易和检查监督原则

9. 《关税及贸易总协定》中最为重要的原则是(　　)。
   A. 非歧视原则　　　　　　　　　　　　B. 关税保护和关税减让原则
   C. 一般取消数量限制原则　　　　　　　D. 磋商调解原则

10. 关贸总协定的第八次多边贸易谈判称为(　　)。
    A. 狄龙回合　　　　B. 东京回合　　　　C. 乌拉圭回合　　　　D. 多哈回合

二、多项选择题(本大题共 5 小题,每题 6 分,共 30 分)

1. 在贸易条约和协定中通常适用的法律待遇条款有(   )。
   A. 最惠国待遇条款
   B. 国民待遇条款
   C. 毕业条款
   D. 磋商与争端解决条款
   E. 对发展中国家的特殊优惠条款

2. 在现代贸易条约与协定中,最常见的最惠国待遇适用的条例有(   )。
   A. 边境贸易
   B. 关税同盟
   C. 沿海贸易
   D. 国内法令或规章中的某些规定
   E. 区域性特惠条款

3. 世贸组织的宗旨和目标有(   )。
   A. 提高生活水平,确保充分就业
   B. 大幅度增加实际收入和有效需求
   C. 拓展货物和服务的生产和贸易
   D. 持久开发、合理利用世界资源
   E. 通过与各国经济发展水平相符合的方式来加强环保

4. 世贸组织对世界经济贸易可能产生的影响有(   )。
   A. 遏止贸易保护主义的蔓延,促进贸易自由化
   B. 促进国际服务贸易和国际投资的加速发展
   C. 根本性地改变发展中国家在国际经济中的地位
   D. 全球范围内的贸易竞争更加激烈
   E. 经济全球化进一步发展

5. 世界贸易组织主张各国在贸易自由化的前提下进行公平竞争,它认为属于不公平竞争的有(   )。
   A. 倾销
   B. 关税
   C. 补贴
   D. 许可证
   E. 配额

三、判断题(本大题共 10 小题,每题 3 分,共 30 分)

1. 贸易条约和协定要受到国际法规范的约束。   (   )
2. 贸易条约和协定不能在没有建立正式外交关系的国家之间签订。   (   )
3. 在最惠国待遇条款适用范围的限制上,如果从商品范围、地区和商品来源等方面加以限制,则属于间接限制。   (   )
4. 《关贸总协定》中的关税减让和关税保护原则是指主张通过各国减让关税来实现贸易自由化,但容许不同国家在一定情况下实行保护;如果保护,主张用非关税措施来进行保护。   (   )
5. 《关贸总协定》中解决贸易争端的方法是对一国违反《关贸总协定》的行为进行法律制裁。   (   )
6. 《关贸总协定》的最惠国待遇条款是多边的、有条件的。   (   )
7. 世界贸易组织与关贸总协定一样,只允许有主权的国家参加。   (   )
8. 关贸总协定是具有法人地位的正式的国际经济组织。   (   )
9. 关贸总协定的多边贸易体制及其所制定的一整套国际贸易规则仅适用于货物贸易。   (   )
10. 为创立和维持公平竞争的国际贸易环境,《关贸总协定》特别强调在国际贸易中禁止倾销和限制出口补贴。   (   )

第十章　世界贸易中的中国

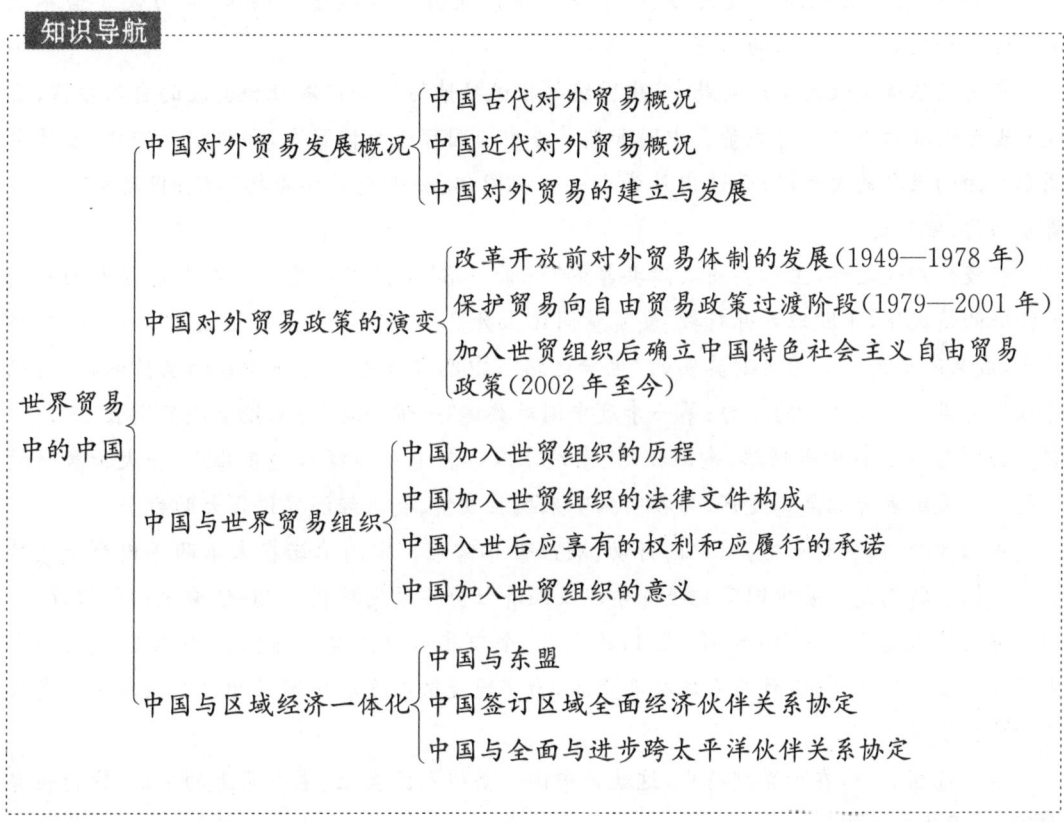

知识导航

中国古代对外贸易概况
中国近代对外贸易概况
中国对外贸易的建立与发展

中国对外贸易发展概况

改革开放前对外贸易体制的发展(1949—1978 年)
保护贸易向自由贸易政策过渡阶段(1979—2001 年)
加入世贸组织后确立中国特色社会主义自由贸易政策(2002 年至今)

中国对外贸易政策的演变

世界贸易中的中国

中国加入世贸组织的历程
中国加入世贸组织的法律文件构成
中国入世后应享有的权利和应履行的承诺
中国加入世贸组织的意义

中国与世界贸易组织

中国与东盟
中国签订区域全面经济伙伴关系协定
中国与全面与进步跨太平洋伙伴关系协定

中国与区域经济一体化

学习目标

1. 了解中国对外贸易发展概况。
2. 熟悉不同时期中国对外贸易政策。
3. 理解中国与世贸组织的关系。
4. 了解中国参与的区域经济合作。

 **思政课堂**

推动构建人类命运共同体的中国担当

在第 73 届世界卫生大会视频会议开幕式中,中国始终秉持构建人类命运共同体理念,既对本国人民生命安全和身体健康负责,也对全球公共卫生事业尽责。面对尚未解除警报的全球疫情,中国在对外驰援的同时,主张世界各国共同维护好人类唯一可生存的星球,加快建设人类卫生健康共同体。面对夹杂噪音杂音的外部环境,自信前行的中国承诺坚定不移扩大对外开放,稳定产业链供应链,以开放促改革促发展。中国释放出的团结战疫、开放合作的明确信号,是对全球疫情肆虐的有力回应,更是对人类共同命运的郑重承诺。

中国是全球经济的重要引擎。疫情冲击之下,中国继续为全球经济复苏注入动力与活力。"要加强国际宏观经济政策协调,维护全球产业链供应链稳定畅通,尽力恢复世界经济。"这是开放的中国给出的承诺。

在充满不确定性的全球变局中,中国统筹推进疫情防控和经济社会发展的自信步伐,已成为世界经济的重要稳定力量。中国如期举办中国国际进口博览会,积极扩大进口,发展更高水平面向世界的大市场;营造内外资企业一视同仁、公平竞争的市场环境;推动贸易和投资自由化、便利化。

在疫情严峻之际,主张共商共建共享的"一带一路"依然熠熠生辉。在本地区大面积断航停航的情况下,中欧班列开行数、发货量同比上升 24% 和 27%,累计运送近 8 000 吨抗疫物资,成为欧亚大陆之间名副其实的"生命之路";中巴经济走廊能源项目的坚持运行,为巴基斯坦提供了三分之一的电力;第一季度中国对共建"一带一路"国家投资逆势增长 11.7%,贸易额增长 3.2%;中老铁路、匈塞铁路、柬埔寨双燃料电厂等项目稳步推进,一大批暂时停工的项目最近也开始复工复产,为各国接下来战胜疫情、复苏经济提供强大助力。

中国理念,回应时代呼声;中国行动,顺应世界需求。中国承诺在未来两年内为受疫情影响的国家特别是发展中国家抗疫斗争以及经济社会恢复发展提供 20 亿美元国际援助;在华设立全球人道主义应急仓库和枢纽;建立 30 个中非对口医院合作机制;中国新冠疫苗研发完成并投入使用后,将作为全球公共产品,为实现疫苗在发展中国家的可及性和可担负性作出中国贡献。

在疫情照鉴中,在世界期待中,这就是中国—坚持人民至上、生命至上的中国,践行世界大同、天下为公的中国。

思考:疫情背景下,中国大国担当体现在哪些方面?

资料来源:光明日报

第一节 | 中国对外贸易发展概况

一、中国古代对外贸易概况

中国的对外贸易历史悠久。早在秦汉之前,中国已同近海国家有了贸易往来。

西汉时期,汉武帝派张骞出使西域,并出兵大败匈奴,建立了陆上丝绸之路。通过陆上丝绸之路,中国与中亚、西亚、南亚诸国进行了频繁的经济、文化交流,与欧洲有了间接往来。

汉武帝以后,中国又开通了海上丝绸之路,从广东沿海的港口出发,沿海岸线从中南半岛南下,过马来半岛,穿过马六甲海峡,通往孟加拉湾沿岸,最远抵达印度半岛南端斯里兰卡岛。海上丝绸之路的开通,加强了中国和东南亚、南亚各国的联系,从水路沟通了东西之间的联系。

隋唐时期,我国经济繁荣、文化昌盛、国力强大,处于世界领先地位,对外交通比前代更发达,对外关系又有了进一步发展,进一步拓展了海上丝绸之路。长安成为陆路交通中心、国际性大都市,广州发展成最大的外贸港口。唐朝政府在广州设置市舶司,管理对外贸易,这是我国历史上最早设置的管理对外贸易的官署。

明朝和清朝前期,国家统一,社会稳定,经济继续发展,国力强盛。郑和七下"西洋",足迹遍及今北印度洋及其沿岸,包括孟加拉湾及其沿岸,印度半岛,阿拉伯海及其沿岸的 30 多个亚非国家,这一壮举,使中国古代官方贸易达到高峰,中西贸易兴旺一时。清朝中后期,实行闭关锁国政策,只准广州一地接待外商,海上丝路不畅。

中国古代贸易不以营利为主,而以加强友好往来、交流经济文化为主要目的。在对外贸易过程中,文化交流、人员往来和科技的传播,促进了世界文明和经济发展,同时世界宗教文化也随之传入我国,促进了民族融合。不少波斯人、阿拉伯人来我国定居,长期与中国人相处,互相通婚,逐渐融合。此时对外交往的物品主要以纸张、瓷器、丝绸、茶叶为主。

二、中国近代对外贸易概况

1840 年鸦片战争后,清王朝与西方列强签订了一个个不平等条约,除了向它们割地赔款、开辟租界,还给予它们在华驻军、领事裁判、协定关税、海关管理等军事、政治和经济特权。中国主权和领土完整遭到了严重破坏,对外贸易也丧失了独立自主的地位,完全依附于帝国主义,成为半殖民地性质的对外贸易。中国沦为半封建半殖民地社会,进入了最黑暗、最耻辱的时期,对外贸易也成为西方列强对中国进行侵略的重要工具。

三、中国对外贸易的建立与发展

1949 年 10 月 1 日,中华人民共和国成立,立即废除了帝国主义在华的一切特权,收回了被西方列强长期霸占的海关,建立了人民的新海关;取消了它们对外汇、金融、航运、保险、商检等方面的垄断,摧毁了它们对外贸的控制,把对外贸易独立自主权牢牢地掌握在中国人民自己手中。同时,通过没收官僚资本、建立国营对外贸易企业、改造私营进出口企业等方式,建立起中国的社会主义对外贸易。

1978 年召开党的十一届三中全会,我国社会主义建设进入了改革开放新时期,国民经济迅速发展,对外贸易也进入了一个新的发展时期。

党的十八大以来,党中央准确把握和平、发展、合作、共赢的时代潮流和国家大趋势,从中国特色社会主义事业"五位一体"总布局的战略高度,从实现中华民族伟大复兴中国梦的历史维度,以开放促改革、促发展、促创新,加快建设开放性经贸强国,寻求中国与世界互利共赢的发展道路。

第二节 | 中国对外贸易政策的演变

中华人民共和国成立至今,中国对外贸易发展经历了以下几个重要阶段。

一、改革开放前对外贸易体制的发展(1949—1978年)

从中华人民共和国成立到改革开放前,中国的对外贸易体制基本上是照搬苏联传统的垄断经营外贸体制的框架和模式。这种对外贸易体制的建立与形成主要经历了以下两个阶段。

第一阶段(1949—1957年):国家统制,外贸集中。国家通过废除帝国主义在华的各种特权,没收国民党政府和官僚资本的外贸企业,建立国营的外贸企业,并逐步改造私营外贸企业。我国对外贸易由分散向集中、由私营向公有转变。1957年,国营对外贸易在整个对外贸易中的比重已上升到99.9%,基本上形成了对外贸易国家统制的体制。

第二阶段(1958—1978年):高度集中,统一经营。国家进一步加强与完善对外贸易的管理和经营机制。所有对外贸易业务均由对外贸易部所属专业总公司和各口岸对外贸易机构统一经营。财务上实行国家统收统支、统负盈亏,企业所创外汇全部上缴国家。这种高度集中的对外贸易体制一直延续到1978年。

二、保护贸易向自由贸易政策过渡阶段(1979—2001年)

党的十一届三中全会是我国对外贸易发展的重大转折点,会议决定实行对外开放、对内搞活的方针政策。党的十四届三中全会正式确立了走有中国特色的社会主义市场经济道路。在此形势下,原有的对外贸易体制已不适应新的历史时期经济建设和对外贸易发展的要求,随着经济体制改革和对外开放方针的实施,对外贸易体制也逐渐进行了改革。

(一)政策内涵

在改革开放总方针的指导下,中国开始了对外贸易体制的探索性改革。在这一时期,国家对外贸易政策由保护贸易政策向自由贸易政策转变。首先,通过逐步开放地区,设立经济特区,发展对外贸易。其次,鼓励引进外资和技术设备,学习国外先进管理经验。最后,通过利用国内国外两种资源,打开国内市场的同时,也打开国外市场,赢得我国对外贸易的快速发展,促进国民经济发展和综合国力的提升。

(二)政策内容

(1)外贸管理和经营体制改革。具体内容包括:政企分开,将外贸经营权和商品经营权下放,扩大地方政府对外贸易自主权;减弱外贸计划控制范围,扩大市场调节的作用,同时加强宏观调控;放开经营,外贸企业推行承包责任制,自负盈亏,改变财政统收统支;工贸结合,推行出口代理制度;鼓励开展加工贸易,建立海外贸易机构。

(2)积极吸引外资并利用国际援助及贷款进行融资。具体内容包括:制定相应的法律政策,对外商直接投资给予税收优惠,放宽审批权限;积极申请国际融资,发行债券和股票。

(3) 改革外汇管理体制改革。具体内容包括:从 1981 年起,我国试行人民币对美元的贸易内部结算价,实行贸易与非贸易双重外汇。随着国内商品和劳务价格水平的上涨,官方汇率不断贬值,从 1985 年起,贸易和非贸易汇率得到统一。1994 年,国家取消官方汇率,形成由市场供求决定的单一汇率。2019 年,国家进行商业银行改革,允许外国银行在中国设立分行。

(4) 重点开放沿海地区,并逐步向内地推进。1992 年前,我国重点建立经济特区、开放沿海港口城市及沿海经济开放区。党的十四大,确立了对外开放的发展目标是:扩大地域范围,形成多层次、多渠道、全方位的对外开放格局。

(5) 加入三大国际经济组织。我国于 1980 年正式加入国际货币基金组织和世界银行;于 1986 年向关贸总协定提出申请,要求恢复缔约方地位;于 2001 年加入世贸组织,成为世贸组织第 143 名成员。

(6) 颁布法律法规,加强外贸管理。1994 年 7 月 1 日,我国颁布《中华人民共和国对外贸易法》,并制定了与之相配套的《反倾销和反补贴条例》等法规,逐步建立起对外贸易相关的法律法规体系,以维护贸易公平,保障投资安全。

(7) 积极参与国际区域经济合作。中国积极参与区域经济合作,在 1991 年加入亚太经合组织(APEC),1996 年构建上海合作组织(SCO),2000 年 11 月构建中国-东盟自由贸易区。

(三) 政策效果

(1) 进出口额度大幅度增加,国际贸易地位显著提高。我国进出口总额由 1978 年的 206.4 亿美元提升至 2001 年的 5 096 亿美元,贸易地位从第 11 位提升到第 6 位。到 2001 年,我国外汇储备从 8.4 亿美元增加到 2 122 亿美元。

(2) 加工贸易快速发展。1996 年,我国加工贸易超过一般贸易,成为贸易的主要方式。到了 2001 年,加工贸易在我国进出口贸易总额占比达到 47%。

(3) 外商投资量增加迅猛。在 2001 年,全国实际使用外资金额高达 468.8 亿美元。世界大型跨国公司纷纷在中国设立了高新技术项目和外商投资研发中心,并逐步进入中国开放的服务业领域。中国成为全球投资最热门国家之一。

(4) 经济特区等特殊功能区取得重大进展。特殊功能区不仅能够有效吸引外资,承接国外产业转移,还有利于解决我国经济建设中东中西部发展不平衡的问题,由沿海带动整个内地的发展,促进全国经济振兴。

(5) 对外经济合作稳步发展。到 2000 年,我国对外投资流量为 5.5 亿美元,投资存量同期从 15.9 亿美元增长到 37.7 亿美元;对外承包工程业务遍及 180 多个国家和地区;对外经济技术合作公司有 1 400 家。

(6) 对外贸易对我国发展影响巨大。我国对外贸易从调剂市场余缺,发展成为拉动经济增长、促进技术进步、调整产业结构、增加财政收入、实现和改善国际收支的重要支柱。实行对外贸易有利于提高社会就业率、增加居民收入水平。

知识链接

《中华人民共和国对外贸易法》

《中华人民共和国对外贸易法》由第八届全国人民代表大会常务委员会第七次会议于1994年5月12日通过,2004年4月6日第十届全国人民代表大会常务委员会第八次会议第一次修订,2016年11月7日第十二届全国人民代表大会常务委员会第二十四次会议第二次修订,适用于对外贸易以及与对外贸易有关的知识产权保护。以下是总则部分。

总 则

第一条 为了扩大对外开放,发展对外贸易,维护对外贸易秩序,保护对外贸易经营者的合法权益,促进社会主义市场经济的健康发展,制定本法。

第二条 本法适用于对外贸易以及与对外贸易有关的知识产权保护。本法所称对外贸易,是指货物进出口、技术进出口和国际服务贸易。

第三条 国务院对外贸易主管部门依照本法主管全国对外贸易工作。

第四条 国家实行统一的对外贸易制度,鼓励发展对外贸易,维护公平、自由的对外贸易秩序。

第五条 中华人民共和国根据平等互利的原则,促进和发展同其他国家和地区的贸易关系,缔结或者参加关税同盟协定、自由贸易区协定等区域经济贸易协定,参加区域经济组织。

第六条 中华人民共和国在对外贸易方面根据所缔结或者参加的国际条约、协定,给予其他缔约方、参加方最惠国待遇、国民待遇等待遇,或者根据互惠、对等原则给予对方最惠国待遇、国民待遇等待遇。

第七条 任何国家或者地区在贸易方面对中华人民共和国采取歧视性的禁止、限制或者其他类似措施的,中华人民共和国可以根据实际情况对该国家或者该地区采取相应的措施。

资料来源:摘自《中华人民共和国对外贸易法》。

三、加入世贸组织后确立中国特色社会主义自由贸易政策(2002年至今)

加入世贸组织后,我国在社会主义市场经济体制基础上实行自由贸易政策,在充分享受世贸组织成员权利的同时,忠实履行应尽的义务,体现出大国风度。党的十八大以来,逐步确立了中国特色社会主义的自由贸易政策。十九大报告在推动形成全面开放新格局部分提到"拓展对外贸易,培育贸易新业态新模式,推进贸易强国建设"。贸易强国建设是我国实现"两个一百年"奋斗目标、实现中华民族伟大复兴的中国梦以及我国社会主义现代化强国建设的重要内容。

(一)自由贸易试验区建设

自由贸易试验区(Free Trade Zone, FTZ,以下简称自贸试验区)属一国(或地区)境内关境外建立的实行特殊优惠税收和特殊监管政策的特定区域,即某一国(或地区)在其辖区内划出一块地盘作为市场开展对外贸易,对该区域内的经济贸易活动不过多干预,同时对外来货物实施免关税或者关税优惠。自由港是设在一国(地区)境内关外、货物资金人员进出自由、绝大多数商品免征关税的特定区域,是目前全球开放水平最高的特殊经济功能区。

建设自贸试验区是党中央、国务院在新形势下全面深化改革和扩大开放的战略举措。自 2013 年 9 月上海自贸试验区挂牌运行以来,党中央、国务院又分两批先后批准了 10 个自贸试验区,形成了"1+3+7"覆盖东西南北中的联动发展新格局。

2017 年 10 月 18 日,国家主席在十九大报告中指出,赋予自由贸易试验区更大改革自主权,探索建设自由贸易港。

2018 年 4 月 13 日,在庆祝海南省建立经济特区 30 周年大会上,党中央决定支持海南全岛建设自由贸易试验区,逐步探索、稳步推进中国特色自由贸易港建设,分步骤、分阶段建立自由贸易港政策和制度体系。截止到 2020 年底,我国共建 21 个自由贸易试验区。

自贸试验区的建设是我国外贸制度的新创新,提高了外贸便利化程度,极大增强吸引外资能力,拉动了经济增长。

(二)"一带一路"倡议

"一带一路"是"丝绸之路经济带"和"21 世纪海上丝绸之路"的简称。2013 年,习近平主席在出访哈萨克斯坦和印度尼西亚期间,提出了共建丝绸之路经济带和 21 世纪海上丝绸之路的重大合作倡议。"一带一路"是新时期中国对外开放的重大战略举措,得到国际社会的高度关注和众多国家的积极响应。

2015 年 3 月,国家发改委、外交部、商务部联合发布了《推动共建丝绸之路经济带和 21 世纪海上丝绸之路的愿景和行动》。该文件被称为"一带一路"的路线图,为整个倡议提供了明确的实施方向和整体框架。在各方的共同努力下,"一带一路"倡议从理念转化为行动,并取得了丰硕的成果,在中国乃至世界经济中发挥着越来越重要的作用。

共建"一带一路"倡议提出以来,已有 171 多个国家和国际组织签署了 205 份共建"一带一路"合作协议。呈现出领域更宽、地域更广、程度更深的特点。领域更宽不仅体现在项目建设涉及基础设施、贸易、金融等方面,还体现在增加了很多新领域,如天气丝绸之路、数字丝绸之路、冰上丝绸之路等。地域更广体现在"一带一路"倡议从周边国家延伸到沿线国家再到辐射国家,已经成为一个新型的全球化倡议,在 2016 年被写入联合国决议。中国与相关国家深化务实合作,取得了丰硕成果。

(三)加快贸易强国建设,建立"双循环"新格局

党的十九大报告指出,要拓展对外贸易,培育贸易新业态新模式,推进贸易强国建设。贸易强国建设就是要加快转变对外贸易发展方式,从以货物贸易为主向货物和服务贸易协调发展转变,从依靠模仿跟随向依靠创新创造转变,从大进大出向有进有出转变。贸易强国是中国在国际贸易领域高质量发展的体现,因此中国在国际价值链中,要从低端迈向中高端,提升产品竞争力和创新力。同时,中国在全球规则制定中发挥更重要的作用,提升全球

经济治理能力。简言之,贸易强国就是产品更具竞争力,企业更具创新力,政府更具国际贸易话语权。

新冠疫情汹涌来袭,国际贸易受到巨大冲击。面对中国经济发展新阶段和世界百年未有之变局,中国提出了加快形成"以国内循环为主体,国内国际双循环相互促进的新发展格局"。这一格局的提出直指中国与世界的关系,旨在形成新时期中国与世界的新型经济关系,对中国、对世界的未来意义重大。

双循环是以扩大内需为战略基点,以国内循环为主体,促进国际循环。当前,世界经济低迷,中国经济可持续发展已是全球性问题。中国如果能以创新的方式引领经济持续增长,居民收入就会持续提高,中国市场就会持续扩大。这不仅有利于中国经济社会发展,而且会通过规则等制度性开放将这一持续扩大的市场为世界共享。中国正在拥抱并引领全球化,中国如此庞大的市场需求,通过多边、双边规则等制度性开放为世界所共享,将为推动世界经济"强劲、平衡、可持续增长"做出重大贡献。这是内循环带动双循环的世界性意义,也是中国以实际行动践行人类命运共同体理念的价值所在。

"十四五"规划纲要提出,我国要立足国内大循环,协同推进强大国内市场和贸易强国建设。新冠疫情背景下,出口受阻,因此更要以强化国内大循环为主导,以国际循环提升国内大循环的效率和水平,实现国内国际双循环互促共进。

 **知识链接**

克服新冠疫情影响,第四届中国进口博览会顺利召开

第四届进博会成果丰硕,亮点纷呈。进博会暨虹桥论坛开幕式万众瞩目,国家主席习近平连续四年发表主旨演讲,向全世界进一步展现中国扩大高水平开放、分享发展机遇、推动经济全球化的坚定决心。

中国历来言必信、行必果。在第三届进博会上宣布的扩大开放举措已经基本落实。中国克服新冠肺炎疫情影响,推动对外贸易创新发展,是去年全球唯一实现货物贸易正增长的主要经济体,为保障全球产业链供应链稳定、推动世界经济复苏作出了重要贡献。当前,经济全球化遭遇逆流。逆水行舟,不进则退。我们要把握经济全球化发展大势,支持世界各国扩大开放,反对单边主义、保护主义,推动人类走向更加美好的未来。

中国加入世贸组织二十周年高层论坛成功举办,全面总结入世20年来中国发展成就和贡献,为维护多边贸易体制、促进世界开放合作进一步凝聚全球共识。虹桥论坛12场分论坛以及《世界开放报告2021》发布暨国际研讨会,以线上线下结合方式举办,发出响亮"虹桥声音"。国家展运用虚拟现实、三维建模等新技术手段,首次在线上举办,深受各方关注。企业商业展共有来自127个国家和地区的2 900多家企业参展,展览面积达到36.6万平米,再创历史新高,展示新产品、新技术、新服务422项。受疫情等因素影响,本届进博会按一年计意向成交金额707.2亿美元,比上届略降2.6%。配套现场活动内容丰富,形式多样,有力发

挥进博会四大平台作用。现场服务保障专业便捷,"人、物、馆"防疫严格高效。新闻宣传营造强大声势,3 000 多名记者报名采访。

2021 年是中国共产党成立 100 周年,也是我国加入世贸组织 20 周年。在各方共同努力下,本届进博会办成了一届成功、精彩、富有成效的国际经贸盛会,彰显了我国疫情防控和经济社会发展的重大成就,为推动经济全球化和构建开放型世界经济作出重要贡献!

资料来源:新华网

第三节 中国与世界贸易组织

中国是关贸总协定的创始国之一。1984 年 1 月,中国获得了关贸总协定的观察员身份。1986 年 7 月,中国正式提出恢复关贸总协定缔约国的地位,从此开始了"复关"和"入世"谈判的 15 年漫漫征程,经过 15 年的不懈改革和努力谈判,中国于 2001 年 12 月 11 日正式加入世界贸易组织,成为第 143 个成员。从那一刻起,中国与世界的经济发展更紧密地联系在一起。加入 WTO 改变了中国的经济发展,改变了世界经济格局。加入 WTO 20 多年,中国逐步成为世界上最大商品贸易国,成为世界上最大的商品出口国、第二大商品进口国。

一、中国加入世贸组织的历程

中国是关贸总协定的 23 个缔约国之一。1949 年中华人民共和国成立后未能取得联合国席位。中国的社会主义计划经济体制也与关贸总协定的基本原则不符,关贸总协定中的中国席位一直空缺。

1987 年 7 月,在改革开放取得了一定成就后,中国开始恢复关贸总协定缔约国地位(简称"复关")的申请。从 1987 年开始到 1995 年 WTO 成立,关贸总协定中国工作组一共举行过 20 次会议,但终因与关贸总协定成员(主要是美国)的双边谈判未能完成而没有恢复中国的关贸总协定缔约国地位,也没有成为 WTO 的创始成员。

1995 年,WTO 成立以后,关贸总协定中国工作组相应变成了 WTO 中国工作组,陆续召开了 18 次会议。中国分别在 1999 年 11 月 15 日和 2000 年 3 月 19 日与美国和欧盟签署了关于中国加入 WTO 的双边协议。WTO 工作组在 2001 年 9 月 17 日批准了所有法律文件,11 月 9 日至 14 日在卡塔尔首都多哈举行的 WTO 第四届部长会议就中国加入 WTO 进行表决,并获得通过。11 月 11 日,对外贸易经济合作部部长石广生代表中国政府在中国加入 WTO 议定书上正式签字,并向 WTO 秘书处递交了由国家主席签署的中国加入 WTO 批准书。2001 年 12 月 11 日,中国正式成为 WTO 第 143 个成员。

中国的"复关"与"入世"是关贸总协定和世界组织所有多边谈判中最漫长和最艰苦的一次谈判过程。加入世贸组织对中国经济影响巨大,据统计,2001—2004 年我国出口贸易年均增长 24.2%,进口贸易年均增长 25.7%。我国国民经济水平也保持稳定快速发展,综合国力进一步提升。

二、中国加入世贸组织的法律文件构成

中国加入世贸组织的法律文件包括《建立世界贸易组织协定》《中华人民共和国加入的决定》《中华人民共和国加入议定书》及其附件(以下简称议定书)、《中国加入工作组报告书》(以下简称工作组报告)。

《中华人民共和国加入议定书》本身由序言、总则、减让表和最后条款组成。第一部分为总则,包括 18 个条款,第二部分为减让表,第三部分为最后条款。

《中国加入工作组报告书》由导言、经济政策、政策制定和执行的框架、影响货物贸易的政策、与贸易有关的知识产权制度、影响服务贸易的政策、其他问题和结论 8 个部分构成。

议定书是确定作为申请加入方中国享有的权利和应尽的义务相关关系的法律文件,而工作组报告则是对整个加入谈判情况的记录说明(也包括部分承诺),工作组报告书在结构上与议定书有一定差异,但作为谈判过程的记录和对议定书有关条款的进一步细化和说明,其与议定书具有内在的统一性,具有与议定书同等的法律效力。

同时,作为世界贸易组织的成员,我国的权利和义务不仅体现在议定书和工作组报告书中,也全面反映在世贸组织现行的各项协定和协议中。因此,世贸组织成员在世贸组织各项协定和协议中所承担的义务和承诺,都是我国应当享受的权利。

三、中国入世后应享有的权利和应履行的承诺

(一) 中国入世后应享有的权利

1. 全面参与多边贸易体制

全面参与多边贸易体制具体包括:全面参与 WTO 各理事会和委员会的所有正式和非正式会议;全面参与贸易政策审议;运用争端解决机制解决双边贸易争端;全面参与新一轮多边贸易谈判;参与制定多边贸易规则;与申请加入方进行双边谈判等。

2. 享受非歧视待遇

中国充分享受多边无条件的最惠国待遇和国民待遇,入世前双边贸易中受到的一些不公正的待遇将会被取消或逐步取消。美国、欧盟等在反倾销问题上对中国使用的"替代国价格"条款将在入世 15 年之日取消。

3. 享受发展中国家特殊待遇

允许享受针对发展中国家的普遍优惠制,给惠国范围进一步扩大;对农业提供占农业生产总值 8.5%"黄箱补贴"的权利;在保障措施方面,享受 10 年保障措施使用期;在补贴方面,享受发展中国家的微量允许标准;在争端解决中,有权要求 WTO 秘书处提供法律援助;在技术性贸易壁垒采用国际标准方面,拥有一定的灵活性等。

4. 获得市场开放和法规修改的过渡期

在放开贸易权的问题上,享有 3 年的过渡期;关税减让的实施期最长可到 2008 年;逐步

取消 400 多项产品的数量限制,最迟可在 2005 年 1 月 1 日取消;服务贸易的市场开放在加入后 1 至 6 年内逐步实施;在纠正一些与国民待遇不相符的措施方面,包括针对进口药品、酒类和化学品等的规定,将保留 1 年的过渡期;在对进口香烟实施特殊许可证方面,中国将有 2 年的过渡期修改相关法规,以实行国民待遇。

5. 保留国营贸易

对粮食、棉花、植物油、食糖、原油、成品油、化肥、烟草等 8 种关系国计民生的大宗产品的进口实行国营贸易管理;对茶、大米、玉米、大豆、钨及钨制品、煤炭、原油、成品油、丝、棉花等的出口实行国营贸易管理;对重要产品及服务实行政府定价和政府指导价。

(二) 中国入世后应履行的承诺

1. 逐步降低关税,取消 WTO 禁止的贸易补贴

工业产品的平均关税 2004 年降至 8.9%;农业产品的平均关税降至 15%。截至 2010 年,中国货物降税承诺全部履行完毕,关税总水平由 2001 年的 15.3% 降至 9.8%。农产品进口和销售无须通过国有企业和中介机构,中国国内农业补贴上限为 8.596。取消对大麦、大豆、油菜籽、花生油、葵花籽油、玉米油和棉花籽油的进口关税配额体制。

2. 取消非关税壁垒

中国加入世贸组织后,承诺 2005 年 1 月 1 日之前取消 400 多项产品实施的非关税措施,此后除非符合 WTO 规定,不再新增非关税措施。

3. 逐步开放外贸经营权

入世后的第一年,外资占少数股权的合资企业将全部获得进出口权,在加入 WTO 后两年内进一步扩展至外资占多数股权的合资企业,入世后三年,所有中国境内企业都将获得贸易权。

4. 实施《与贸易有关的投资措施协议》

我国承诺加入世贸组织后,实施《与贸易有关的投资措施协议》,取消贸易和外汇平衡、当地含量、技术转让等与贸易有关的投资措施要求。

5. 流通领域的开放

外国投资的企业可以分销其在中国生产的产品,并针对其分销的产品,提供包括售后服务在内的相关配套服务等。所有的省会城市需在入世两年内向合资零售企业开放,入世三年之内将取消地域、数量限制和企业股权比例的限制。

6. 开放服务市场

加入世贸组织以来,我国在包括银行、保险、证券、电信、建筑、音像、电影、旅游、交通等在内的众多服务部门,修改和新制定了一系列进一步加快对外开放的法规和规章,为服务贸易领域市场准入机会的扩大提供了法律依据和保障。这些法规和规章不仅体现了我国在服务贸易领域所作出的市场开放的承诺,而且还包括了我国一些自主开放举措。在世贸组织分类的 12 大类服务部门的 160 个分部门中,中国承诺开放 9 大类的 100 个分部门,接近发达成员平均承诺开放 108 个分部门的水平。截至 2007 年,中国服务贸易领域开放承诺已全

部履行完毕。

7. 构建知识产权保护法律体系

加入世贸组织后，中国建立健全知识产权法律法规，与多个国家建立知识产权工作机制，积极吸收借鉴国际先进立法经验，构建起符合世贸组织规则和中国国情的知识产权法律体系。近年来，修订《中华人民共和国商标法》，增加了惩罚性赔偿制度；修订《中华人民共和国反不正当竞争法》，进一步完善了商业秘密的保护。

四、中国加入世贸组织的意义

加入世贸组织以来，我国积极参与世贸组织活动，认真履行各项义务和承诺。同时充分利用世贸组织规则，维护自身权利，极大地促进了社会经济发展。2018 年 6 月 28 日，国务院新闻办发表《中国与世界贸易组织》白皮书，这是中国首次就这一问题发表白皮书。白皮书约 1.2 万字，全面介绍了中国履行加入世贸组织承诺的实践，阐述了中国参与多边贸易体制建设的原则立场和政策主张，阐明了中国推进更高水平对外开放的愿景与行动。

（一）开放型经济体系基本形成

1. 切实履行入世承诺，开放水平显著提高

入世以来，中国加入 WTO 的所有承诺已全部履行，建立起了符合规则要求的经济贸易体制，成为全球最开放市场中的成员。在货物贸易领域，中国关税平均水平从加入前的 15.3% 降至 2009 年的 9.8%，并按时间表全部取消了进口配额和进口许可证等非关税措施，彻底放开了对外贸易经营权。在服务贸易方面，在按 WTO 规则分类的 160 多个服务贸易部门中，中国已经开放了 110 个，并承诺将进一步开放 11 个分部门，远高于发展中国家的平均水平。为建立符合 WTO 要求的法律体系，中国对贸易体制和政策进行了全面的调整。

2. 全方位、多层次、宽领域开放的格局已经形成

加入 WTO 以后，形成了以货物贸易和服务贸易、与贸易有关的投资和知识产权等领域开放为主要内容的开放型经济体系。入世以来，中国经济对外开放获得了全面发展，形成了从过去主要以东南沿海较发达地区的对外开放，转向以发达地区为主，东、中、西部共同推进的全方位对外开放的新格局。中西部地区对外开放的力度进一步加大，西部开发成为重中之重。同时，对外开放的领域从过去以制造业为主的开放，转变为以农业、制造业、服务业协调进行的对外开放，农业和服务业的对外开放程度不断扩大。进一步放宽了对外资的各种限制，除极少数关系国计民生的部门及军事工业外，全面放松了对外资的准入限制，扩大了对外商投资开放的领域，逐渐取消了对地域及股权方面的限制，加快实现全方位、多层次、宽领域开放的格局，加快了建立中国开放型经济的步伐。

（二）综合国力大幅度提高

1. 经济规模稳步提升，成为全球第二大经济体

开放型经济的跨越式发展有效拉动了国民经济持续快速增长，1979—2012 年的 34 年

里,中国经济年均增长 9.8%,而同期世界经济年均增速为 2.8%。国内生产总值从 2001 年的 11 万亿元人民币增至 2011 年的近 47 万亿元人民币,年均增长超过 10%,世界排名跃升至第 2 位,综合国力显著提升。改革开放 40 年来,中国国内生产总值年均增长 9.5%。受新冠肺炎疫情影响,各国经济均受到了巨大冲击。我国在疫情控制上走的是以人为本、疫情防控优先的道路,最终实现了经济增长和疫情防控的双丰收。2020 年我国 GDP 增长 2.3%,达到 101.59 万亿元,是世界前十大经济体中唯一实现正增长的国家。

2. 贸易规模快速提升,成为全球第一大货物进出口国

2001 年加入世界贸易组织后,对外贸易进入新阶段。2004 年、2007 年和 2011 年,货物进出口规模相继突破 1 万亿美元、2 万亿美元和 3 万亿美元。2013 年货物进出口值突破 4 万亿美元,到达 4.16 万亿美元,超过美国,首次列位全球第一。党的十八大以来,我国加快培育外贸竞争新优势,2018 年货物进出口规模超过 4.6 万亿美元,以人民币计价首次突破 30 万亿元大关。2020 年,我国货物贸易进出口总值 32.16 万亿元人民币,比 2019 年增长 1.9%。其中,出口 17.93 万亿元,增长 4%;进口 14.23 万亿元,下降 0.7%;贸易顺差 3.7 万亿元,增加 27.4%。在新冠疫情冲击下,世界经济增长和全球贸易遭受严重冲击,我国外贸发展外部环境复杂严峻,在这样困难的情况下,中国成全球唯一货物贸易正增长主要经济体。2021 年,中国外贸进出口实现快速增长,货物贸易进出口总值同比增长 21.4%,规模再创新高、质量稳步提升,实现"十四五"外贸良好开局。

(三) 中国坚定支持多边贸易体制

以世贸组织为核心的多边贸易体制是国际贸易的基石,为推动全球贸易发展、建设开放型世界经济发挥了中流砥柱的作用。加入世贸组织以来,中国始终坚定支持多边贸易体制,全面参与世贸组织各项工作,切实推动世贸组织重视发展中成员的发展需求,反对单边主义和保护主义,维护多边贸易体制的权威性和有效性,与各成员共同推动世贸组织在经济全球化进程中发挥更大作用。

1. 积极推进贸易投资自由化、便利化

全面参与多哈回合各项议题谈判。中国提出和联署谈判建议百份以上,推动贸易便利化、农业出口竞争等多项议题达成协议,推动多边贸易体制不断完善。2015 年,中国成为接受《贸易便利化协定》议定书的第 16 个世贸组织成员。2016 年中国担任二十国集团主席国期间,推动多国完成《贸易便利化协定》的国内批准程序,为协定早日生效作出了积极贡献。

2. 有效维护争端解决机制,妥善处理贸易纠纷

世贸组织争端解决机制为保障国际贸易可预见性、维护多边贸易体制稳定发挥了重要作用。中国主张通过世贸组织争端解决机制妥善解决贸易争端,并积极参与改进争端解决程序的谈判,支持世贸组织上诉机构独立公正开展上诉审议工作。针对当前个别世贸组织成员阻挠上诉机构成员遴选,中国与 60 多个成员联署提案,努力推动尽快启动遴选程序。

3. 深度参与贸易政策审议

认真接受成员的贸易政策监督。世贸组织贸易政策审议机制有助于增加多边贸易体制

的透明度。中国高度重视贸易政策审议,自 2001 年入世以来,中国共接受了 9 次过渡性审议和 8 次贸易政策审议,是接受审议次数最多的成员。中国始终以开放坦诚的姿态听取其他成员对中国改革开放的意见和建议。世贸组织成员赞赏中国参与审议的态度,认为中国履约、合规、开放的良好形象为发挥审议机制作用树立了典范。自身接受审议的同时,敦促其他成员遵守多边贸易协定。加入世贸组织以来,中国参与世贸组织对其他成员审议近 300 次,向被审议成员提交书面问题和贸易关注数千项,敦促其他成员遵守世贸组规则和有关承诺,极大地维护了世贸组织的权威地位,促进了国际贸易水平公平化发展。

4. 全力支持发展中国家融入多边贸易体制

支持世贸组织将发展作为工作重心,确保发展中国家尤其是最不发达国家从国际贸易中获益,进而实现经济增长是世贸组织宗旨之一。作为世界上最大的发展中国家,中国对发展中成员在参与全球价值链分工、参与国际经贸治理等方面面临的困难表示关切,努力推动多边贸易,加大对发展中成员特别是最不发达国家成员的援助力度,为缩小南北方差距做出了巨大贡献。

5. 坚决反对单边主义和保护主义

单边主义和保护主义与世贸组织基本原则背道而驰。多边贸易体制是顺应世界经济发展的历史选择。中国积极利用多边合作平台倡导自由贸易,鼓励各国通过加强合作、平等对话和协商谈判来解决国际贸易中的问题。中国主办亚太经合组织第二十二次领导人非正式会议、二十国集团领导人杭州峰会、金砖国家领导人第九次会晤期间,加强与各方协调,推动将反对贸易保护主义写入会议成果文件。中国领导人出席"一带一路"国际合作高峰论坛、博鳌亚洲论坛、世界经济论坛等多边会议期间,多次阐明支持多边贸易体制、推动建设开放型世界经济的坚定立场。在世贸组织内中国积极倡议,与多数成员发出反对单边主义和保护主义的共同声音。

2021 年是中国共产党成立 100 周年,也是中国加入世贸组织 20 周年。中国在疫情防控和推动经济全球化方面作出重要贡献。在新冠疫情背景下,贸易保护主义抬头,但是中国秉持加入世贸组织的初心,进一步扩大开放中国市场,与各国分享发展机遇,体现了中国作为最大的发展中国家的责任感和大国担当。

第四节 | 中国与区域经济一体化

一、中国与东盟

(一)中国与东盟国家的贸易状况

东南亚国家联盟(简称东盟)由泰国、印度尼西亚、马来西亚、菲律宾、新加坡、文莱、越南、老挝、柬埔寨、缅甸等十国组成(截至 2012 年底),是我国的近邻,曾在历史上与我国有密切的通商关系。中华人民共和国成立后,由于种种原因,经贸关系发展十分缓慢。20 世纪

70年代以后,随着我国与东盟国家陆续建交,以及我国实行对外开放政策,双方的经贸关系有了引人瞩目的发展。

从我国与东盟国家的贸易额来看,1975年只有5.24亿美元,2020年已增加到6 095.8亿美元,其中,中国向东盟出口3 406.2亿美元,东盟向中国出口2 689.6亿美元。中国和东盟已成为彼此第一大贸易伙伴。

中国与东盟国家比邻而居,经济互补性强,合作空间广。双方自1991年建立对话伙伴关系,尤其是2003年建立战略伙伴关系以来,合作内容不断丰富,合作水平逐年提升,合作程度日益紧密,融合发展相得益彰。从贸易结构看,我国对东盟出口的主要是原油、轻纺产品、土特产品、粮油、中成药等产品;从东盟进口的主要是橡胶、木材、化肥、原糖、化纤等产品。近年来,双方互换商品增多,主要是增加了机电产品的进出口。

近年来,随着中国-东盟自由贸易区建设步伐的快速发展,中国与东盟相互投资不断扩大。东盟已经超过澳大利亚、美国、俄罗斯等国家,成为中国第三大外资来源地。其中,直接投资增长迅速,投资项目主要集中在制造业,以中小投资为主。

近20年来,中国-东盟自由贸易协定实施及其升级,东盟经济一体化建设,"一带一路"倡议实施,双方在互联互通、产业、金融等领域开展了一系列富有成效的合作,均推动了双方贸易往来。在可预见的未来,中国与东盟在经贸方面的相互依存将会得到进一步提升。

(二)中国-东盟自由贸易区

1. 中国-东盟自由贸易区概况

中国-东盟自由贸易区(CAFTA)是中国与东盟十国组建的自由贸易区,于2010年1月1日正式全面启动。中国-东盟自贸区有效增强了双边经贸关系。中国自2009年开始即保持东盟第一大贸易伙伴地位。根据东盟方统计,2019年双边货物贸易额5 079亿美元(占东盟贸易总额的18%),相比2010年的2 355亿美元增长1倍多,约为2005年货物贸易协议生效时的4倍。根据中方统计,在新冠肺炎疫情暴发的严峻形势下,2020年1—9月中国和东盟贸易额逆势增长5%,东盟首次成为中国第一大贸易伙伴,形成中国和东盟互为第·大贸易伙伴的良好局面。

中国-东盟自由贸易区建设进程:

2001年11月,中国和东盟十国宣布十年内建成自由贸易区。

2002年11月4日,《中国-东盟全面经济合作框架》签署,自由贸易区建设正式启动。

2004年1月1日,中国-东盟自由贸易区早期收获计划实施,下调农产品的关税。

2006年,约600项农产品的关税降为零。

2004年底,《货物贸易协议》和《争端解决机制协议》签署,标志自由贸易区建设进入实质性执行阶段。

2005年7月20日,《货物贸易协议》降税计划开始实施,7 000种产品降低关税。

2009年8月15日,《中国-东盟自由贸易区投资协议》签署,标志主要谈判结束。

2010年1月1日,中国-东盟自由贸易区正式建立。

中国-东盟自由贸易区涵盖货物贸易、服务贸易、投资和非关税措施以及其他领域的合作,此外知识产权和竞争政策也包括在内,应该说中国与东盟之间的经济合作是全方位、多层次、宽领域的合作。

2. 中国-东盟自由贸易区面临的问题

(1)中国-东盟自由贸易区建成后,传统的"关税壁垒"逐步被打破,一些同质化较严重的出口产品可能对有关国家的相关行业造成冲击。这些国家转而利用非关税壁垒来保护本国产业。

(2)各国之间合作协商机制不健全的问题日益凸显。以泰国水果出口中国为例,由于各国相关法律法规的限制,运送货物的车辆不能在东盟各国间自由穿行,而是通过海运或从越南等国中转,这大大增加了时间和成本。

(3)在面对市场开放、打造新产业链方面,多数行业还没有实现对接,双方产业之间缺乏了解,行业商会之间缺乏沟通。

3. 中国-东盟自由贸易区发展前景

中国-东盟自由贸易区是在经济利益的驱使下提出的,是建立在双方长期经济交流和互动基础上的合作,因而具有较为深厚的经济基础。从世界经济发展的态势看,中国-东盟自由贸易区也存在着继续深化的动力。

面向未来,中国与东盟合作的前景值得期待:一是通过高质量共建"一带一路",推进一系列互利共赢的合作项目落地实施,通过产业链重塑,协调同质化产业发展,确实保障相关产业结构升级;二是深化抗疫合作,加强公共卫生能力建设,在疫情催生的新业态上加强产业对接,创造更多机遇;三是随着RCEP顺利推进,中国和东盟将迎来更广阔的合作空间,合作领域进一步扩大,不仅体现在货物贸易领域,更体现在服务贸易中,如金融服务、电信服务等;四是继续利用好中国—东盟博览会等平台,深化务实合作,推动中国—东盟命运共同体建设不断取得新进展。中国与东盟合作的未来方向是保持开放性,最终目标是与东亚共同繁荣。

二、中国签订区域全面经济伙伴关系协定

(一)区域全面经济伙伴关系协定概况

《区域全面经济伙伴关系协定》(Regional Comprehensive Economic Partnership, RCEP)是2012年由东盟发起,包括中国、日本、韩国、澳大利亚、新西兰和东盟10国共15方成员制定的协定。2020年11月15日,第四次区域全面经济伙伴关系协定领导人会议以视频方式举行,会后东盟10国和中国、日本、韩国、澳大利亚、新西兰共15个亚太国家正式签署了《区域全面经济伙伴关系协定》。RCEP的签署,标志着当前世界上人口最多、经贸规模最大、最具发展潜力的自由贸易区正式启航。

2021年11月2日,《区域全面经济伙伴关系协定》(RCEP)保管机构东盟秘书处发布通知,宣布文莱、柬埔寨、老挝、新加坡、泰国、越南等6个东盟成员和中国、日本、新西兰、澳大利亚等4个非东盟成员已向东盟秘书长正式提交核准书,达到协定生效门槛。根据协定规

定,RCEP 将于 2022 年 1 月 1 日对上述 10 国开始生效。

（二）区域全面经济伙伴关系协定的谈判经过

RCEP 是 2012 年由东盟发起,包括东盟 10 国、中国、日本、韩国、印度、澳大利亚和新西兰共 16 方制定的协定。该协定自 2013 年正式开始,至 2019 年 11 月,举行了 3 次领导人会议、19 次部长级会议、28 轮正式谈判。

2018 年 6 月 30 日—7 月 1 日,RCEP 第 5 次部长级会议在日本东京举行。东盟 10 国、中国、澳大利亚、印度、日本、韩国、新西兰等 16 方经贸部长或代表出席会议。商务部副部长兼国际贸易谈判副代表王受文代表钟山部长参会。发展改革委、工业和信息化部、财政部、农业农村部和海关总署派员参会。

2018 年 11 月 13 日,正在对新加坡进行访问的中国国务院总理李克强表示,希望 RCEP 于 2019 年签署并生效,并认为该协定将为本地区人民带来实实在在的好处。2018 年 11 月 14 日,国务院总理李克强在新加坡会展中心出席第二次 RCEP 领导人会议。东盟 10 国领导人以及韩国、日本、澳大利亚、新西兰、印度领导人与会。

2019 年 11 月,印度宣布暂不加入 RCEP,成员国数量由 16 个变成 15 个。

2019 年 7 月 22 日—7 月 31 日,RCEP 第 27 轮谈判在河南郑州举行。东盟 10 国、中国、日本、韩国、澳大利亚、新西兰和印度等 RCEP 的 16 方约 700 名代表参加谈判。此次谈判举行了货物贸易、服务贸易、投资、原产地规则、贸易救济、知识产权、电子商务、法律与机制等相关工作组会议。

2020 年 11 月 15 日,第四次 RCEP 领导人会议以视频形式举行,由东盟轮值主席国越南总理阮春福主持会议。东盟 10 国以及中国、日本、韩国、澳大利亚、新西兰 15 个国家,正式签署区域全面经济伙伴关系协定(RCEP),标志着全球规模最大的自由贸易协定正式达成。签署 RCEP,是地区国家以实际行动维护多边贸易体制、建设开放型世界经济的重要一步,对深化区域经济一体化、稳定全球经济具有标志性意义。

（三）中国积极指导地方高质量实施 RCEP

为引导地方、产业和企业适应 RCEP 实施后更加开放的环境和更加充分的竞争,用好 RCEP 规则,获得实实在在的利益,我国政府相关部门应该做好以下指导和服务工作。

第一,利用好 RCEP 市场开放承诺、促进贸易投资高质量发展。鼓励和支持各地结合 RCEP 各成员的降税承诺和产业特点,推动我国优势产品出口,并积极扩大先进技术、重要设备、关键零部件等进口。加强原产地规则组织实施和签证职能管理,实施经核准出口商制度,指导企业用足用好原产地自主声明便利化措施,并帮助进出口企业解决享惠受阻问题。同时,持续提升我国服务贸易对外开放水平和投资自由化、便利化水平。

第二,促进制造业升级,加强产业参与 RCEP 竞争。深入实施增强制造业核心竞争力和技术改造专项,鼓励企业加大重要产品和关键核心技术攻关力度,加快应用先进适用技术。充分发挥我国产业和市场优势,在 RCEP 区域内进一步推动与成员间产业链优势互补、深度融合。同时,加大对适用的国际标准采标力度,为中国制造"走出去"提供有力支持。

第三,指导地方提升营商环境,结合自身优势抓住 RCEP 机遇,指导各地方严格实施与协定强制性义务对应的国内法律法规规章。强化地方政府服务功能,深入细致研究当地产业优势和 RCEP 国别市场机遇,指导企业开拓 RCEP 成员市场。加快发展外贸新业态新模式,培育外贸发展新动能。同时,鼓励地方开展产业链精准招商,加强为外资企业的服务保障。

第四,在为企业持续深入做好配套服务方面,建立和完善自贸协定实施公共服务平台,强化中国自贸区服务网为企业服务功能,鼓励地方开展公共服务平台建设。发挥在 RCEP 区域的中国驻外经商机构对当地中资企业用好协定的支持和服务力度。同时,充分发挥中国国际进口博览会、中国进出口商品交易会、中国国际服务贸易交易会、中国国际投资贸易洽谈会、中国-东盟博览会等重大展会平台服务企业的作用,扩大面向 RCEP 国家的贸易投资促进和推广,更好带动与 RCEP 国家双向贸易、投资和技术交流。

三、中国与全面与进步跨太平洋伙伴关系协定

全面与进步跨太平洋伙伴关系协定(Comprehensive and Progressive Agreement for Trans-Pacific Partnership, CPTPP)是美国退出跨太平洋伙伴关系协定(Trans-Pacific Partenership Agreement, TPP)后该协定的新名字。CPTPP 是一项自由贸易协定(Free Trade Agreement, FTA),源自跨太平洋伙伴关系(TPP)的其余 11 个签署国。CPTPP 包含了大部分原始 TPP 协议,但没有美国的参与,并暂停了一些条款。

除了降低 95% 的关税外,CPTPP 还制定了高标准的非关税措施,包括卫生和植物卫生措施,以及争端解决机制。该协议中止了原 TPP 的 20 条规定,其中 11 条与知识产权有关,并由美国推广。

2018 年 12 月 30 日,《全面与进步跨太平洋伙伴关系协定》(CPTPP)正式生效。这是美国退出 TPP 后,TPP 的一个改进版。很多人以为,特朗普撕毁 TPP 协议后,没有了美国领头羊,TPP 将解散。但剩下的 11 国还是持续推进,最终形成了这个世界第三大自贸区。这 11 国是澳大利亚、新西兰、加拿大、日本、墨西哥、新加坡、越南、文莱、智利、马来西亚和秘鲁。事实上,关税减免,只是 CPTPP 内容的一个方面,它更具战略性意图,期待未来在环太平洋区域取消投资、服务和数据的障碍,为零售、银行和电子商务带来机遇。

2020 年 11 月 20 日,中方领导人以视频方式出席亚太经合组织(APEC)领导人非正式会议并发表重要讲话。讲话中提到:"中方将积极考虑加入全面与进步跨太平洋伙伴关系协定。"

2021 年 9 月 16 日,中国商务部部长王文涛向《全面与进步跨太平洋伙伴关系协定》(CPTPP)保存方新西兰贸易与出口增长部长奥康纳提交了中国正式申请加入 CPTPP 的书面信函。

面对当下正经历的百年未遇之大变局,国际国内形势和环境发生新的变化,我国提出构建以国内大循环为主体、国内国际双循环相互促进的新发展格局。中国加入 RCEP 后不久,又申请加入 CPTPP,这意味着双循环不是走从开放走向封闭的回头路,而是依托大国经济的规模效应、乘数效应,坚定不移实施对外开放,形成更加良性的国内国际双循环。

课 堂 测 试

班级_____　　姓名_____　　学号_____　　成绩_____

一、单项选择题(本大题共 10 小题,每题 4 分,共 40 分)

1. 我国国营对外贸易比重在整个对外贸易中占据 99%,这种情况是在(　　)。

   A. 鸦片战争时期　　　　　　　　B. 改革开放后

   C. 建国初期　　　　　　　　　　D. 贸易自由化阶段

2. 我国首先进行对外开放的是(　　)。

   A. 经济特区　　　　　　　　　　B. 沿海港口城市

   C. 沿海经济开放区　　　　　　　D. 内陆省会

3. 中国加入亚太经合组织的时间是(　　)年。

   A. 1979　　　　B. 1991　　　　C. 1992　　　　D. 2001

4. "一带一路"建设沿线国家不包括(　　)。

   A. 俄罗斯　　　B. 新加坡　　　C. 巴基斯坦　　　D. 美国

5. 下列各项中,属于发展中国家加入世界贸易组织特殊享受的权利是(　　)。

   A. 非歧视待遇　　　　　　　　　B. 普遍优惠制待遇

   C. 参与多边贸易权利　　　　　　D. 争端解决权

6. 中国从东盟进口的主要产品是(　　)。

   A. 橡胶　　　　B. 中成药　　　C. 原油　　　　D. 轻纺产品

7. RECP 在(　　)正式生效。

   A. 2001 年 1 月 1 日　　　　　　B. 1995 年 1 月 1 日

   C. 1991 年 1 月 1 日　　　　　　D. 2022 年 1 月 1 日

8. RECP 成员不包括(　　)。

   A. 美国　　　　B. 日本　　　　C. 澳大利亚　　　D. 印度尼西亚

9. 《全面与进步跨太平洋伙伴关系协定》的缩写是(　　)。

   A. TPP　　　　B. FTA　　　　C. RCEP　　　　D. CPTPP

10. 中国申请加入 CPTPP 的时间是(　　)。

    A. 2020 年 1 月 1 日　　　　　　B. 1999 年 9 月 1 日

    C. 2021 年 9 月 16 日　　　　　　D. 2022 年 1 月 1 日

二、多项选择题(本大题共 5 小题,每题 6 分,共 30 分)

1. 鸦片战争后,签订一系列丧权辱国条约,与国际贸易相关的有(　　)。
   A. 割地赔款　　　　B. 开辟租界　　　　C. 协定关税　　　　D. 赋予海关管理权
   E. 在华驻军

2. 改革开放的具体内容包括(　　)。
   A. 改革外汇管理体制　　　　　　　B. 经营体制改革
   C. 建立经济特区　　　　　　　　　D. 积极参与国际组织
   E. 实行国家统制,外贸集中

3. "一带一路"建设涉及的领域包括(　　)。
   A. 货物贸易　　　　B. 金融合作　　　　C. 基础设施建设　　　D. 文化交流
   E. 气候问题

4. 中国加入世贸组织的法律文件包括(　　)。
   A.《建立世贸组织协定》　　　　　　B.《中华人民共和国加入的决定》
   C.《中华人民共和国对外贸易法》　　D.《中华人民共和国加入议定书》
   E.《中国加入工作组报告书》

5. 中国加入世界贸易组织的承诺包括(　　)。
   A. 降低关税　　　　　　　　　　　B. 取消非关税壁垒
   C. 开放外贸经营权　　　　　　　　D. 进行贸易补贴
   E. 开放服务市场

三、判断题(本大题共 10 小题,每题 3 分,共 30 分)

1. 中国古代贸易的主要目的是繁荣经济。　　　　　　　　　　　　　　　(　　)
2. 明清时期实行闭关锁国政策,对外交往受阻。　　　　　　　　　　　　(　　)
3. 在改革开放初期,国家实行高度集中外贸管制,统一经营管理。　　　　(　　)
4. 中国加入世贸组织的时间是 2000 年。　　　　　　　　　　　　　　　(　　)
5. 上海自贸区是我国最早的自由贸易试验区。　　　　　　　　　　　　　(　　)
6. "一带一路"倡议是由美国最早提出的。　　　　　　　　　　　　　　　(　　)
7. "双循环"格局是以国内循环为主体,国内国际循环互相促进。　　　　　(　　)
8. 中国是关贸总协定的最初缔约国之一。　　　　　　　　　　　　　　　(　　)
9. 我国目前是世界第一大经济体。　　　　　　　　　　　　　　　　　　(　　)
10. 我国申请加入 CPTPP,意味着中国坚定不移走开放道路。　　　　　　　(　　)